발달지체 영유아 조기개입 7
소근육운동편(II)

임경옥 저

학지사

머리말

필자가 25년을 특수교육현장에 있으면서 느꼈던 가장 큰 안타까움은 장애 및 발달지체 영유아를 지도하기 위해 조기에 개입할 수 있는 지침서가 없다는 것이었다. 이와 관련하여 이들을 양육하는 부모와 현장에서 지도하는 교사들의 요구가 지속되었지만 감히 엄두를 낼 수가 없었다.

그러나 대학에서 후학을 양성하고자 운영하던 특수교육기관을 정리하면서 그동안 미루어 왔던 장애 영유아 발달 영역별 지도를 위한 지침서를 현장 경험을 바탕으로 열정 하나만 가지고 집필하였고, 출간된 지 벌써 6년이 지났다.

열정만 가지고 집필했던 지침서는 6년이 지난 현 시점에서 돌이켜 보면 부끄러워 감히 내놓을 수 없을 만큼 미숙하고 부족한 부분이 너무 많아 죄송한 마음을 금할 길 없다. 그럼에도 불구하고 『장애 영유아 발달 영역별 지침서』(전5권)가 장애 영유아를 지도하는 데 많은 도움이 되었다는 장애아동의 부모님, 특수교사 그리고 장애 영유아를 위한 유아 교육현장의 통합반 담당 교사들에게 먼저 감사드린다. 그리고 부족한 부분에 조언을 아끼지 않고 오랫동안 이 책을 지켜봐 주신 주변 지인들에게도 감사의 인사를 드린다. 이러한 지원과 채찍은 기존에 출판된 저서의 미숙하고 부족한 부분을 보완하여 전반적인 수정과 더불어 다시 집필해야 한다는 책무로 다가왔다. 그러므로 『발달지체 영유아 조기개입』에 대한 집필은 이 책을 아껴 주셨던 모든 분에게 감사의 마음으로 헌납하고자 심혈을 기울였으며, 처음 집필 시의 열정을 가지고 미숙하게 출간된 부끄러움을 조금이나마 만회하고자 최선을 다하였다.

이 책은 시리즈로 구성되어 각 영역별로 구성되어 있다. '인지' '수용언어' '표현언어' '대근육과 소근육' '사회성과 신변처리' 등의 영역으로 구성되어 있으며, 각 영역별로 가정에서도 장애 및 발달지체 영유아를 쉽게 지도할 수 있도록 초점을 맞추었다. 이를 위해 가능한 한 전문적인 용어를 배제하고 가장 쉽게 이해할 수 있는 용어를 선택하고자 고심하였으며, 실제적이고 기능 중심적인 항목을 배치하고자 노력하였다. 그리고 각 항목마다 되도록 자세히 서술하였고, 각 책의 부록에는 각 영역별 발달수준을 체크하여 지도할 수 있도록 항목별 시행 일자와 습득 일자를 기록할 수 있는 관찰표를 수록하였다.

따라서 이 책을 활용하여 지도할 경우, 각 항목의 방법 1은 수행 여부를 가늠하기 위한 선행검사에 중점을 두었으므로 방법 1로 각 항목의 수행 여부를 관찰표에 기록한 후 지도하도록 한다. 이를 위해 각 영역별로 개인별 특성을 고려하여 장애 및 발달지체 영유아의 현재 나이를 기준으로 한두 살 아래와 위 단계까지 관찰표에 수행 여부를 기록한 후 지도할 것을 권장한다. 또한 각 항목별 수행 후 반드시 다양하게 위치를 바꾸어 수행 여부를 확인해야 하며, 특히 그림 지도 시에는 위치가 고정되어 있어 외워서 수행될 가능성을 배제할 수 없으므로 그림을 여러 장 복사한 후 그림을 오려서 다양하게 위치를 바꾸어 확인해야 한다.

강화제(행동의 결과로 영유아가 좋아하는 것을 제공하는 것. 예: 음식물, 장난감, 스티커 등) 적용은 각 항목의 방법에 적용되어 있는 순서를 참고하여 필요시 각 단계마다 적절하게 상황을 판단하여 제공해 줄 것을 제안한다. 그리고 처음 지도 시에는 자주 강화제를 제공하다가 점차 줄여 나가야 함을 유의하도록 한다.

끝으로, 이 책이 장애 및 발달지체 영유아를 양육하는 부모님과 이들을 현장에서 지도하는 모든 교사 그리고 장애 영유아를 위한 보육교사와 특수교사를 배출하는 대학의 교재로서 미력하나마 도움이 되길 진심으로 바란다. 또한 이 책의 출판을 맡아 준 학지사의 김진환 사장님을 비롯하여 완성도 높은 책이 출판될 수 있도록 힘든 편집과 교정 및 삽화 작업을 묵묵히 도와주신 편집부 김준범 차장님과 직원들에게도 감사드린다. 마지막으로, 이 책의 이해를 돕기 위해 사용한 삽화의 근간이 되어 준『장애 영유아 발달 영역별 지침서』의 그림을 그려 준 딸 수지와 진심으로 격려해 주고 지원해 준 지인들에게 무한한 고마움을 전하며 모든 분에게 하나님의 축복과 영광이 함께하길 기원한다.

장애 및 발달지체 영유아의 행복한 삶을 기원하며

2019년 9월

임경옥

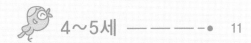

소근육운동편 (Ⅱ)

5~6세

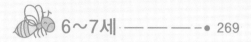

소근육운동편 (II)

| 4~5세 | 5~6세 | 6~7세 |

4~5세

148 접시에 음식 담기

4~5세

목표 | 접시에 음식을 담을 수 있다.

자료 | 플라스틱 접시, 간식판, 포크, 음식물, 강화제

방법 ❶

- 포크로 음식을 찍는 것은 앞 단계에서 수행하였으므로 확인한 후 시행한다.
- 교사가 포크로 접시에 음식을 담는 시범을 보인다.
- 유아에게 교사를 모방하여 포크로 접시에 음식을 담아 보라고 한다.
- 수행되면 유아 스스로 포크로 접시에 음식을 담아 보라고 한다.
- 수행되면 유아의 특성에 맞는 적절한 강화제를 제공한다.

방법 ❷

- 포크로 음식을 찍는 것은 앞 단계에서 수행하였으므로 확인한 후 시행한다.
- 교사가 예를 들어 포크로 빵을 찍어 접시에 담는 시범을 보인다.
- 유아에게 교사를 모방하여 포크로 빵을 찍어 접시에 담아 보라고 한다.
- 모방하지 못하면 교사가 유아에게 유아의 손을 잡고 포크로 빵을 찍어 접시에 담아 준다.
- 교사가 유아에게 "포크로 빵을 찍어요."라고 한 후 접시를 가리키며 유아에게 담

아 보라고 한다.

- 담지 못하면 교사가 유아의 손을 잡고 접시에 빵을 담는 동작을 반복해 준다.
- 도움을 점차 줄여 간다.
- 수행되면 유아 스스로 포크로 빵을 찍어 접시에 담아 보라고 한다.
- 수행되면 다른 음식을 접시에 담는 것도 같은 방법으로 지도한다.
- 수행되면 유아의 특성에 맞는 적절한 강화제를 제공한다.

149 그림의 선 따라 스티커 붙이기 4~5세

목표 | 그림의 선을 따라 스티커를 붙일 수 있다.

자료 | 그림자료, 다양한 스티커, 강화제

방법 ❶

- 도형 및 부채에 스티커를 붙이는 것은 앞 단계에서 수행하였으므로 확인한 후 시행한다.
- 교사가 그림의 선을 따라 스티커를 붙이는 시범을 보인다.
- 유아에게 교사를 모방하여 그림의 선을 따라 스티커를 붙여 보라고 한다.
- 수행되면 유아 스스로 그림의 선을 따라 스티커를 붙여 보라고 한다.
- 수행되면 유아의 특성에 맞는 적절한 강화제를 제공한다.

방법 ❷

- 도형 및 부채에 스티커를 붙이는 것은 앞 단계에서 수행하였으므로 확인한 후 시행한다.
- 교사가 그림의 선을 따라 스티커를 붙이는 시범을 보인다.
- 유아에게 교사를 모방하여 그림의 선을 따라 스티커를 붙여 보라고 한다.

- 모방하지 못하면 교사가 유아의 손을 잡고 그림의 선을 따라 스티커를 붙여 준다.
- 교사가 유아에게 스티커를 떼라고 한 후 유아의 손을 그림의 선에 대 준 다음 유아에게 그림의 선을 따라 스티커를 붙여 보라고 한다.
- 수행되면 교사가 유아의 손을 그림의 선 가까이 대 준 후 유아에게 그림의 선을 따라 스티커를 붙여 보라고 한다.
- 도움을 점차 줄여 간다.
- 수행되면 유아 스스로 그림의 선을 따라 스티커를 붙여 보라고 한다.
- 수행되면 유아의 특성에 맞는 적절한 강화제를 제공한다.

☞ 소근육 증진뿐만 아니라 스티커를 붙이고 떼는 과정에서 집중력도 키워지며 그림의 선을 따라 다양한 스티커를 마음대로 배열하는 과정에서 창의력도 키울 수 있는 유용한 활동이다.

150 스탬프로 찍어 모양 만들기 (4~5세)

목표 | 스탬프로 다양한 모양을 찍을 수 있다.

자료 | 다양한 모양의 스탬프, 스탬프 인주, 마분지, 강화제

방법 ❶

- 인주를 묻힌 스탬프를 찍는 것은 앞 단계에서 수행하였으므로 확인한 후 시행한다.
- 교사가 마분지에 스탬프로 다양한 모양을 찍는 시범을 보인다.
- 유아에게 교사를 모방하여 마분지에 스탬프로 다양한 모양을 찍어 보라고 한다.
- 수행되면 유아 스스로 마분지에 스탬프로 다양한 모양을 찍어 보라고 한다.
- 수행되면 유아의 특성에 맞는 적절한 강화제를 제공한다.

방법 ❷

- 인주를 묻힌 스탬프를 찍는 것은 앞 단계에서 수행하였으므로 확인한 후 시행한다.
- 교사가 마분지에 예를 들어 동그라미 모양이 새겨진 스탬프로 눈이 내리는 모양을 찍는 시범을 보인다.
- 유아에게 교사를 모방하여 마분지에 동그라미 모양이 새겨진 스탬프로 눈이 내리는 모양을 찍어 보라고 한다.
- 모방하지 못하면 교사가 유아의 손을 잡고 마분지에 동그라미 모양이 새겨진 스탬프로 눈이 내리는 모양을 찍어 준다.
- 교사가 마분지를 가리키며 유아에게 동그라미 모양이 새겨진 스탬프로 눈이 내리는 모양을 찍어 보라고 한다.
- 찍지 못하면 교사가 유아의 손을 잡고 동그라미 모양이 새겨진 스탬프로 눈이 내리는 모양을 찍는 동작을 반복해 준다.
- 도움을 점차 줄여 간다.
- 수행되면 유아 스스로 동그라미 모양이 새겨진 스탬프로 눈이 내리는 모양을 찍어 보라고 한다.
- 수행되면 유아의 특성에 맞는 적절한 강화제를 제공한다.

☞ 각 모양이 새겨진 스탬프는 시중(예: 문방구 또는 교구 전문점)에서 쉽게 구입할 수 있다. 스탬프가 없을 경우 다양한 모양이 새겨져 있는 도장을 사용해도 무방하며, 집에서 당근이나 고구마 밑면을 잘라 간단한 도형(예: 동그라미, 네모, 세모 등)을 새긴 후 사용해도 된다.

※ 스탬프로 눈을 예쁘게 찍어 주세요.

※ 상단의 빈 공간에 나비를 예쁘게 찍어 주세요.

151 스포이트로 끼적거리기

4~5세

목표 | 스포이트로 끼적거릴 수 있다.

자료 | 스포이트, 다양한 색깔의 물감, 물, 물감 팔레트, 도화지, 강화제

방법 ❶

- 교사가 다양한 색깔의 물감을 희석한 후 스포이트에 넣어 유아에게 제시한다.
- 교사가 다양한 색깔의 물감이 들어 있는 스포이트의 윗면을 눌러 도화지에 끼적거리는 시범을 보인다.
- 유아에게 교사를 모방하여 다양한 색깔의 물감이 들어 있는 스포이트의 윗면을 눌러 도화지에 끼적거려 보라고 한다.
- 수행되면 유아 스스로 다양한 색깔의 물감이 들어 있는 스포이트의 윗면을 눌러 도화지에 마음대로 끼적거려 보라고 한다.
- 수행되면 유아의 특성에 맞는 적절한 강화제를 제공한다.

방법 ❷

- 교사가 다양한 색깔의 물감을 희석한 후 스포이트에 넣어 유아에게 제시한다.
- 교사가 예를 들어 파란색 물감이 들어 있는 스포이트를 손에 쥔 후 스포이트의 윗면(고무주머니)을 눌러 물감이 나오게 하는 시범을 보인다.
- 유아에게 교사를 모방하여 파란색 물감이 들어 있는 스포이트를 손에 쥔 후 윗면을 눌러 물감이 나오게 해 보라고 한다.
- 모방하지 못하면 교사가 유아의 손을 잡고 파란색 물감이 들어 있는 스포이트를 손에 쥔 후 윗면을 눌러 물감이 나오게 해 준다.
- 교사가 유아의 손을 파란색 물감이 들어 있는 스포이트의 윗면에 대 준 후 유아에게 스포이트 윗면을 눌러 물감이 나오게 해 보라고 한다.

- 도움을 점차 줄여 간다.
- 수행되면 유아 스스로 파란색 물감이 들어 있는 스포이트를 손에 쥔 후 윗면을 눌러 물감이 나오게 해 보라고 한다.
- 수행되면 교사가 파란색 물감이 들어 있는 스포이트의 윗면을 눌러 도화지에 끼적거리는 시범을 보인다.
- 유아에게 교사를 모방하여 파란색 물감이 들어 있는 스포이트의 윗면을 눌러 도화지에 끼적거려 보라고 한다.
- 모방하지 못하면 교사가 유아의 손을 잡고 파란색 물감이 들어 있는 스포이트의 윗면을 눌러 도화지에 끼적거려 준다.
- 모방하지 못하면 교사가 유아의 손을 잡고 파란색 물감이 들어 있는 스포이트의 윗면을 눌러 도화지에 끼적거리는 동작을 반복해 준다.
- 교사가 유아에게 파란색 물감이 들어 있는 스포이트의 윗면을 잡으라고 한 후 도화지를 가까이 대 준 다음 유아에게 끼적거려 보라고 한다.
- 도움을 점차 줄여 간다.
- 수행되면 유아 스스로 파란색 물감이 들어 있는 스포이트의 윗면을 눌러 도화지에 끼적거려 보라고 한다.
- 수행되면 다른 색깔의 물감이 들어 있는 스포이트도 파란색 물감이 들어 있는 스포이트를 지도한 것과 같은 방법으로 지도한다.
- 수행되면 유아의 특성에 맞는 적절한 강화제를 제공한다.

☞ 스포이트로 그림을 그린 후 그림에 손바닥이나 발바닥 찍기 놀이를 시키면 유아가 흥미로워한다. 스포이트는 일회용도 있으며 시중에서 쉽게 구입할 수 있다.

152 바나나 자르기

4~5세

목표 | 바나나를 자를 수 있다.

자료 | 바나나, 양식 나이프 또는 플라스틱 칼, 강화제

방법 ❶

- 교사가 양식 나이프나 플라스틱 칼로 바나나를 자르는 시범을 보인다.
- 유아에게 교사를 모방하여 양식 나이프나 플라스틱 칼로 바나나를 잘라 보라고 한다.
- 수행되면 유아 스스로 양식 나이프나 플라스틱 칼로 바나나를 잘라 보라고 한다.
- 수행되면 유아의 특성에 맞는 적절한 강화제를 제공한다.

방법 ❷

- 교사가 양식 나이프나 플라스틱 칼을 쥐는 시범을 보인다.
- 유아에게 교사를 모방하여 양식 나이프나 플라스틱 칼을 쥐어 보라고 한다.
- 모방하지 못하면 교사가 유아의 손을 잡고 양식 나이프나 플라스틱 칼을 쥐어 준다.
- 교사가 유아의 손을 양식 나이프나 플라스틱 칼에 대 준 후 유아에게 쥐어 보라고 한다.
- 쥐지 못하면 교사가 유아의 손을 잡고 양식 나이프나 플라스틱 칼을 쥐는 동작을 반복해 준다.
- 도움을 점차 줄여 간다.
- 수행되면 유아 스스로 양식 나이프나 플라스틱 칼을 쥐어 보라고 한다.
- 수행되면 교사가 양식 나이프나 플라스틱 칼로 바나나를 자르는 시범을 보인다.
- 유아에게 교사를 모방하여 양식 나이프나 플라스틱 칼로 바나나를 잘라 보라고

한다.

- 자르지 못하면 교사가 유아의 손을 잡고 양식 나이프나 플라스틱 칼로 바나나를 잘라 준다.
- 교사가 바나나의 3/4을 잘라 준 후 유아에게 나머지 부분을 잘라 보라고 한다.
- 수행되면 교사가 바나나의 2/4를 잘라 준 후 유아에게 나머지 부분을 잘라 보라고 한다.
- 수행되면 교사가 바나나의 1/4을 잘라 준 후 유아에게 나머지 부분을 잘라 보라고 한다.
- 도움을 점차 줄여 간다.
- 수행되면 유아 스스로 양식 나이프나 플라스틱 칼로 바나나를 잘라 보라고 한다.
- 수행되면 유아의 특성에 맞는 적절한 강화제를 제공한다.

☞ 교사가 바나나 자르기를 지도할 때 유아의 상태에 따라 6/7, 5/6, 4/5 등으로 융통성 있게 자르면서 자른 비율에 따라 지도하면 된다.

4~5세

153 물감을 휴지로 찍어 그림 완성하기 4~5세

목표 | 물감을 휴지로 찍어 그림을 완성할 수 있다.

자료 | 휴지, 물감, 물, 물감 팔레트, 강화제

방법 ❶

- 교사가 팔레트에 있는 물감을 휴지로 찍어 그림을 완성하는 시범을 보인다.
- 유아에게 교사를 모방하여 물감을 휴지로 찍어 그림을 완성해 보라고 한다.
- 수행되면 유아 스스로 팔레트에 있는 물감을 휴지로 찍어 그림을 완성해 보라고 한다.

- 수행되면 유아의 특성에 맞는 적절한 강화제를 제공한다.

방법 ❷

- 교사가 팔레트에 있는 물감을 휴지로 찍는 시범을 보인다.
- 유아에게 교사를 모방하여 물감을 휴지로 찍어 보라고 한다.
- 모방하지 못하면 교사가 유아의 손을 잡고 물감을 휴지로 찍어 준다.
- 교사가 휴지를 잡은 유아의 손을 물감에 대 준 후 유아에게 물감을 찍어 보라고 한다.
- 교사가 유아에게 스스로 휴지를 잡으라고 한 다음 물감을 가리키며 휴지로 찍어 보라고 한다.
- 도움을 점차 줄여 간다.
- 수행되면 유아 스스로 팔레트에 있는 물감을 휴지로 찍어 보라고 한다.
- 수행되면 교사가 팔레트에 있는 물감을 휴지로 찍은 후, 예를 들어 '양' 그림에 휴지에 묻은 물감을 찍어 그림을 완성하는 시범을 보인다.
- 유아에게 교사를 모방하여 물감을 휴지로 찍은 후 '양' 그림에 휴지에 묻은 물감을 찍어 그림을 완성해 보라고 한다.
- 모방하지 못하면 교사가 유아에게 물감을 휴지에 찍으라고 한 후 유아의 손을 잡고 '양' 그림에 휴지에 묻은 물감을 찍어 그림을 완성해 준다.
- 교사가 유아에게 물감을 휴지에 찍으라고 한 후 유아의 손을 '양' 그림에 대 준 다음 물감을 찍어 그림을 완성해 보라고 한다.
- 교사가 유아에게 물감을 휴지에 찍으라고 한 후 '양' 그림을 가리키며 물감을 찍어 그림을 완성해 보라고 한다.
- 도움을 점차 줄여 간다.
- 수행되면 유아 스스로 물감을 휴지로 찍은 후 '양' 그림에 휴지에 묻은 물감을 찍어 그림을 완성해 보라고 한다.
- 수행되면 유아의 특성에 맞는 적절한 강화제를 제공한다.

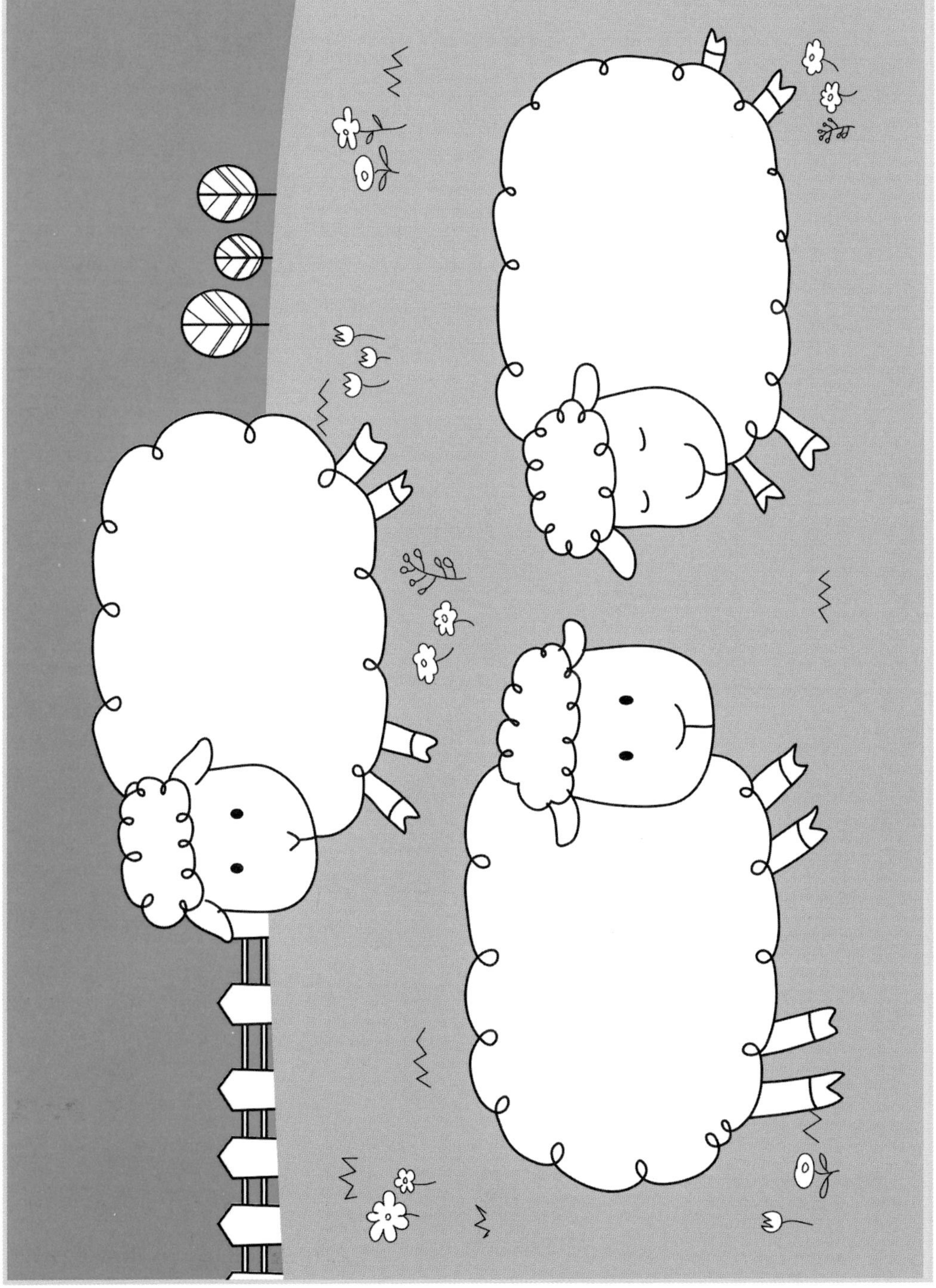

154 스포이트로 소금에 마음대로 그림 그리기 4~5세

목표 | 스포이트로 소금에 마음대로 그림을 그릴 수 있다.

자료 | 스포이트, 다양한 색깔의 물감, 물, 물감 팔레트, 도화지, 강화제

방법 ❶

- 교사가 다양한 색깔의 물감을 희석하여 스포이트에 넣어 유아에게 제시한다.
- 교사가 다양한 색깔의 물감이 들어 있는 스포이트의 윗면을 눌러 소금에 마음대로 그림을 그리는 시범을 보인다.
- 유아에게 교사를 모방하여 다양한 색깔의 물감이 들어 있는 스포이트의 윗면을 눌러 소금에 마음대로 그림을 그려 보라고 한다.
- 수행되면 유아 스스로 다양한 색깔의 물감이 들어 있는 스포이트의 윗면을 눌러 소금에 마음대로 그림을 그려 보라고 한다.
- 수행되면 유아의 특성에 맞는 적절한 강화제를 제공한다.

방법 ❷

- 교사가 다양한 색깔의 물감을 희석하여 스포이트에 넣어 유아에게 제시한다.
- 교사가 예를 들어 빨간색 물감이 들어 있는 스포이트를 손에 쥐고 스포이트의 윗면(고무주머니)을 눌러 물감이 나오게 하는 시범을 보인다.
- 유아에게 교사를 모방하여 빨간색 물감이 들어 있는 스포이트를 손에 쥐고 윗면을 눌러 물감이 나오게 해 보라고 한다.
- 모방하지 못하면 교사가 유아의 손을 잡고 빨간색 물감이 들어 있는 스포이트를 손에 쥔 후 윗면을 눌러 물감이 나오게 해 준다.
- 교사가 유아의 손을 빨간색 물감이 들어 있는 스포이트의 윗면에 대 준 후 유아에게 눌러 물감이 나오게 해 보라고 한다.

- 도움을 점차 줄여 간다.
- 수행되면 유아 스스로 빨간색 물감이 들어 있는 스포이트의 윗면을 눌러 물감이 나오게 해 보라고 한다.
- 수행되면 교사가 빨간색 물감이 들어 있는 스포이트의 윗면을 눌러 소금에 마음대로 그림을 그리는 시범을 보인다.
- 유아에게 교사를 모방하여 빨간색 물감이 들어 있는 스포이트의 윗면을 눌러 소금에 마음대로 그림을 그려 보라고 한다.
- 모방하지 못하면 교사가 유아의 손을 잡고 빨간색 물감이 들어 있는 스포이트의 윗면을 눌러 소금에 마음대로 그림을 그려 준다.
- 교사가 유아에게 빨간색 물감이 들어 있는 스포이트를 쥐라고 한 다음 소금 가까이 대 준 후 스포이트의 윗면을 눌러 소금에 마음대로 그림을 그려 보라고 한다.
- 도움을 점차 줄여 간다.
- 수행되면 유아 스스로 빨간색 물감이 들어 있는 스포이트의 윗면을 눌러 소금에 마음대로 그림을 그려 보라고 한다.
- 수행되면 다른 색깔의 물감이 들어 있는 스포이트로 소금에 마음대로 그림을 그리게 하는 것도 빨간색을 지도한 것과 같은 방법으로 지도한다.
- 수행되면 유아의 특성에 맞는 적절한 강화제를 제공한다.

☞ 스포이트는 일회용도 있으며 시중에서 쉽게 구입할 수 있다.

155 도형에 덧그리기

4~5세

목표 | 다양한 도형에 덧그리기를 할 수 있다.

자료 | 색종이 한 묶음, 강화제

방법 ❶

- 교사가 유아 옆에 앉아 다양한 도형 모양에 덧그리기를 하는 시범을 보인다.
- 유아에게 교사를 모방하여 다양한 도형 모양에 덧그리기를 해 보라고 한다.
- 수행되면 유아 스스로 다양한 도형 모양에 덧그리기를 해 보라고 한다.
- 수행되면 유아의 특성에 맞는 적절한 강화제를 제공한다.

방법 ❷

- 교사가 유아 옆에 앉아, 예를 들어 별 모양에 덧그리기를 하는 시범을 보인다.
- 유아에게 교사를 모방하여 별 모양에 덧그리기를 해 보라고 한다.
- 모방하지 못하면 교사가 유아의 손을 잡고 별 모양에 덧그리기를 해 준다.
- 교사가 별 모양을 손으로 덧그리면서 유아에게 교사의 손을 따라 오면서 덧그려 보라고 한다.
- 하지 못하면 교사가 유아의 손을 잡고 별 모양에 덧그리기를 하는 동작을 반복해 준다.
- 수행되면 교사가 별 모양의 3/4을 덧그리기 해 준 후 유아에게 나머지를 덧그려 보라고 한다.
- 수행되면 교사가 별 모양의 2/4를 덧그리기 해 준 후 유아에게 나머지를 덧그려 보라고 한다.
- 수행되면 교사가 별 모양의 1/4을 덧그리기 해 준 후 유아에게 나머지를 덧그려 보라고 한다.
- 수행되면 교사가 별 모양을 가리키며 유아에게 덧그리기를 해 보라고 한다.
- 도움을 점차 줄여 간다.
- 수행되면 유아 스스로 별 모양을 덧그리기 해 보라고 한다.
- 수행되면 다른 다양한 도형도 별 모양에 덧그리기를 한 것과 같은 방법으로 지도 한다.
- 수행되면 유아의 특성에 맞는 적절한 강화제를 제공한다.

☞ 교사가 다양한 도형에 덧그리기를 지도할 때 유아의 상태에 따라 6/7, 5/6, 4/5, 3/4 등의 비율에 따라 지도해도 무방하다.

156 초코파이 똥 만들기

4~5세

목표 | 초코파이로 똥을 만들 수 있다.

자료 | 초코파이, 우유, 위생 팩 비닐, 강화제

방법 ❶

- 교사가 초코파이를 비닐에 넣은 후 우유를 부어 비닐을 주물러 동그랗게(길쭉하게) 똥 모양을 만드는 시범을 보인다.
- 유아에게 교사를 모방하여 초코파이를 비닐에 넣으라고 한 후 교사가 우유를 부어 준 다음 유아에게 비닐을 주물러 동그랗게 똥 모양을 만들어 보라고 한다.
- 수행되면 유아 스스로 초코파이를 비닐에 넣으라고 한 후 교사가 비닐에 우유를 부어 준 다음 유아에게 비닐을 주물러 동그랗게 똥 모양을 만들어 보라고 한다.
- 수행되면 유아 특성에 맞는 적절한 강화제를 제공한다.

방법 ❷

- 교사가 초코파이를 비닐에 넣는 시범을 보인다.
- 유아에게 교사를 모방하여 초코파이를 비닐에 넣어 보라고 한다.
- 모방하지 못하면 교사가 유아의 손을 잡고 초코파이를 비닐에 넣어 준다.
- 도움을 점차 줄여 간다.
- 수행되면 유아 스스로 초코파이를 비닐에 넣어 보라고 한다.
- 수행되면 교사가 초코파이가 담겨 있는 비닐에 우유를 부은 후 비닐을 주물러 동그랗게(길쭉하게) 똥 모양을 만드는 시범을 보인다.

- 교사가 비닐에 우유를 부어 준 다음 유아에게 교사를 모방하여 비닐을 주물러 동그랗게 똥 모양을 만들어 보라고 한다.
- 모방하지 못하면 교사가 비닐에 우유를 부어 준 다음 유아의 손을 잡고 비닐을 주물러 동그랗게 똥 모양을 만들어 준다.
- 교사가 초코파이가 든 비닐에 우유를 부어 준 다음 비닐에 유아의 손을 대 준 후 비닐을 주물러 동그랗게 똥 모양을 만들어 보라고 한다.
- 만들지 못하면 교사가 유아의 손을 잡고 비닐을 주물러 동그랗게 똥 모양을 만드는 동작을 반복해 준다.
- 도움을 점차 줄여 간다.
- 수행되면 유아 스스로 초코파이를 비닐에 넣으라고 한 후 교사가 우유를 부어 준 다음 유아에게 비닐을 주물러 동그랗게 똥 모양을 만들어 보라고 한다.
- 수행되면 유아의 특성에 맞는 적절한 강화제를 제공한다.

☞ 유아가 우유를 부을 수 있는 경우에는 초코파이를 비닐에 넣은 후 유아에게 우유를 붓도록 하면 된다.

157 손그림자놀이 I

4~5세

목표 | 간단한 손그림자놀이를 할 수 있다.

자료 | 스탠드, 촛불, 스마트폰, 강화제

방법 ❶

- 교사가 "손그림자를 ♬ 만들어 봐요 ♬ 만들어 봐요 ♬"라고 노래를 부르며 간단한 손그림자(예: 주먹 위에 주먹을 올려 눈사람 만들기)를 만드는 시범을 보인다.
- 유아에게 교사를 모방하여 간단한 손그림자를 만들어 보라고 한다.

- 수행되면 유아 스스로 간단한 손그림자를 만들어 보라고 한다.
- 수행되면 유아의 특성에 맞는 적절한 강화제를 제공한다.

방법 ❷

- 교사가 "손그림자를 ♬ 만들어 봐요 ♬ 만들어 봐요 ♬"라고 노래를 부르며, 예를 들어 지붕 모양(양쪽 손의 손가락을 가지런히 모은 상태에서 손바닥이 안으로 향하도록 한 후 위쪽에서 맞붙인 모양)을 만들기 위해 한쪽 손을 비스듬히 위쪽으로 세우는 시범을 보인다.
- 유아에게 교사를 모방하여 지붕 모양을 만들기 위해 한쪽 손을 비스듬히 위쪽으로 세워 보라고 한다.
- 모방하지 못하면 교사가 유아의 한쪽 손을 잡아 지붕 모양이 되도록 비스듬히 위쪽으로 세워 준다.
- 교사가 한쪽 손을 비스듬히 위쪽으로 세운 후 유아에게 교사 손과 마주 보게 한쪽 손을 비스듬히 위쪽으로 세워 보라고 한다.
- 도움을 점차 줄여 간다.
- 수행되면 유아 스스로 지붕 모양을 만들기 위해 한쪽 손을 비스듬히 위쪽으로 세워 보라고 한다.
- 수행되면 교사가 양쪽 손을 비스듬히 위쪽에서 맞대어 지붕 모양(^)을 만드는 시범을 보인다.
- 유아에게 교사를 모방하여 양쪽 손을 비스듬히 위쪽에서 맞대어 지붕 모양을 만들어 보라고 한다.
- 모방하지 못하면 교사가 유아의 양쪽 손을 비스듬히 위쪽에서 맞대어 지붕 모양을 만들어 준다.
- 교사가 유아의 한쪽 손을 잡아 지붕 모양이 될 수 있도록 비스듬히 위쪽으로 세워 준 후 유아에게 한쪽 손을 맞대어 보라고 한다.
- 맞대지 못하면 교사가 유아의 양쪽 손을 비스듬히 위쪽에서 맞대어 지붕 모양을 만들어 주는 동작을 반복해 준다.

• 도움을 점차 줄여 간다.

• 수행되면 유아 스스로 양쪽 손을 맞대어 지붕을 만들어 보라고 한다.

• 수행되면 교사가 양쪽 손을 주먹을 쥔 상태에서 양쪽 검지를 맞대어 다리를 만드는 시범을 보인다.

• 유아에게 교사를 모방하여 양쪽 손을 주먹을 쥔 상태에서 양쪽 검지를 맞대어 다리를 만들어 보라고 한다.

• 모방하지 못하면 지붕 모양을 지도한 것과 같은 방법으로 지도한다.

• 수행되면 다른 간단한 손그림자들도 같은 방법으로 지도한다.

• 수행되면 유아의 특성에 맞는 적절한 강화제를 제공한다.

☞ 어두운 곳에서 벽 또는 창문 등에 스탠드, 촛불, 스마트폰 플래시 등으로 빛을 비추고 손으로 간단한 모양을 만든 후 움직여 그림자를 만들면 된다.

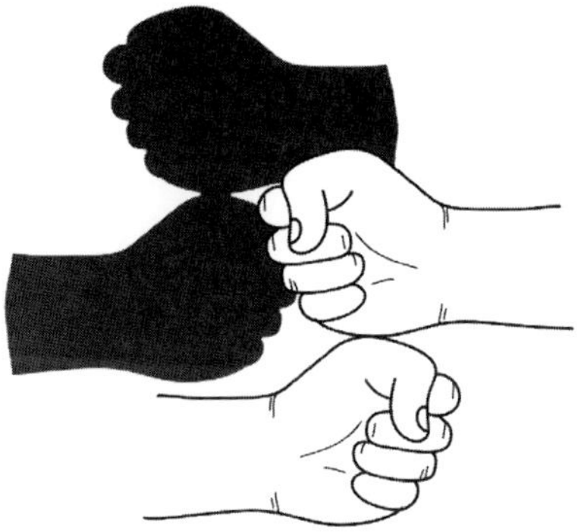

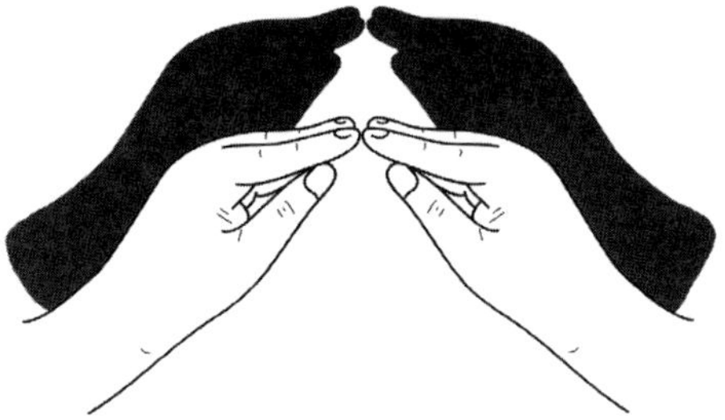

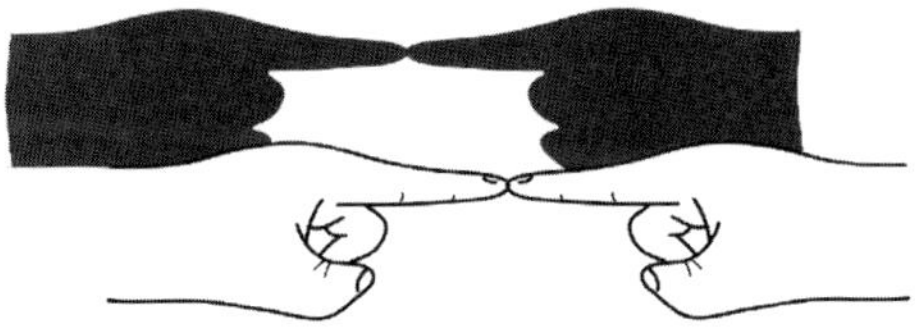

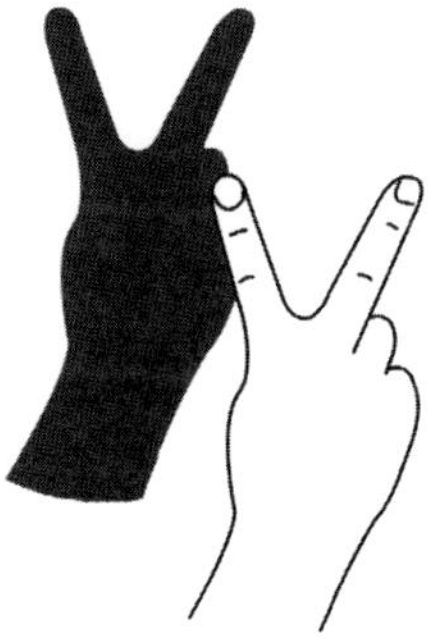

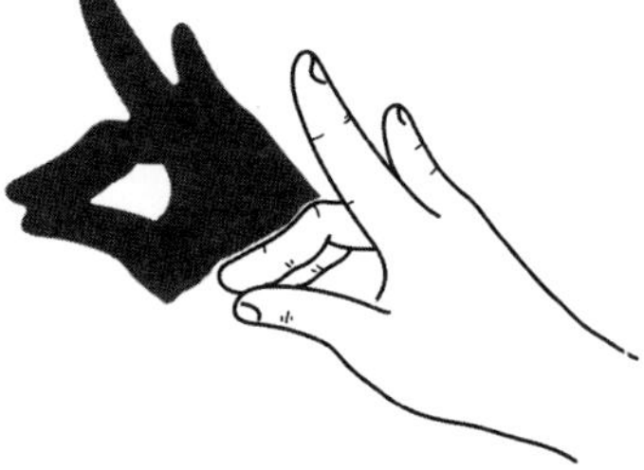

158 휴지 심으로 포도 완성하기

4~5세

목표 | 휴지 심으로 포도를 완성할 수 있다.

자료 | 휴지 심, 다양한 물감, 물, 접시(쟁반), 도화지 또는 그림자료, 강화제

방법 ❶

- 휴지 심으로 마구 도장 찍기는 앞 단계에서 수행하였으므로 확인한 후 시행한다.
- 교사가 다양한 색깔의 물감을 접시(쟁반)에 담아 제시한다.
- 교사가 접시에 담긴 물감을 휴지 심에 묻힌 후 포도송이의 동그라미에 찍어 포도를 완성시키는 시범을 보인다.
- 유아에게 교사를 모방하여 접시에 담긴 물감을 휴지 심에 묻힌 후 포도송이의 동그라미에 찍어 포도를 완성시켜 보라고 한다.
- 수행되면 유아 스스로 접시에 담긴 물감을 휴지 심에 묻힌 후 포도송이의 동그라미에 찍어 포도를 완성시켜 보라고 한다.
- 수행되면 유아의 특성에 맞는 적절한 강화제를 제공한다.

방법 ❷

- 휴지 심으로 마구 도장 찍기는 앞 단계에서 수행하였으므로 확인한 후 시행한다.
- 교사가 다양한 색깔의 물감을 접시(쟁반)에 담아 제시한다.
- 교사가 접시에 담긴 물감을 휴지 심에 묻힌 후 포도송이의 동그라미에 찍어 포도를 완성시키는 시범을 보인다.
- 유아에게 교사를 모방하여 물감이 찍힌 휴지 심으로 포도송이의 동그라미에 찍어 포도를 완성시켜 보라고 한다.
- 모방하지 못하면 교사가 유아의 손을 잡고 물감이 찍힌 휴지 심으로 포도송이의 동그라미에 찍어 포도를 완성시켜 준다.

- 교사가 유아에게 스스로 휴지 심에 물감을 찍으라고 한 후 유아의 손을 도화지에 대 준 다음 포도송이의 동그라미에 찍어 포도를 완성시켜 보라고 한다.
- 찍지 못하면 교사가 유아의 손을 잡고 물감이 찍힌 휴지 심으로 동그라미를 여러 개 찍어 포도를 완성시켜 주는 동작을 반복해 준다.
- 교사가 유아에게 스스로 휴지 심에 물감을 찍으라고 한 후 포도송이를 가리키며 동그라미에 찍어 보라고 한다.
- 도움을 점차 줄여 간다.
- 수행되면 유아 스스로 휴지 심에 물감을 묻힌 후 포도송이의 동그라미에 찍어 포도를 완성시켜 보라고 한다.
- 수행되면 유아의 특성에 맞는 적절한 강화제를 제공한다.

☞ 휴지 심에 물감을 묻히면 쉽게 망가지므로 휴지 심을 여러 개 준비해 놓아야 한다.

☞ 휴지 심에 물감을 묻힐 때 키친타월을 물감 위에 올려놓은 후 젖은 상태에서 물감을 묻히면 편리하다.

159 카나페 만들기

4~5세

목표 | 카나페를 만들 수 있다.

자료 | 크래커, 햄, 치즈, 강화제

방법 ❶

- 교사가 크래커에 햄을 올린 후 그 위에 치즈를 놓아 카나페를 만드는 시범을 보인다.
- 유아에게 교사를 모방하여 크래커에 햄을 올린 후 그 위에 치즈를 놓아 카나페를 만들어 보라고 한다.
- 수행되면 유아 스스로 크래커에 햄을 올린 후 그 위에 치즈를 놓아 카나페를 만들어 보라고 한다.
- 수행되면 유아의 특성에 맞는 적절한 강화제를 제공한다.

방법 ❷

- 교사가 크래커에 햄을 올리는 시범을 보인다.
- 유아에게 교사를 모방하여 크래커에 햄을 올려 보라고 한다.
- 모방하지 못하면 교사가 유아의 손을 잡고 크래커에 햄을 올려 준다.
- 교사가 유아의 손을 햄에 대 준 후 유아에게 크래커에 올려 보라고 한다.
- 수행되면 교사가 햄을 가리키며 유아에게 크래커에 올려 보라고 한다.
- 도움을 점차 줄여 간다.
- 수행되면 유아 스스로 크래커에 햄을 올려 보라고 한다.
- 수행되면 교사가 크래커에 햄을 올린 후 그 위에 치즈를 놓아 카나페를 만드는 시범을 보인다.
- 유아에게 교사를 모방하여 크래커에 햄을 올린 후 그 위에 치즈를 놓아 카나페를

만들어 보라고 한다.

- 모방하지 못하면 교사가 유아에게 스스로 크래커에 햄을 올리라고 한 후 유아의 손을 잡고 그 위에 치즈를 놓아 카나페를 만들어 준다.
- 교사가 유아에게 스스로 크래커에 햄을 올리라고 한 후 치즈를 가리키며 햄 위에 놓아 카나페를 만들어 보라고 한다.
- 만들지 못하면 교사가 유아에게 스스로 크래커에 햄을 올리라고 한 후 유아의 손을 잡고 햄 위에 치즈를 놓아 카나페를 만드는 동작을 반복해 준다.
- 교사가 카나페 만드는 순서를 가리키며 유아에게 카나페를 만들어 보라고 한다.
- 도움을 점차 줄여 간다.
- 수행되면 유아 스스로 크래커에 햄을 올린 후 그 위에 치즈를 놓아 카나페를 만들어 보라고 한다.
- 수행되면 유아의 특성에 맞는 적절한 강화제를 제공한다.

160 나뭇잎 붙이기 4~5세

목표 | 나뭇잎을 붙일 수 있다.

자료 | 나뭇잎, 풀, 그림자료, 도화지, 강화제

방법 ❶

- 교사가 나무에 나뭇가지가 그려져 있는 그림을 제시한다.
- 교사가 나뭇가지에 풀칠을 한 후 나뭇잎을 붙이는 시범을 보인다.
- 유아에게 교사를 모방하여 나뭇가지에 풀칠을 한 후 나뭇잎을 붙여 보라고 한다.
- 수행되면 유아 스스로 나뭇가지에 풀칠을 한 후 나뭇잎을 붙여 보라고 한다.
- 수행되면 유아의 특성에 맞는 적절한 강화제를 제공한다.

방법 ❷

- 교사가 예를 들어 남자아이 얼굴이 그려져 있는 그림의 머리에 풀칠을 하는 시범을 보인다.
- 유아에게 교사를 모방하여 남자아이 얼굴이 그려져 있는 그림의 머리에 풀칠을 해 보라고 한다.
- 모방하지 못하면 교사가 유아의 손을 잡고 남자아이 얼굴이 그려져 있는 그림의 머리에 풀칠을 해 준다.
- 교사가 남자아이 얼굴이 그려져 있는 그림의 머리에 풀을 대 준 후 유아에게 풀칠을 해 보라고 한다.
- 도움을 점차 줄여 간다.
- 수행되면 유아 스스로 남자아이 얼굴이 그려져 있는 그림의 머리에 풀칠을 해 보라고 한다.
- 수행되면 교사가 풀칠한 머리에 나뭇잎을 붙이는 시범을 보인다.
- 교사가 유아에게 남자아이 얼굴이 그려져 있는 그림의 머리에 풀칠을 하라고 한 후 교사를 모방하여 머리에 나뭇잎을 붙여 보라고 한다.
- 모방하지 못하면 교사가 유아에게 남자아이 얼굴이 그려져 있는 그림의 머리에 풀칠을 하라고 한 후 유아의 손을 잡고 머리에 나뭇잎을 붙여 준다.
- 붙이지 못하면 교사가 유아의 손을 잡고 그림의 머리에 나뭇잎을 붙이는 동작을 반복해 준다.
- 교사가 남자아이 그림의 머리를 가리키며 유아에게 머리에 나뭇잎을 붙여 보라고 한다.
- 도움을 점차 줄여 간다.
- 수행되면 유아 스스로 남자아이 그림의 머리에 나뭇잎을 붙여 보라고 한다.
- 수행되면 교사가 나뭇잎을 다른 그림에 붙이는 것도 남자아이 그림 머리에 나뭇잎을 붙이는 것과 같은 방법으로 지도한다.
- 수행되면 유아의 특성에 맞는 적절한 강화제를 제공한다.

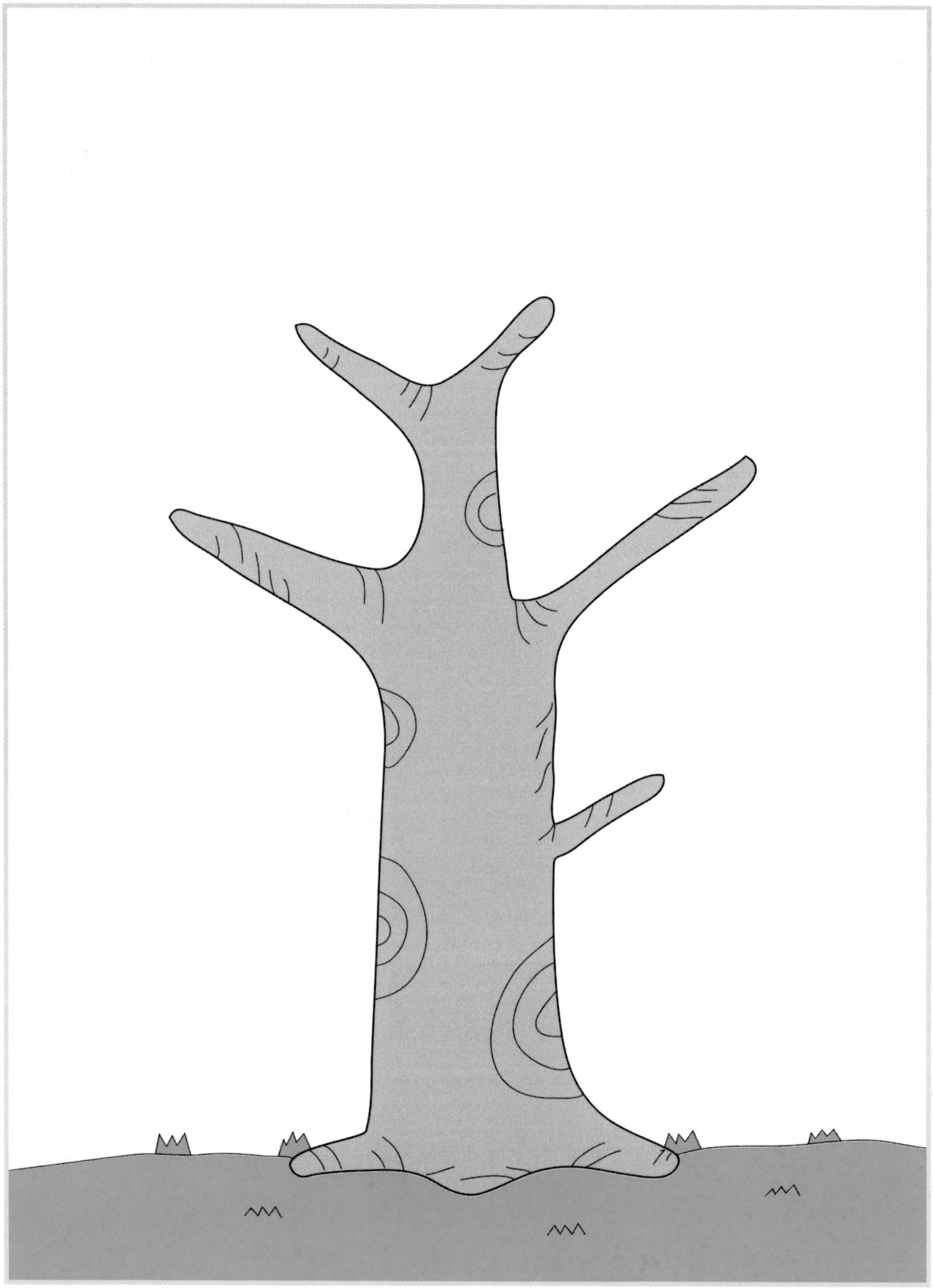

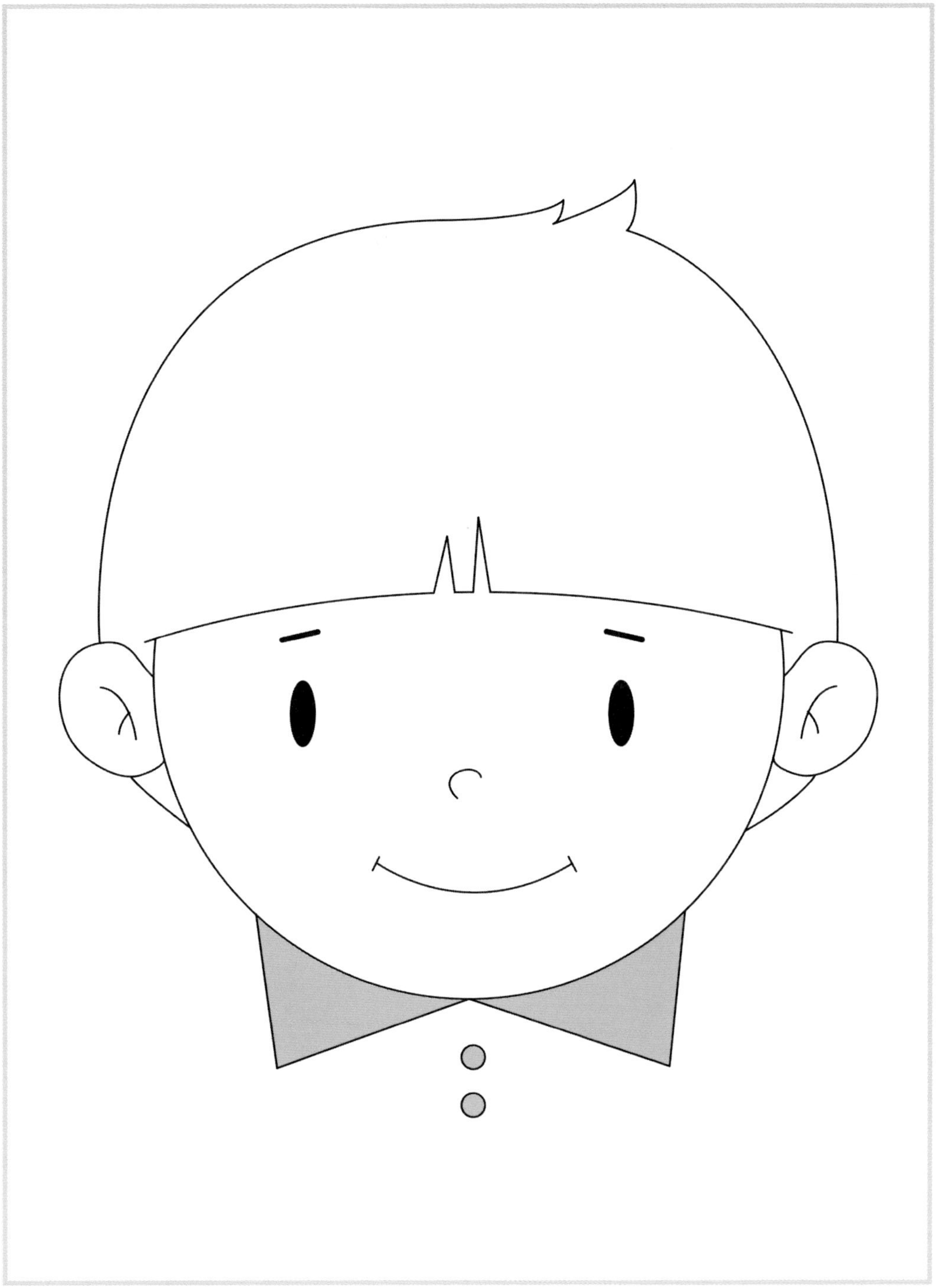

161 숟가락으로 젤리 옮기기

4~5세

목표 | 숟가락으로 젤리를 옮길 수 있다.

자료 | 숟가락, 젤리, 그릇, 강화제

방법 ❶

- 교사가 숟가락으로 젤리를 옮기는 시범을 보인다.
- 유아에게 교사를 모방하여 숟가락으로 젤리를 옮겨 보라고 한다.
- 수행되면 유아 스스로 숟가락으로 젤리를 옮겨 보라고 한다.
- 수행되면 유아의 특성에 맞는 적절한 강화제를 제공한다.

방법 ❷

- 교사가 숟가락으로 젤리를 푸는 시범을 보인다.
- 유아에게 교사를 모방하여 숟가락으로 젤리를 퍼 보라고 한다.
- 모방하지 못하면 교사가 유아의 손을 잡고 젤리를 퍼 준다.
- 교사가 숟가락을 젤리에 대 준 후 유아에게 젤리를 퍼 보라고 한다.
- 푸지 못하면 교사가 유아의 손을 잡고 젤리를 퍼 주는 동작을 반복해 준다.
- 도움을 점차 줄여 간다.
- 수행되면 유아 스스로 젤리를 퍼 보라고 한다.
- 수행되면 교사가 숟가락으로 젤리를 퍼서 옮기는 시범을 보인다.
- 유아에게 교사를 모방하여 숟가락으로 젤리를 퍼서 옮겨 보라고 한다.
- 모방하지 못하면 교사가 유아의 손을 잡고 젤리를 퍼서 옮겨 준다.
- 교사가 숟가락을 젤리에 대 준 후 유아에게 젤리를 퍼서 옮겨 보라고 한다.
- 도움을 점차 줄여 간다.
- 수행되면 유아 스스로 젤리를 퍼서 옮겨 보라고 한다.

• 수행되면 유아의 특성에 맞는 적절한 강화제를 제공한다.

162 나무 완성하기

4~5세

목표 | 나무를 완성할 수 있다.

자료 | 휴지 심, 종이 박스, 크레파스, 색연필 또는 사인펜, 가위, 다양한 색깔의 물감, 물, 나눔 접시, 강화제

방법 ❶

- 교사가 휴지 심을 옆으로 꾹 눌러 가위로 반(동그란 모양 두 개)을 잘라 놓는다.
- 교사가 종이 박스에 교사의 팔과 손을 대고 색연필이나 사인펜으로 본을 떠 놓는다.
- 교사가 종이 박스에 유아의 팔을 대고 색연필이나 사인펜으로 본을 떠 놓는다.
- 교사가 본뜬 교사의 팔과 손에 크레파스로 색칠을 하는 시범을 보인다.
- 유아에게 교사를 모방하여 본뜬 교사의 팔과 손에 크레파스로 색칠을 해 보라고 한다.
- 수행되면 유아 스스로 본뜬 유아의 팔과 손에 크레파스로 색칠을 해 보라고 한다.
- 수행되면 교사가 다양한 색깔의 물감을 나눔 접시에 나누어 제시한다.
- 교사가 반으로 잘라 놓은 휴지 심에 물감을 찍어 손 모양 주변에 나뭇잎처럼 찍는 시범을 보인다.
- 유아에게 교사를 모방하여 반으로 잘라 놓은 휴지 심에 물감을 찍어 손 모양 주변에 나뭇잎처럼 찍어 보라고 한다.
- 수행되면 유아 스스로 반으로 잘라 놓은 휴지 심에 물감을 찍어 손 모양 주변에 나뭇잎처럼 찍어 보라고 한다.
- 수행되면 유아의 특성에 맞는 적절한 강화제를 제공한다.

방법 ❷

- 교사가 휴지 심을 옆으로 꾹 눌러서 가위로 반(동그란 모양 두 개)을 잘라 놓는다.
- 교사가 종이 박스에 교사의 팔과 손을 대고 색연필이나 사인펜으로 본을 떠 놓는다.
- 교사가 종이 박스에 유아의 팔을 대고 색연필이나 사인펜으로 본을 떠 놓는다.
- 교사가 본뜬 교사의 팔과 손에 크레파스로 색칠을 하는 시범을 보인다.
- 유아에게 교사를 모방하여 본뜬 교사의 팔과 손에 크레파스로 색칠을 해 보라고 한다.
- 모방하지 못하면 교사가 유아의 손을 잡고 본뜬 교사의 팔과 손에 크레파스로 색칠을 해 준다.
- 교사가 교사의 본뜬 팔과 손에 크레파스를 잡은 유아의 손을 대 준 후 유아에게 색칠을 해 보라고 한다.
- 도움을 점차 줄여 간다.
- 수행되면 유아 스스로 유아의 본뜬 팔과 손에 크레파스로 색칠을 해 보라고 한다.
- 수행되면 교사가 다양한 색깔의 물감을 나눔 접시에 나누어 제시한다.
- 교사가 반으로 잘라 놓은 휴지 심에 물감을 묻히는 시범을 보인다.
- 유아에게 교사를 모방하여 반으로 잘라 놓은 휴지 심에 물감을 묻혀 보라고 한다.
- 모방하지 못하면 교사가 유아의 손을 잡고 반으로 잘라 놓은 휴지 심에 물감을 묻혀 준다.
- 교사가 반으로 잘라 놓은 휴지 심을 물감 가까이에 대 준 후 유아에게 휴지 심에 물감을 묻혀 보라고 한다.
- 묻히지 못하면 교사가 유아의 손을 잡고 반으로 잘라 놓은 휴지 심에 물감을 묻히는 동작을 반복해 준다.
- 도움을 점차 줄여 간다.
- 수행되면 유아 스스로 반으로 잘라 놓은 휴지 심에 물감을 묻혀 보라고 한다.
- 수행되면 교사가 반으로 잘라 놓은 휴지 심에 물감을 찍어 손 모양 주변에 나뭇잎

처럼 찍는 시범을 보인다.

- 유아에게 교사를 모방하여 반으로 잘라 놓은 휴지 심에 물감을 찍어 손 모양 주변에 나뭇잎처럼 찍어 보라고 한다.
- 모방하지 못하면 유아 스스로 반으로 잘라 놓은 휴지 심에 물감을 찍어 보라고 한 후 교사가 유아의 손을 잡고 손 모양 주변에 나뭇잎처럼 찍어 준다.
- 교사가 유아 스스로 반으로 잘라 놓은 휴지 심에 물감을 찍어 보라고 한 후 유아의 손을 손 모양 주변에 대 준 다음 나뭇잎처럼 찍어 보라고 한다.
- 도움을 점차 줄여 간다.
- 수행되면 유아 스스로 반으로 잘라 놓은 휴지 심에 물감을 찍어 손 모양 주변에 나뭇잎처럼 찍어 보라고 한다.
- 수행되면 유아의 특성에 맞는 적절한 강화제를 제공한다.

☞ 휴지 심으로 손 모양 주변에 나뭇잎처럼 찍어 준 후 말린 나뭇잎과 풀을 준비하여 낙엽처럼 붙이는 놀이를 지도해도 소근육 증진에 효과적이다.

☞ 자른 휴지 심에 물감을 묻힐 때 키친타월을 물감 위에 올려놓은 후 젖은 상태에서 물감을 묻히면 편리하다.

☞ 종이 박스 대신 마분지에 손 모양 본뜨기를 해도 무방하다.

☞ 유아의 상태에 따라 휴지 심으로 찍은 나뭇잎 모양에 물감을 칠하게 지도해도 된다.

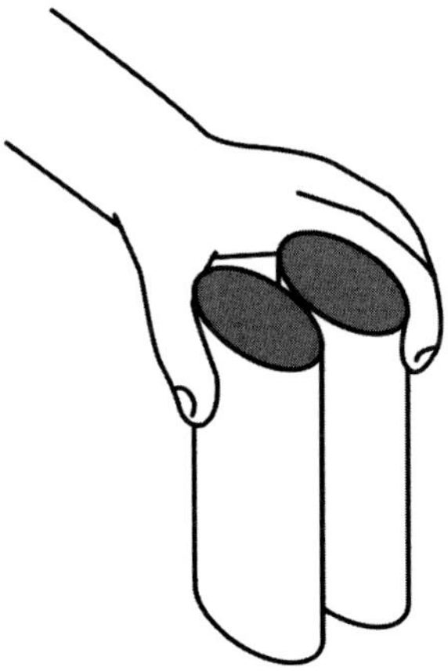

휴지 심을 옆으로 꾹 눌러 주기

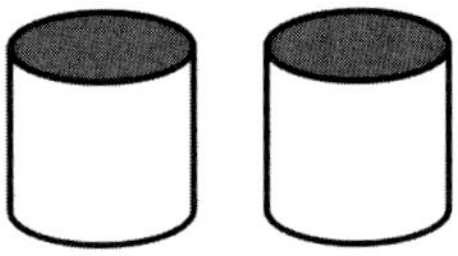

휴지 심을 두 개로 자르기

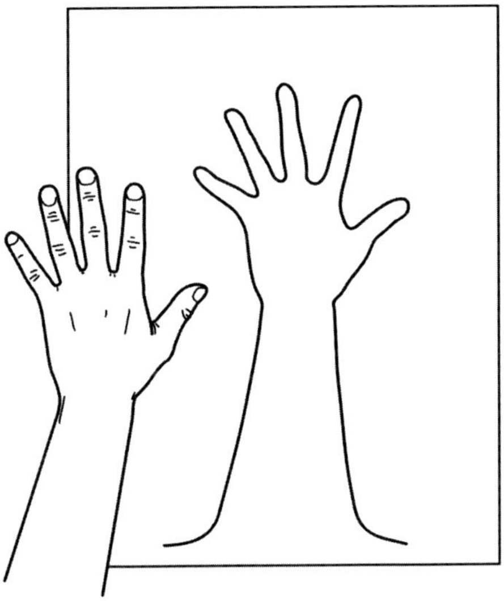

종이 박스에 교사 손 본뜨기

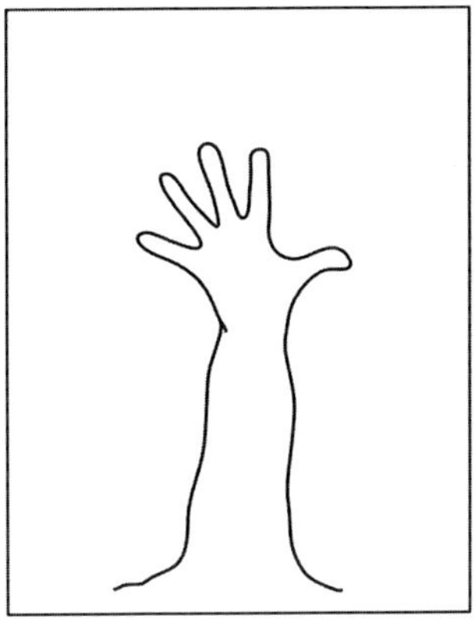

종이 박스에 유아 손 본뜨기

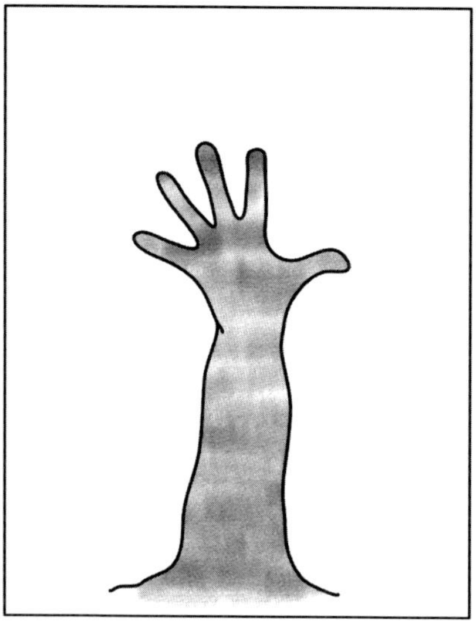

교사와 유아의 손을 본뜬 나무에
각각 색칠하기

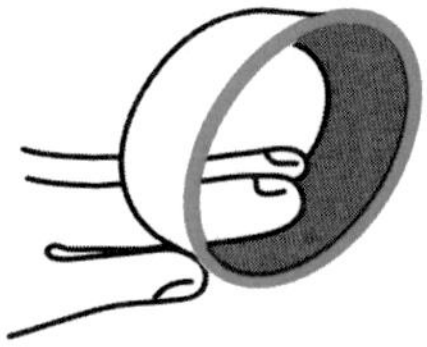

자른 휴지 심에 물감 묻히기

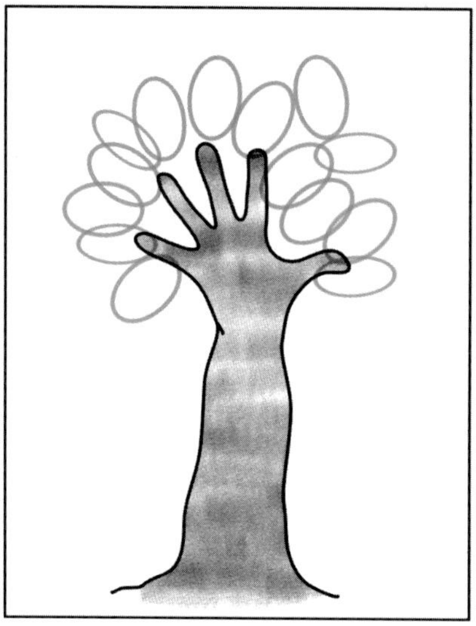

손 모양 주변에 휴지 심으로 모양 찍기

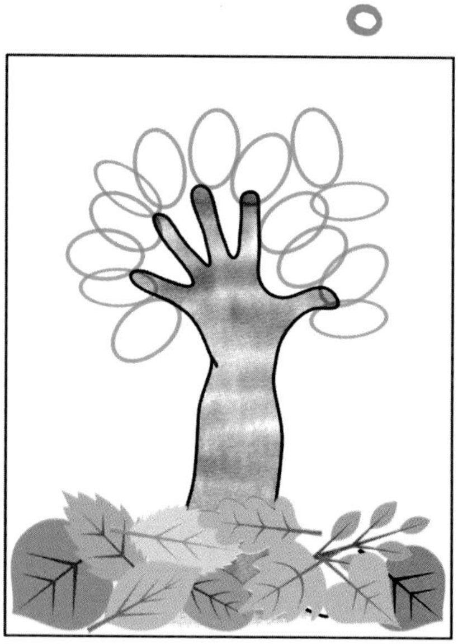

완성된 그림 밑에 낙엽처럼 나뭇잎 붙이기

163 귤껍질 벗기기

4~5세

목표 | 귤껍질을 벗길 수 있다.

자료 | 귤, 강화제

방법 ❶

- 교사가 "주황색 귤을 ♬ 벗~겨 봐요 ♬ 벗~겨 봐요 ♬"라고 노래를 부르며 귤의 껍질을 벗기는 시범을 보인다.
- 유아에게 교사를 모방하여 귤의 껍질을 벗겨 보라고 한다.
- 수행되면 유아 스스로 귤의 껍질을 벗겨 보라고 한다.
- 수행되면 유아의 특성에 맞는 적절한 강화제를 제공한다.

방법 ❷

- 교사가 "주황색 귤을 ♬ 벗~겨 봐요 ♬ 벗~겨 봐요 ♬"라고 노래를 부르며 귤의 껍질을 벗기는 시범을 보인다.
- 유아에게 교사를 모방하여 귤의 껍질을 벗겨 보라고 한다.
- 모방하지 못하면 교사가 유아의 손을 잡고 귤의 껍질을 벗겨 준다.
- 교사가 귤의 껍질을 3/4 벗겨 준 후 유아에게 나머지 부분을 벗겨 보라고 한다.
- 벗기지 못하면 교사가 유아의 손을 잡고 귤의 껍질을 벗기는 동작을 반복해 준다.
- 교사가 귤의 껍질을 2/4 벗겨 준 후 유아에게 나머지 부분을 벗겨 보라고 한다.
- 수행되면 교사가 귤의 껍질을 1/4 벗겨 준 후 유아에게 나머지 부분을 벗겨 보라고 한다.
- 수행되면 교사가 유아의 손을 귤껍질의 윗부분에 대 준 후 유아에게 귤의 껍질을 벗겨 보라고 한다.
- 도움을 점차 줄여 간다.

- 수행되면 유아 스스로 귤껍질을 벗겨 보라고 한다.
- 수행되면 유아의 특성에 맞는 적절한 강화제를 제공한다.

164 돼지 저금통에 동전 넣기 4~5세

목표 | 돼지 저금통에 동전을 넣을 수 있다.

자료 | 돼지 저금통, 동전, 강화제

방법 ❶

- 교사가 돼지 저금통에 동전을 넣는 시범을 보인다.
- 유아에게 교사를 모방하여 돼지 저금통에 동전을 넣어 보라고 한다.
- 수행되면 유아 스스로 돼지 저금통에 동전을 넣어 보라고 한다.
- 수행되면 유아의 특성에 맞는 적절한 강화제를 제공한다.

방법 ❷

- 교사가 엄지와 검지로 동전을 집는 시범을 보인다.
- 유아에게 교사를 모방하여 엄지와 검지로 동전을 집어 보라고 한다.
- 모방하지 못하면 교사가 유아의 엄지와 검지를 잡아 동전을 집어 준다.
- 교사가 동전을 가리키며 유아에게 엄지와 검지로 집어 보라고 한다.
- 집지 못하면 교사가 엄지와 검지로 동전을 집는 동작을 반복해 준다.
- 도움을 점차 줄여 간다.
- 수행되면 유아 스스로 엄지와 검지로 동전을 집어 보라고 한다.
- 수행되면 교사가 동전을 돼지 저금통에 넣는 시범을 보인다.
- 유아에게 교사를 모방하여 동전을 돼지 저금통에 넣어 보라고 한다.
- 넣지 못하면 교사가 유아의 엄지와 검지를 잡아 동전을 돼지 저금통에 넣어 준다.

- 교사가 동전을 돼지 저금통 구멍에 대 준 후 유아에게 넣어 보라고 한다.
- 넣지 못하면 교사가 유아의 엄지와 검지를 잡고 돼지 저금통에 동전을 넣는 동작을 반복해 준다.
- 도움을 점차 줄여 간다.
- 수행되면 유아 스스로 엄지와 검지로 동전을 집어 돼지 저금통에 넣어 보라고 한다.
- 수행되면 유아의 특성에 맞는 적절한 강화제를 제공한다.

165 네모 그리기

4~5세

목표 | 네모를 그릴 수 있다.

자료 | 종이, 연필 또는 색연필, 초콜릿, 과자 조각, 스티커, 네모 그림, 강화제

방법 ❶

- 교사가 색연필로 종이에 네모를 그리는 시범을 보인다.
- 유아에게 교사를 모방하여 네모를 그려 보라고 한다.
- 수행되면 유아 스스로 네모를 그려 보라고 한다.
- 수행되면 유아의 특성에 맞는 적절한 강화제를 제공한다.

방법 ❷

- 교사가 네모의 뒷부분부터 세 부분이 그려진 모양에 앞부분을 그려 네모를 완성하는 시범을 보인다.
- 교사가 점을 네 개 찍어 네모의 뒷부분부터 세 부분을 그려 준 후 앞부분을 유아에게 그려 보라고 한다.
- 그리지 못하면 교사가 유아의 손을 잡고 네모의 앞부분을 그려 준다.

- 교사가 네모의 앞부분에 점선을 그려 준 후 유아에게 네모를 그려 보라고 한다.
- 도움을 점차 줄여 간다.
- 수행되면 유아 스스로 네모의 앞부분을 그려 보라고 한다.
- 수행되면 교사가 네모의 뒷부분부터 두 부분이 그려진 그림에 두 부분을 그려 네모를 완성하는 방법을 시범 보인다.
- 교사가 점을 네 개 찍어 네모의 뒷부분부터 두 부분을 그려 준 후 나머지는 유아에게 그려 보라고 한다.
- 그리지 못하면 한 부분을 그려 네모를 완성한 것과 같은 방법으로 지도한다.
- 수행되면 나머지 부분도 같은 방법으로 지도한다.
- 수행되면 유아 스스로 네모를 그려 보라고 한다.
- 수행되면 유아의 특성에 맞는 적절한 강화제를 제공한다.

방법 ❸

- 교사가 네모의 앞 세 부분이 그려진 그림에 뒷부분을 그려 네모를 완성하는 시범을 보인다.
- 교사가 네모의 앞 세 부분이 그려진 그림을 제시한 후 뒷부분은 유아에게 그려 보라고 한다.
- 그리지 못하면 교사가 유아의 손을 잡고 네모의 뒷부분을 그려 준다.
- 교사가 네모의 뒷부분에 점선을 그려 준 후 유아에게 네모의 뒷부분을 그려 보라고 한다.
- 도움을 점차 줄여 간다.
- 수행되면 유아 스스로 네모의 뒷부분을 그려 보라고 한다.
- 수행되면 교사가 네모의 앞 두 부분이 그려진 그림을 제시하고 나머지는 유아에게 그려 보라고 한다.
- 수행되면 교사가 네모의 앞 한 부분이 그려진 그림을 제시하고 나머지는 유아에게 그려 보라고 한다.

- 수행되면 방법 ❷와 같이 점을 찍어 지도한다.
- 수행되면 유아 스스로 네모를 그려 보라고 한다.
- 수행되면 유아의 특성에 맞는 적절한 강화제를 제공한다.

방법 ❹

- 교사가 점을 네모 모양이 되도록 그린 후 각 점 사이에는 점선을 찍은 종이를 여러 장 준비해 둔다.
- 준비해 둔 종이에 교사가 점선을 따라 네모를 그리는 시범을 보인다.
- 유아에게 교사를 모방하여 점선을 따라 네모를 그려 보라고 한다.
- 그리지 못하면 교사가 유아의 손을 잡고 점선을 따라 네모를 그려 준다.
- 유아가 교사의 손을 따라 점선을 그릴 수 있도록 교사가 네모 모양의 점선을 손으로 따라 그려 준다.
- 도움을 점차 줄여 간다.
- 수행되면 유아 스스로 점선을 따라 네모를 그려 보라고 한다.
- 수행되면 교사가 네 개의 점에 점선은 세 곳만 그려 준 후 나머지는 유아에게 그려 보라고 한다.
- 수행되면 네 개의 점에 점선은 두 곳만 그려 준 후 나머지는 유아에게 그려 보라고 한다.
- 수행되면 네 개의 점에 점선은 한 곳만 그려 준 후 나머지는 유아에게 그려 보라고 한다.
- 수행되면 교사가 점을 네 개 찍어 준 후 유아에게 네모를 그려 보라고 한다.
- 수행되면 교사가 점을 세 개 찍어 준 후 유아에게 네모를 그려 보라고 한다.
- 수행되면 교사가 점을 두 개 찍어 준 후 유아에게 네모를 그려 보라고 한다.
- 수행되면 교사가 시작점만 찍어 준 후 유아에게 네모를 그려 보라고 한다.
- 수행되면 유아 스스로 네모를 그려 보라고 한다.
- 수행되면 유아의 특성에 맞는 적절한 강화제를 제공한다.

방법 ❺

- 교사가 네 개의 점을 연결하여 네모를 그리는 시범을 보인다.
- 교사가 점을 네 개 찍어 준 후 유아에게 교사를 모방하여 네모를 그려 보라고 한다.
- 그리지 못하면 교사가 유아의 손을 잡고 네모를 그려 준다.
- 교사가 손으로 시작점을 짚어 준 후 유아에게 네모를 그려 보라고 한다.
- 도움을 점차 줄여 간다.
- 수행되면 유아 스스로 네 개의 점을 연결하여 네모를 그려 보라고 한다.
- 수행되면 교사가 점을 세 개 찍어 준 후 유아에게 네모를 그려 보라고 한다.
- 그리지 못하면 네 개의 점을 연결한 것과 같은 방법으로 지도한다.
- 수행되면 교사가 점을 두 개 찍어 준 후 유아에게 네모를 그려 보라고 한다.
- 수행되면 교사가 시작점만 찍어 준 후 유아에게 네모를 그려 보라고 한다.
- 수행되면 유아 스스로 네모를 그려 보라고 한다.
- 수행되면 유아의 특성에 맞는 적절한 강화제를 제공한다.

방법 ❻

- 교사가 집 그림을 제시한 후 창문과 울타리의 점선을 따라 네모를 그리는 시범을 보인다.
- 유아에게 교사를 모방하여 창문과 울타리의 점선을 따라 네모를 그려 보라고 한다.
- 그리지 못하면 교사가 유아의 손을 잡고 창문과 울타리의 점선을 따라 네모를 그려 준다.
- 교사가 "아래로 옆으로 ♬ 아래로 옆으로 ♬ 주~욱 ♬ 주~욱 ♬ 그어 보아요 ♬" 라고 노래 부르며 유아에게 창문과 울타리의 점선을 따라 네모를 그려 보라고 한다.
- 그리지 못하면 교사가 유아의 손을 잡고 창문과 울타리의 점선을 따라 네모를 그

리는 동작을 반복해 준다.

- 도움을 점차 줄여 간다.
- 수행되면 유아 스스로 창문과 울타리의 점선을 따라 네모를 그려 보라고 한다.
- 수행되면 유아의 특성에 맞는 적절한 강화제를 제공한다.

☞ 점 대신 스티커를 사용하거나 끝 점에 강화제(예: 초콜릿)를 놓고 지도하면 효과적이다. 수행되면 강화제를 유아가 보상으로 먹을 수 있도록 한다.

☞ 방법 ❷는 점진법(앞에서 순서대로 진행하는 방법), 방법 ❸은 후진법(뒤에서 순서대로 진행하는 방법, 즉 거꾸로 진행하는 방법)이므로 유아의 특성에 맞게 지도하면 된다. 일반적으로 후진법이 성취감을 쉽게 느낄 수 있어 교육현장에서 많이 활용되고 있다.

☞ 방법 ❻은 유아가 네모를 그리면서 즐겁게 활동할 수 있고 성취감을 느낄 수 있으므로 다양한 그림을 활용하여 네모를 그리게 하면 효과적이다.

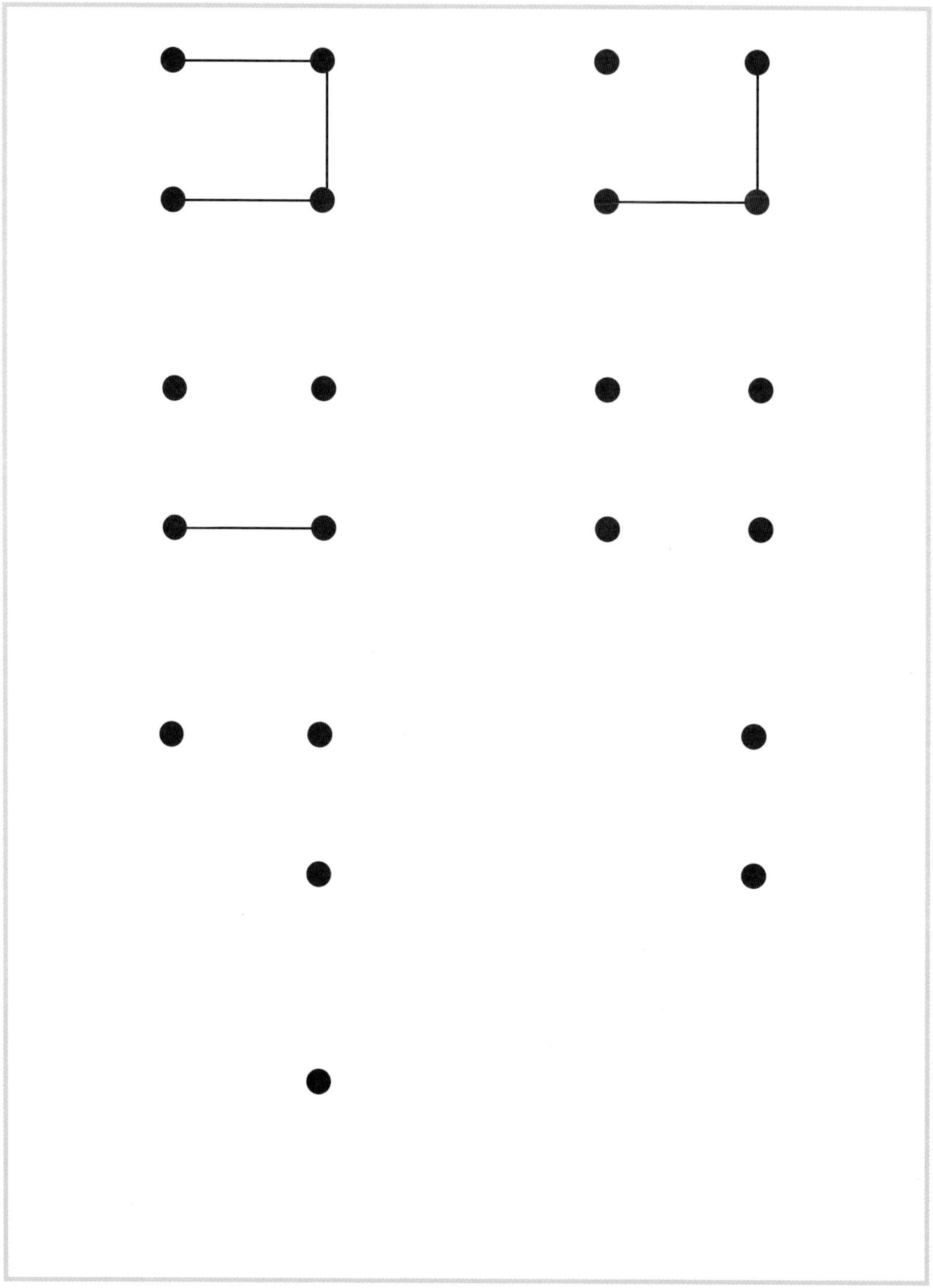

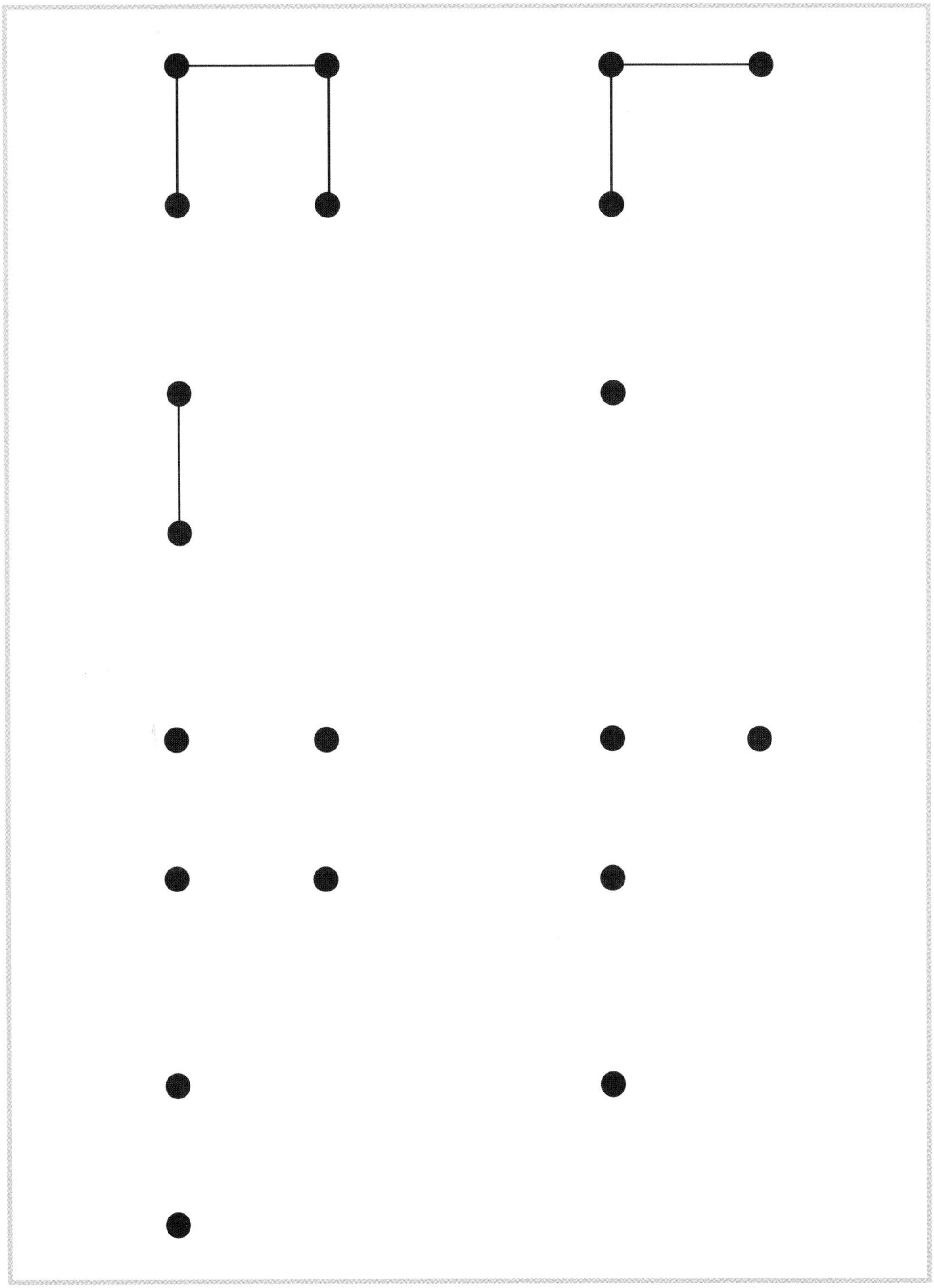

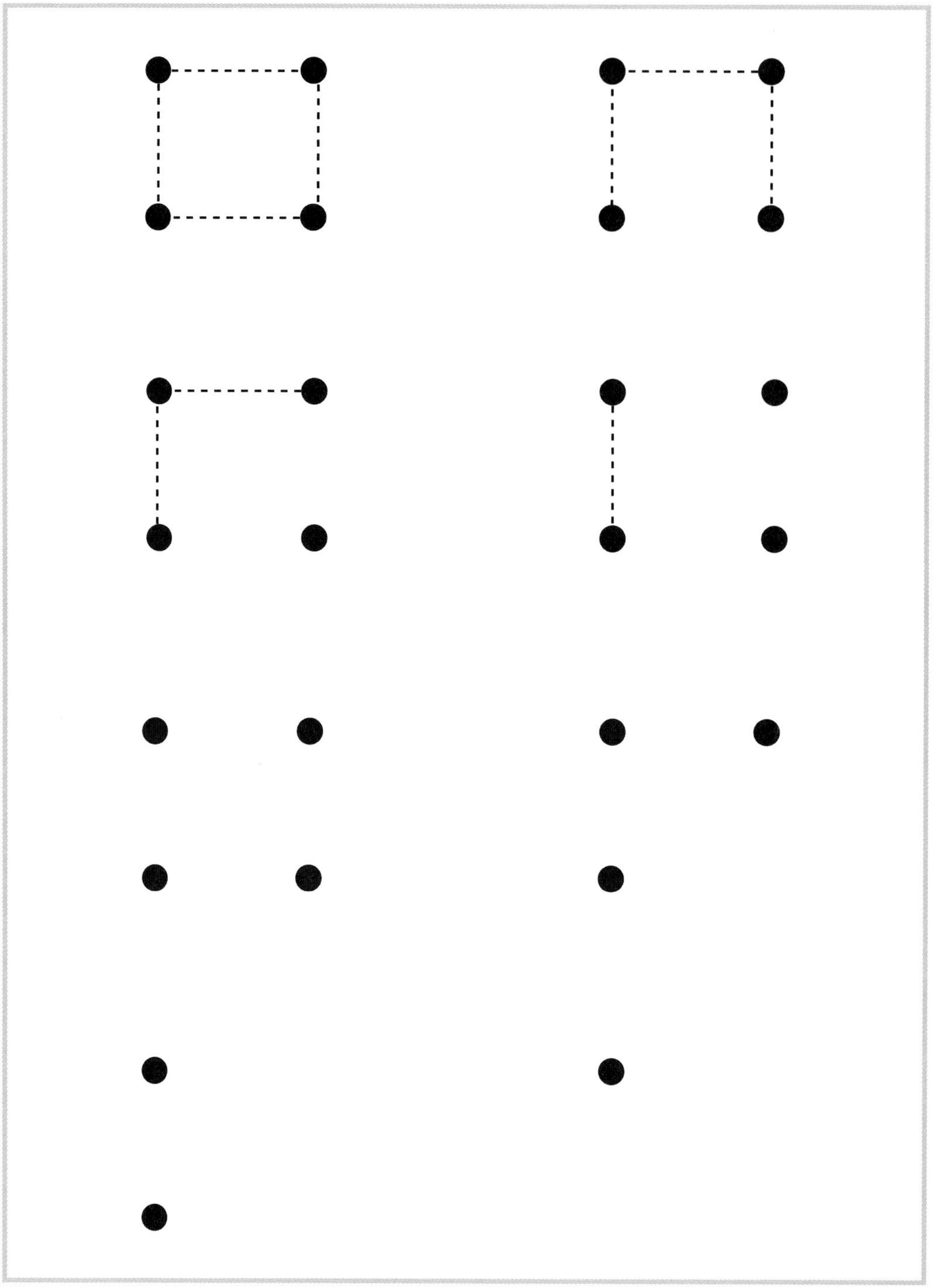

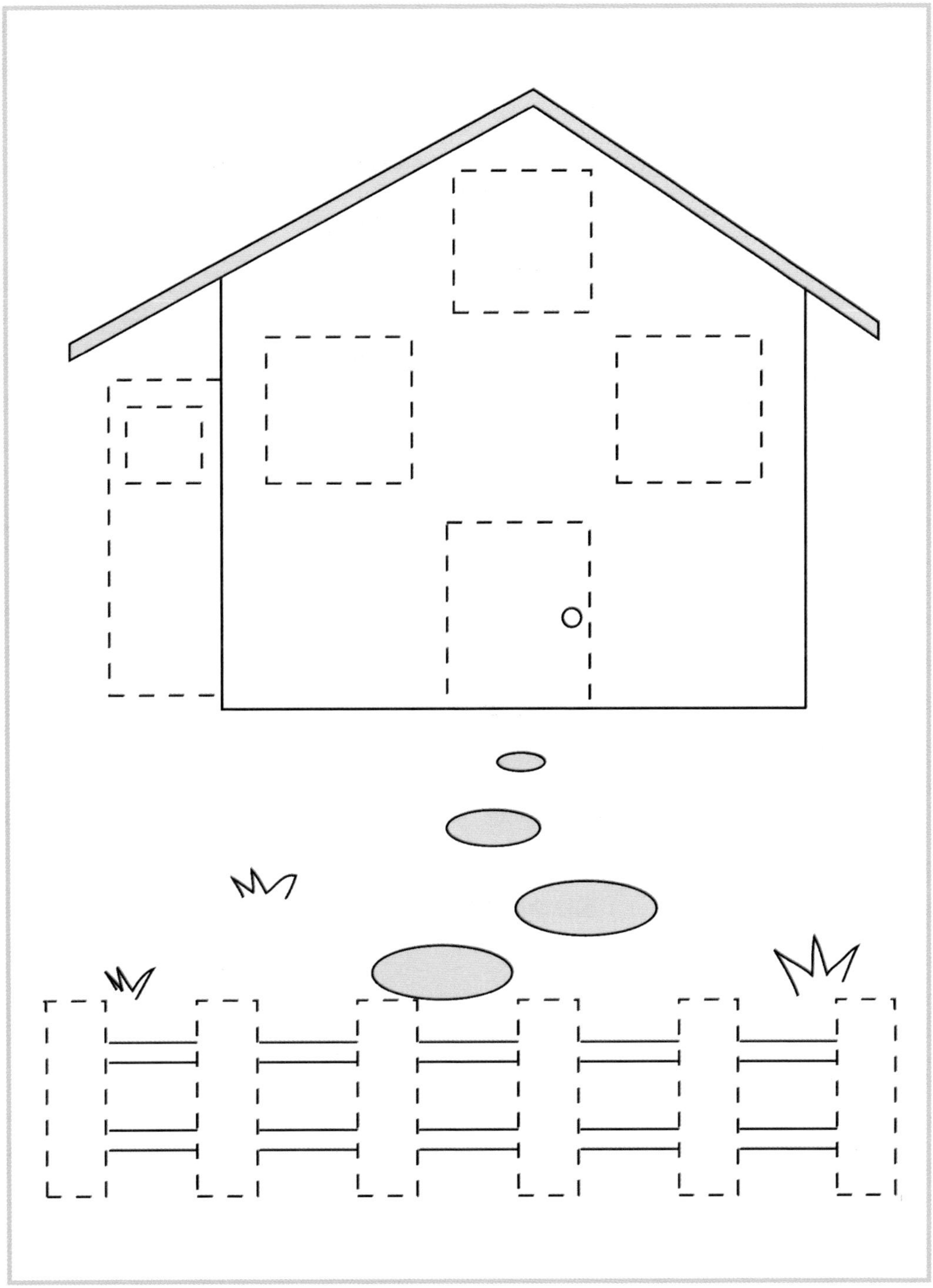

166 수도꼭지 돌리기

4~5세

목표 | 수도꼭지를 돌릴 수 있다.

자료 | 수도꼭지, 강화제

방법 ❶

- 교사가 수도꼭지를 돌리는 시범을 보인다.
- 유아에게 교사를 모방하여 수도꼭지를 돌려 보라고 한다.
- 수행되면 유아 스스로 수도꼭지를 돌려 보라고 한다.
- 수행되면 유아의 특성에 맞는 적절한 강화제를 제공한다.

방법 ❷

- 교사가 수도꼭지를 돌리는 시범을 보인다.
- 유아에게 교사를 모방하여 수도꼭지를 돌려 보라고 한다.
- 모방하지 못하면 교사가 유아의 손을 잡고 수도꼭지를 돌려 준다.
- 교사가 유아의 손을 잡고 수도꼭지를 3/4 돌려 준 후 나머지는 유아에게 돌려 보라고 한다.
- 돌리지 못하면 교사가 유아의 손을 잡고 수도꼭지를 돌리는 동작을 반복해 준다.
- 수행되면 교사가 유아의 손을 잡고 수도꼭지를 2/4 돌려 준 후 나머지는 유아에게 돌려 보라고 한다.
- 수행되면 교사가 유아의 손을 잡고 수도꼭지를 1/4 돌려 준 후 나머지는 유아에게 돌려 보라고 한다.
- 도움을 점차 줄여 간다.
- 수행되면 유아 스스로 수도꼭지를 돌려 보라고 한다.
- 수행되면 유아의 특성에 맞는 적절한 강화제를 제공한다.

167 크레파스 쥐기

4~5세

목표 | 엄지와 검지 및 중지로 크레파스를 쥘 수 있다.

자료 | 크레파스, 강화제

방법 ❶

- 교사가 엄지와 검지 및 중지로 크레파스의 아래쪽을 부드럽게 쥐는 시범을 보인다.
- 유아에게 교사를 모방하여 엄지와 검지 및 중지로 크레파스의 아래쪽을 부드럽게 쥐어 보라고 한다.
- 수행되면 유아 스스로 엄지와 검지 및 중지로 크레파스의 아래쪽을 부드럽게 쥐어 보라고 한다.
- 수행되면 유아의 특성에 맞는 적절한 강화제를 제공한다.

방법 ❷

- 교사가 엄지와 검지 및 중지로 크레파스의 아래쪽을 부드럽게 쥐는 시범을 보인다.
- 유아에게 교사를 모방하여 엄지와 검지 및 중지로 크레파스의 아래쪽을 부드럽게 쥐어 보라고 한다.
- 모방하지 못하면 교사가 유아의 엄지와 검지 및 중지로 크레파스의 아래쪽을 부드럽게 쥐어 준다.
- 교사가 유아의 검지와 중지를 크레파스에 닿게 해 준 후 엄지가 닿는 위치를 짚어 주며 유아에게 크레파스의 아래쪽을 부드럽게 쥐어 보라고 한다.
- 쥐지 못하면 교사가 유아의 검지와 중지를 크레파스에 닿게 해 준 후 엄지를 사용하여 크레파스의 아래쪽을 부드럽게 쥐는 동작을 반복해 준다.

- 교사가 유아의 검지와 중지를 크레파스에 닿게 해 준 후 유아 스스로 엄지를 사용하여 크레파스의 아래쪽을 부드럽게 쥐어 보라고 한다.
- 수행되면 교사가 엄지를 크레파스에 닿게 한 후 검지와 중지로 크레파스의 아래쪽을 부드럽게 쥐는 시범을 보인다.
- 유아에게 교사를 모방하여 엄지를 크레파스에 닿게 한 후 검지와 중지로 크레파스의 아래쪽을 부드럽게 쥐어 보라고 한다.
- 모방하지 못하면 교사가 유아의 엄지를 크레파스에 닿게 한 후 검지와 중지로 크레파스의 아래쪽을 부드럽게 쥐어 준다.
- 교사가 유아의 엄지를 크레파스에 닿게 한 후 검지와 중지로 크레파스의 아래쪽을 부드럽게 쥐는 동작을 반복해 준다.
- 도움을 점차 줄여 간다.
- 수행되면 유아 스스로 엄지와 검지 및 중지로 크레파스의 아래쪽을 부드럽게 쥐어 보라고 한다.
- 수행되면 유아의 특성에 맞는 적절한 강화제를 제공한다.

168 밀가루 반죽하기 4~5세

목표 | 밀가루를 반죽할 수 있다.

자료 | 밀가루, 물, 강화제

방법 ❶

- 교사가 "주물주물 ♬ 말랑말랑 ♬ 조물조물 ♬ 손으로 마음껏 ♬ 주물러 보자"라고 노래를 부르며 밀가루에 물을 부어 반죽하는 시범을 보인다.
- 교사가 밀가루에 물을 부어 준 후 유아에게 교사를 모방하여 밀가루를 반죽해 보라고 한다.

- 수행되면 교사가 밀가루에 물을 부어 준 후 유아 스스로 밀가루를 반죽해 보라고 한다.
- 수행되면 유아의 특성에 맞는 적절한 강화제를 제공한다.

방법 ❷

- 교사가 "주물주물 ♬ 말랑말랑 ♬ 조물조물 ♬ 손으로 마음껏 ♬ 주물러 보자"라고 노래를 부르며 밀가루에 물을 부어 반죽하는 시범을 보인다.
- 교사가 밀가루에 물을 부어 준 후 유아에게 교사를 모방하여 밀가루를 반죽해 보라고 한다.
- 모방하지 못하면 교사가 유아의 손을 잡고 밀가루를 반죽해 준다.
- 교사가 유아의 손에 밀가루를 올려 준 후 반죽을 해 보라고 한다.
- 하지 못하면 교사가 유아의 손을 잡고 밀가루를 반죽하는 동작을 반복해 준다.
- 도움을 점차 줄여 간다.
- 수행되면 교사가 밀가루에 물을 부어 준 후 유아 스스로 밀가루를 반죽해 보라고 한다.
- 수행되면 유아의 특성에 맞는 적절한 강화제를 제공한다.

☞ 밀가루 반죽에 유아가 좋아하는 색상의 색소 혹은 물감을 섞어 반죽 놀이를 시키면 유아가 흥미롭게 활동에 참여할 수 있다.

169 위치에 맞게 손도장 찍기

4~5세

목표 | 위치에 맞게 손도장을 찍을 수 있다.

자료 | 도화지, 인주, 그림자료, 강화제

방법 ❶

- 손도장 마구 찍기는 앞 단계에서 수행하였으므로 확인한 후 시행한다.
- 교사가 손도장을 찍을 수 있는 그림을 제시한다.
- 교사가 엄지손가락에 인주를 묻혀 위치에 맞게 손도장을 찍는 시범을 보인다.
- 유아에게 교사를 모방하여 엄지손가락에 인주를 묻혀 위치에 맞게 손도장을 찍어 보라고 한다.
- 수행되면 유아 스스로 엄지손가락에 인주를 묻혀 위치에 맞게 손도장을 찍어 보라고 한다.
- 수행되면 유아의 특성에 맞는 적절한 강화제를 제공한다.

방법 ❷

- 손도장 마구 찍기는 앞 단계에서 수행하였으므로 확인한 후 시행한다.
- 교사가 엄지손가락에 인주를 묻혀, 예를 들어 딸기에 손도장을 찍는 시범을 보인다.
- 유아에게 교사를 모방하여 엄지손가락에 인주를 묻혀 딸기에 손도장을 찍어 보라고 한다.
- 모방하지 못하면 유아 스스로 엄지손가락에 인주를 묻히라고 한 후 교사가 손도장을 찍을 딸기를 가리키며 유아에게 찍어 보라고 한다.
- 찍지 못하면 교사가 유아의 손을 잡고 딸기에 손도장을 찍는 동작을 반복해 준다.
- 도움을 점차 줄여 간다.

- 수행되면 유아 스스로 엄지손가락에 인주를 묻혀 딸기에 손도장을 찍어 보라고 한다.
- 수행되면 유아의 특성에 맞는 적절한 강화제를 제공한다.

방법 ❸

- 교사가 예를 들어 사과나무 그림을 제시한 후 엄지손가락에 인주를 묻혀 사과나무에 손도장을 찍는 시범을 보인다.
- 유아에게 교사를 모방하여 엄지손가락에 인주를 묻혀 사과나무에 손도장을 찍어 보라고 한다.
- 모방하지 못하면 교사가 유아에게 엄지손가락에 인주를 묻히라고 한 후 유아의 엄지손가락을 잡고 사과나무에 손도장을 찍어 준다.
- 교사가 유아에게 엄지손가락에 인주를 묻히라고 한 후 사과나무에 도장 찍을 위치를 짚어 주며 유아에게 손도장을 찍어 보라고 한다.
- 수행되면 교사가 유아에게 엄지손가락에 인주를 묻히라고 한 후 사과나무에 도장 찍을 위치를 가리키며 유아에게 손도장을 찍어 보라고 한다.
- 수행되면 교사가 사과 개수의 3/4을 찍어 준 후 나머지는 유아에게 손도장을 찍어 보라고 한다.
- 수행되면 교사가 사과 개수의 2/4를 찍어 준 후 나머지는 유아에게 손도장을 찍어 보라고 한다.
- 수행되면 교사가 사과 개수의 1/4을 찍어 준 후 나머지는 유아에게 손도장을 찍어 보라고 한다.
- 도움을 점차 줄여 간다.
- 수행되면 유아 스스로 엄지손가락에 인주를 묻혀 사과나무에 손도장을 찍어 보라고 한다.
- 수행되면 포도와 수박 잎 밑에 있는 수박을 찍는 것도 같은 방법으로 지도한다.
- 수행되면 유아의 특성에 맞는 적절한 강화제를 제공한다.

☞ 유아의 특성에 따라 도장을 찍을 때 교사가 유아의 손에 살짝 손을 대 주는 것만으로도 손도장을 찍는 경우도 있다.

☞ 다음 사진처럼 유아에게 손도장 찍는 것을 지도한 후 그림에 손도장 찍기를 지도하면 효과적이다.

교사가 손도장을 찍는 시범 보이기

사과 그림 안에 손도장을 찍을 수 있도록
위치를 손가락으로 짚어 주기

유아에게 손도장을 찍어 보라고 하기

교사가 유아 손에 살짝 손 대 주기

스스로 찍기

다른 그림(예: 포도) 시범 보이기

유아의 손을 잡고 도장 찍기

유아 스스로 찍기

4~5
세

170 연필 쥐기

4~5세

목표 | 엄지와 검지 및 중지로 연필을 쥘 수 있다.

자료 | 연필, 강화제

방법 ❶

- 교사가 엄지와 검지 및 중지로 연필의 아래쪽을 쥐는 시범을 보인다.
- 유아에게 교사를 모방하여 엄지와 검지 및 중지로 연필의 아래쪽을 쥐어 보라고 한다.
- 수행되면 유아 스스로 엄지와 검지 및 중지로 연필의 아래쪽을 쥐어 보라고 한다.
- 수행되면 유아의 특성에 맞는 적절한 강화제를 제공한다.

방법 ❷

- 교사가 엄지와 검지 및 중지로 연필의 아래쪽을 쥐는 시범을 보인다.
- 유아에게 교사를 모방하여 엄지와 검지 및 중지로 연필의 아래쪽을 쥐어 보라고 한다.
- 모방하지 못하면 교사가 유아의 엄지와 검지 및 중지 사이에 연필을 끼워 준 후 유아의 손을 잡고 연필을 쥐어 준다.
- 교사가 유아의 검지와 중지를 연필에 닿게 해 준 후 엄지가 닿는 위치를 짚어 주며 유아에게 연필의 아래쪽을 쥐어 보라고 한다.
- 쥐지 못하면 교사가 유아의 검지와 중지를 연필에 닿게 해 준 후 엄지를 사용하여 연필의 아래쪽을 쥐는 동작을 반복해 준다.
- 교사가 유아의 검지와 중지를 연필에 닿게 해 준 후 유아 스스로 엄지를 사용하여 연필의 아래쪽을 쥐어 보라고 한다.
- 수행되면 교사가 엄지를 연필에 닿게 한 후 검지와 중지로 연필의 아래쪽을 쥐는

시범을 보인다.

- 유아에게 교사를 모방하여 엄지를 연필에 닿게 한 후 검지와 중지로 연필의 아래쪽을 쥐어 보라고 한다.
- 모방하지 못하면 교사가 유아의 엄지를 연필에 닿게 한 후 검지와 중지로 연필의 아래쪽을 쥐어 준다.
- 교사가 유아의 엄지를 연필에 닿게 한 후 검지와 중지로 연필의 아래쪽을 쥐는 동작을 반복해 준다.
- 교사가 연필을 유아의 엄지와 검지 및 중지 사이에 끼워 준 후 유아 스스로 연필을 쥐어 보라고 한다.
- 도움을 점차 줄여 간다.
- 수행되면 유아 스스로 엄지와 검지 및 중지로 연필의 아래쪽을 쥐어 보라고 한다.
- 수행되면 유아의 특성에 맞는 적절한 강화제를 제공한다.

171 점 이어 모양 만들기 I

4~5세

목표 | 점을 이어 모양을 만들 수 있다.

자료 | 도화지, 연필, 색연필, 그림자료, 강화제

방법 ❶

- 교사가 점을 이어 모양을 만드는 시범을 보인다.
- 유아에게 교사를 모방하여 점을 이어 모양을 만들어 보라고 한다.
- 수행되면 유아 스스로 점을 이어 모양을 만들어 보라고 한다.
- 수행되면 유아의 특성에 맞는 적절한 강화제를 제공한다.

방법 ❷

- 교사가 도화지에 예를 들어 위에 세 개의 점과 아래에 두 개의 점을 찍은 후 점을 이어 집 모양을 만드는 시범을 보인다.
- 유아에게 교사를 모방하여 위에 세 개의 점과 아래에 두 개의 점을 이어 집 모양을 만들어 보라고 한다.
- 모방하지 못하면 교사가 위에 있는 세 개의 점을 이어 삼각형 모양을 만드는 시범을 보인다.
- 유아에게 교사를 모방하여 위에 있는 세 개의 점을 이어 삼각형 모양을 만들어 보라고 한다.
- 모방하지 못하면 교사가 유아의 손을 잡고 세 개의 점을 이어 삼각형 모양을 만들어 준다.
- 교사가 위에 있는 세 개의 점을 순서대로 가리키며 유아에게 점을 이어 삼각형 모양을 만들어 보라고 한다.
- 수행되면 유아 스스로 위에 있는 세 개의 점을 이어 삼각형 모양을 만들어 보라고 한다.
- 수행되면 교사가 삼각형 아래에 있는 두 개의 점을 이어 집 모양을 만드는 시범을 보인다.
- 유아에게 교사를 모방하여 삼각형 아래에 있는 두 개의 점을 이어 집 모양을 만들어 보라고 한다.
- 모방하지 못하면 교사가 유아의 손을 잡고 삼각형 아래에 있는 두 개의 점을 이어 집 모양을 만들어 준다.
- 교사가 삼각형 아래에 있는 두 개의 점을 순서대로 가리키며 유아에게 점을 이어 집 모양을 만들어 보라고 한다.
- 도움을 점차 줄여 간다.
- 수행되면 유아 스스로 점을 이어 집 모양을 만들어 보라고 한다.
- 수행되면 다른 모양들도 집 모양을 지도한 것과 같은 방법으로 지도한다.

- 수행되면 유아의 특성에 맞는 적절한 강화제를 제공한다.

방법 ❸

- 교사가 예를 들어 점을 연결하면 자동차 모양이 되도록 점이 찍힌 도화지를 제시한다.
- 교사가 점을 이어 자동차 모양을 만드는 시범을 보인다.
- 유아에게 교사를 모방하여 점을 이어 자동차 모양을 만들어 보라고 한다.
- 모방하지 못하면 교사가 유아의 손을 잡고 점을 이어 자동차 모양을 만들어 준다.
- 교사가 자동차 모양이 되도록 찍힌 점을 순서대로 가리키며 유아에게 점을 이어 자동차 모양을 만들어 보라고 한다.
- 만들지 못하면 교사가 유아의 손을 잡고 점을 이어 자동차 모양이 되도록 반복해 준다.
- 교사가 점을 3/4 이어 준 후 나머지 점은 유아에게 연결해 자동차 모양을 만들어 보라고 한다.
- 수행되면 교사가 점을 2/4 이어 준 후 나머지 점은 유아에게 연결해 자동차 모양을 만들어 보라고 한다.
- 수행되면 교사가 점을 1/4 이어 준 후 나머지 점은 유아에게 연결해 자동차 모양을 만들어 보라고 한다.
- 도움을 점차 줄여 간다.
- 수행되면 유아 스스로 점을 이어 자동차 모양을 만들어 보라고 한다.
- 수행되면 다른 모양들도 자동차 모양을 지도한 것과 같은 방법으로 지도한다.
- 수행되면 유아의 특성에 맞는 적절한 강화제를 제공한다.

☞ 점 이어 모양 만들기는 소근육 증진뿐만 아니라 눈과 손의 협응력, 집중력, 인지 능력 등을 기를 수 있다.

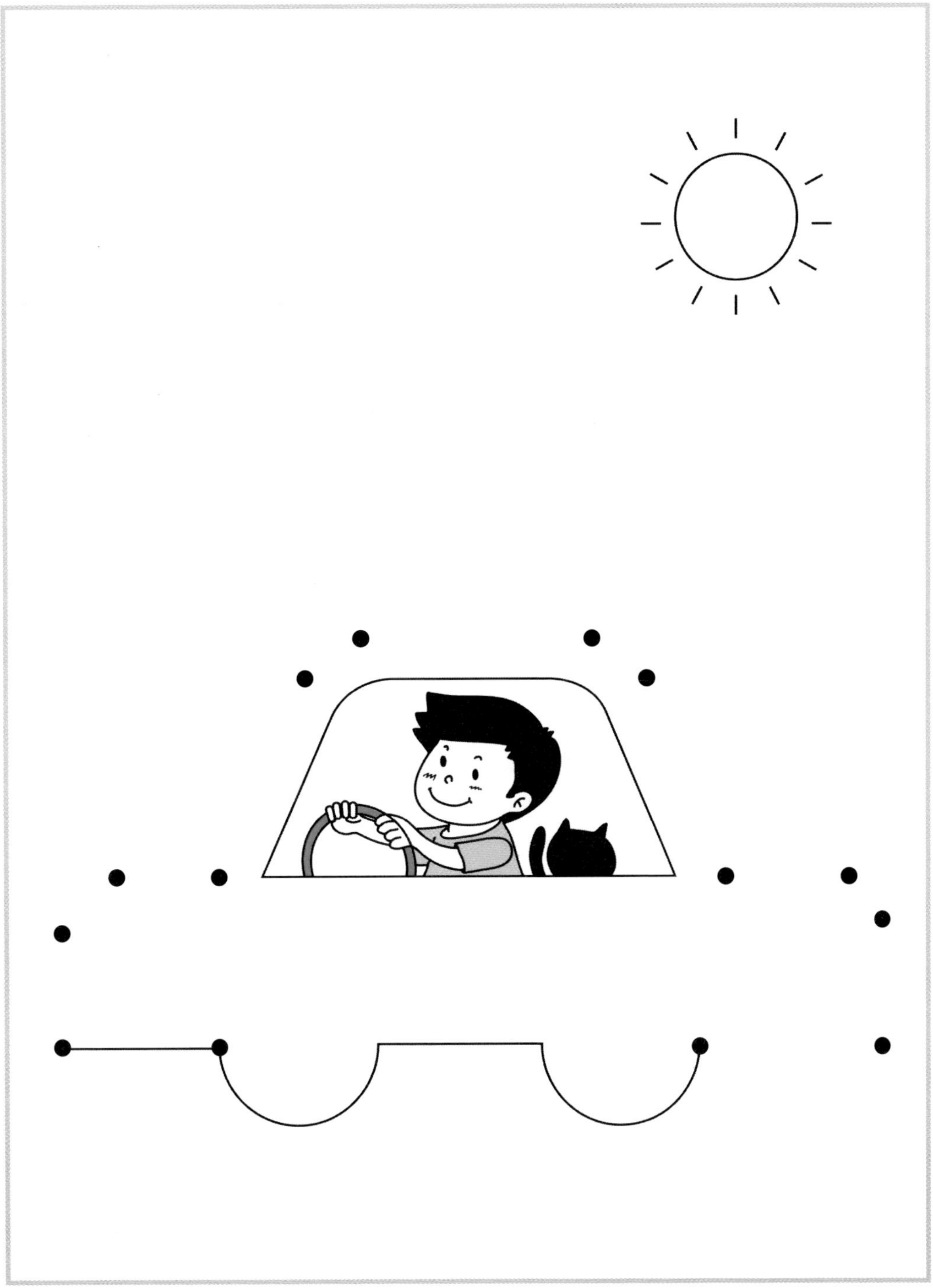

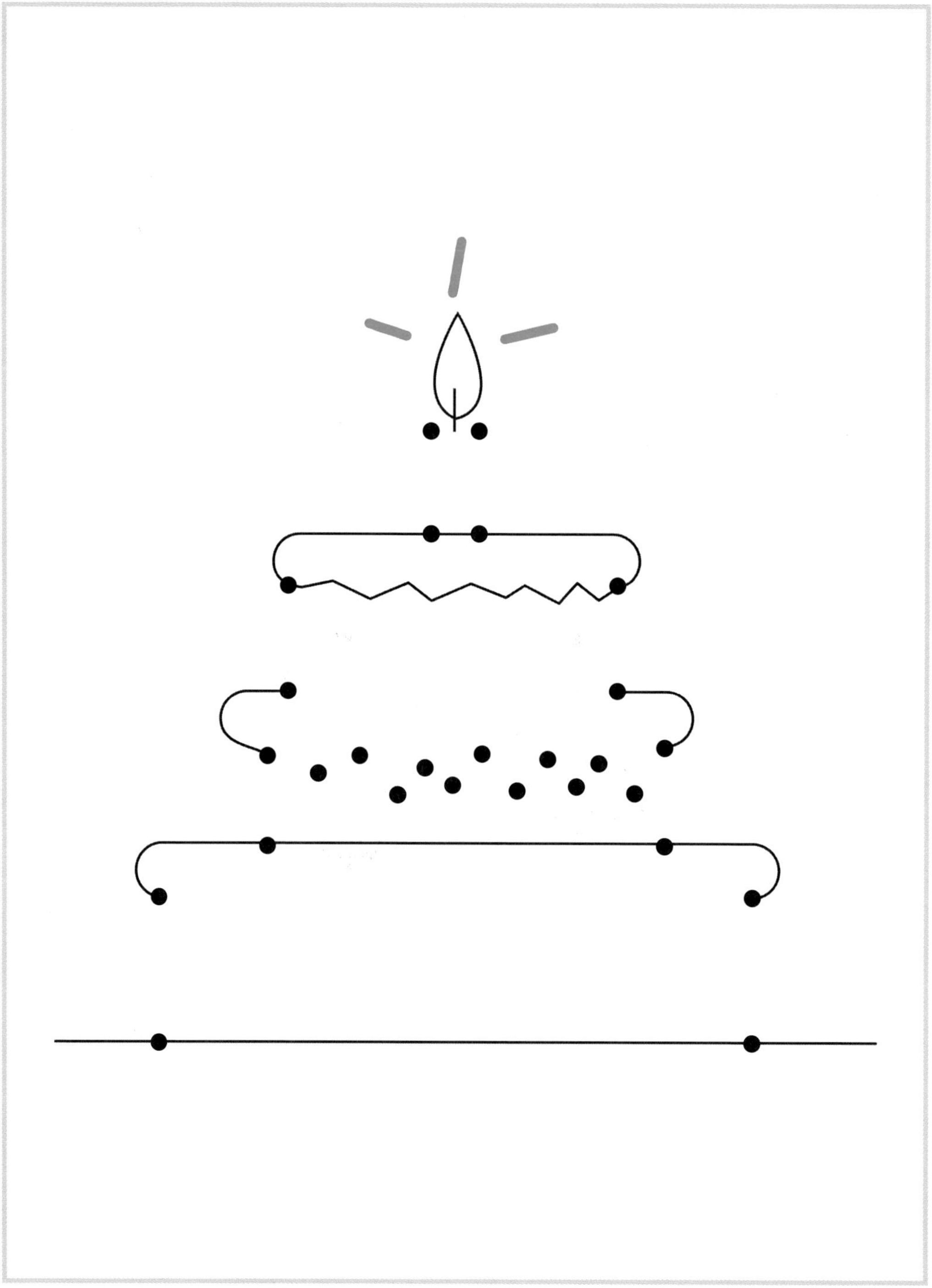

172 신문지 펀치 놀이

4~5세

목표 | 신문지 펀치 놀이를 할 수 있다.

자료 | 신문지 여러 장, 강화제

방법 ❶

- 교사가 다른 교사에게 신문지를 펼쳐 들게 한 후 유아 옆에 앉아 신문지를 주먹으로 치는 시범을 보인다.
- 유아에게 교사를 모방하여 신문지를 주먹으로 쳐 보라고 한다.
- 수행되면 유아 스스로 신문지를 주먹으로 쳐 보라고 한다.
- 수행되면 유아의 특성에 맞는 적절한 강화제를 제공한다.

방법 ❷

- 교사가 다른 교사에게 신문지를 펼쳐 들게 한 후 유아 옆에 앉아 신문지를 주먹으로 치는 시범을 보인다.
- 유아에게 주먹을 쥐어 보라고 한 후 교사를 모방하여 신문지를 주먹으로 쳐 보라고 한다.
- 모방하지 못하면 교사가 유아의 주먹을 잡고 신문지를 쳐 준다.
- 교사가 신문지를 가리키며 유아에게 주먹으로 쳐 보라고 한다.
- 치지 못하면 교사가 유아의 주먹을 잡고 신문지를 치는 동작을 반복해 준다.
- 도움을 점차 줄여 간다.
- 수행되면 유아 스스로 신문지를 주먹으로 쳐 보라고 한다.
- 수행되면 유아의 특성에 맞는 적절한 강화제를 제공한다.

☞ 소근육 증진뿐만 아니라 모든 유아의 공격적 감정을 해소할 수 있는 활동으로, 특히 과잉행동을 보이는 유아에게 더 효과적이다.

☞ 신문지가 잘 뚫리지 않으면 표시가 나지 않도록 미리 신문지를 약간 뚫어 놓아 주면 쉽게 뚫려 유아의 자신감을 향상시킬 수 있다.

신문지를 주먹으로 치는 시범 보이기

주먹으로 칠 수 있도록 신문지 펼쳐 들기

유아에게 주먹으로 신문지 치게 하기

교사가 유아의 주먹을 잡고 신문지 쳐 주기

유아 스스로 주먹으로 치게 하기

강화제 제공하기

173 도형 색칠하기

4~5세

목표 | 도형에 색칠을 할 수 있다.

자료 | 도화지, 크레파스, 강화제

방법 ❶

- 크레파스 쥐기는 앞 단계에서 수행하였으므로 확인한 후 시행한다.
- 교사가 "예쁘게 ♬ 예~쁘게 ♬ 예~쁘게 동글 ♬ 동글동글 ♬ 동글, 색칠해요 ♬" 라고 노래를 부르며 각 도형에 색칠하는 시범을 보인다.
- 유아에게 교사를 모방하여 각 도형에 색칠을 해 보라고 한다.
- 수행되면 유아 스스로 각 도형에 색칠을 해 보라고 한다.
- 수행되면 유아의 특성에 맞는 적절한 강화제를 제공한다.

방법 ❷

- 크레파스 쥐기는 앞 단계에서 수행하였으므로 확인한 후 시행한다.
- 교사가 "예쁘게 ♬ 예~쁘게 ♬ 예~쁘게 동글 ♬ 동글동글 ♬ 동글, 색칠해요 ♬" 라고 노래를 부르며, 예를 들어 동그라미에 색칠하는 시범을 보인다.
- 유아에게 교사를 모방하여 동그라미에 색칠을 해 보라고 한다.
- 모방하지 못하면 교사가 유아의 손을 잡고 동그라미에 색칠을 해 준다.
- 하지 못하면 교사가 유아의 손을 잡고 동그라미에 색칠하는 동작을 반복해 준다.
- 교사가 유아의 손을 잡고 동그라미에 색칠을 1/2 해 준 후 유아에게 나머지를 색칠해 보라고 한다.
- 수행되면 교사가 동그라미에 색칠을 1/3 해 준 후 유아에게 나머지를 색칠해 보라고 한다.
- 도움을 점차 줄여 간다.

- 수행되면 유아 스스로 동그라미에 색칠을 해 보라고 한다.
- 수행되면 다른 도형들을 색칠하는 것도 동그라미와 같은 방법으로 지도한다.
- 수행되면 유아의 특성에 맞는 적절한 강화제를 제공한다.

☞ 유아의 상태에 따라 도형을 3/4, 2/3, 1/2로 등분하여 교사가 색칠을 한 후 나머지를 유아에게 칠하도록 융통성 있게 조절한 다음 수행되면 스스로 칠하도록 지도하면 된다.

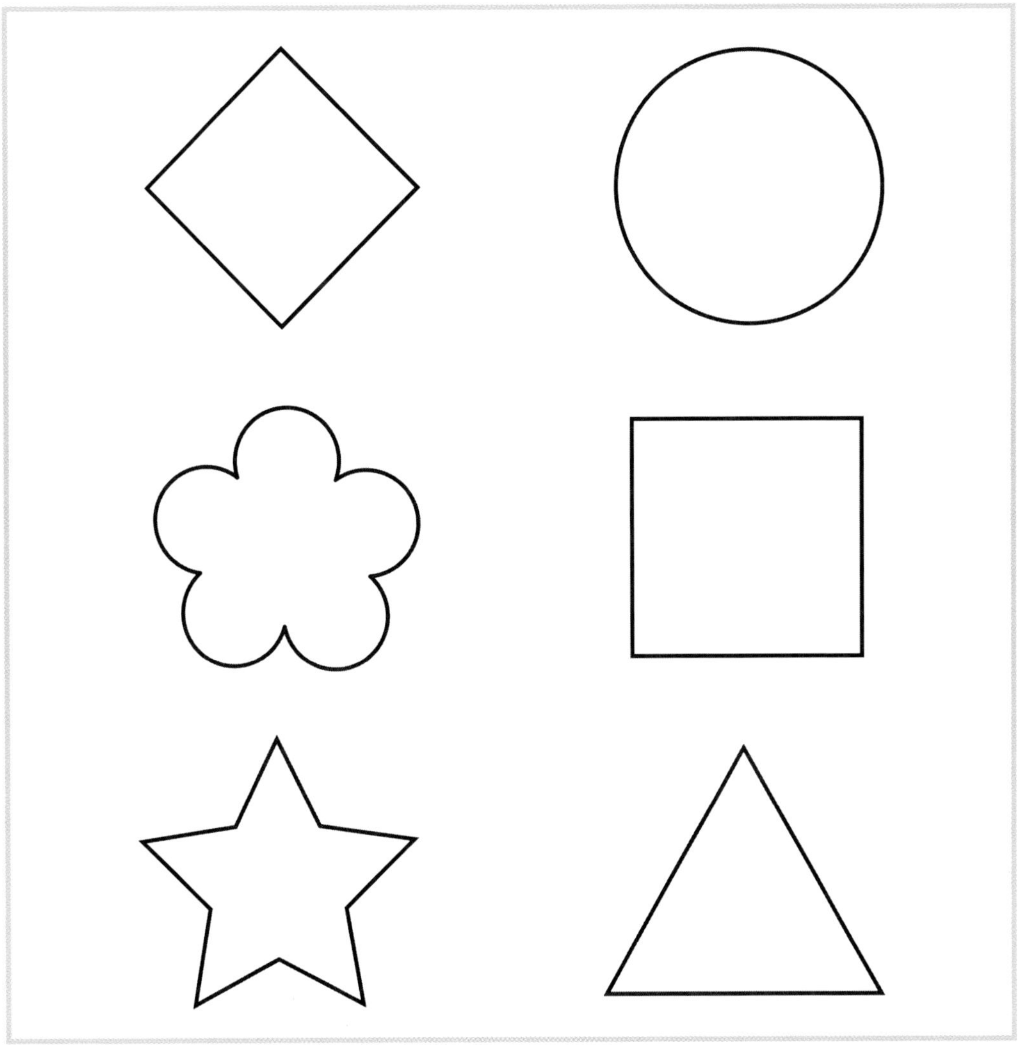

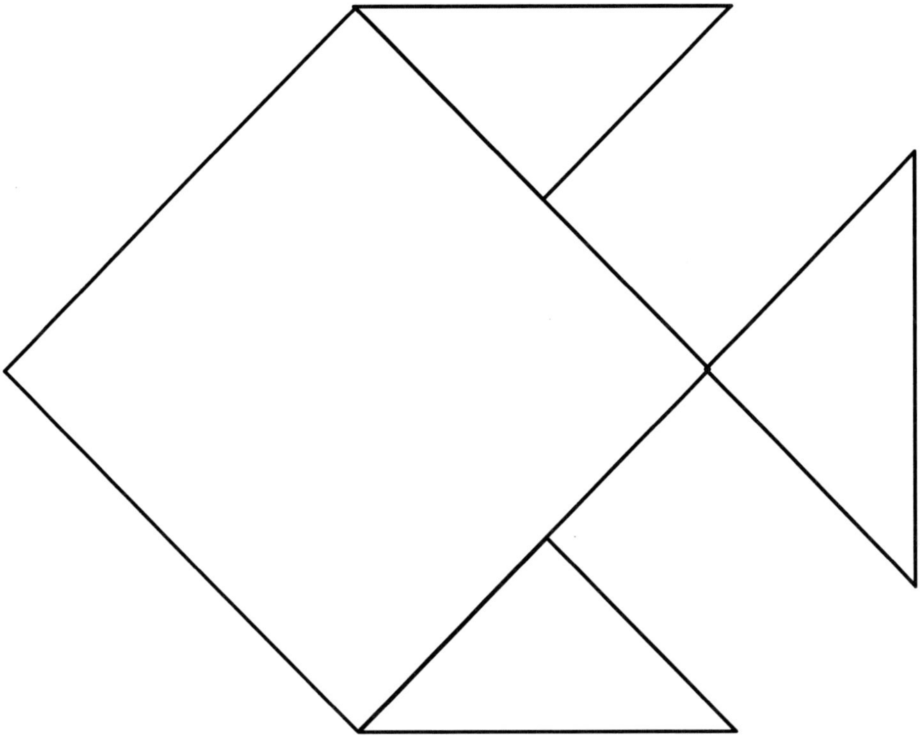

174 사탕 껍질 벗기기

4~5세

목표 | 사탕 껍질을 벗길 수 있다.

자료 | 사탕, 강화제

방법 ❶

- 교사가 "달콤한 사탕 ♬ ○○가 좋아해 ♬ 껍질을 벗기면 ♬ 달콤하고 맛있어 ♬" 라고 노래를 부르며 사탕의 껍질을 벗기는 시범을 보인다.
- 유아에게 교사를 모방하여 사탕의 껍질을 벗겨 보라고 한다.
- 수행되면 유아 스스로 사탕의 껍질을 벗겨 보라고 한다.
- 수행되면 유아의 특성에 맞는 적절한 강화제를 제공한다.

방법 ❷

- 교사가 "달콤한 사탕 ♬ ○○가 좋아해 ♬ 껍질을 벗기면 ♬ 달콤하고 맛있어 ♬" 라고 노래를 부르며 사탕의 껍질을 벗기는 시범을 보인다.
- 유아에게 교사를 모방하여 사탕의 껍질을 벗겨 보라고 한다.
- 모방하지 못하면 교사가 유아의 손을 잡고 사탕의 껍질을 벗겨 준다.
- 교사가 사탕의 껍질을 2/3 벗겨 준 후 유아에게 나머지를 벗겨 보라고 한다.
- 벗기지 못하면 교사가 유아의 손을 잡고 사탕의 껍질을 벗기는 동작을 반복해 준다.
- 교사가 사탕의 껍질을 1/2 벗겨 준 후 유아에게 나머지 부분을 벗겨 보라고 한다.
- 수행되면 교사가 사탕의 껍질을 1/3 벗겨 준 후 유아에게 나머지 부분을 벗겨 보라고 한다.
- 수행되면 교사가 유아의 손을 사탕 껍질에 대 준 후 벗겨 보라고 한다.
- 도움을 점차 줄여 간다.

• 수행되면 유아 스스로 사탕 껍질을 벗겨 보라고 한다.

• 수행되면 유아의 특성에 맞는 적절한 강화제를 제공한다.

175 클레이 혼합하여 색 만들기 4~5세

목표 | 클레이를 혼합하여 다양한 색을 만들 수 있다.

자료 | 점토, 미니 클레이, 찰흙, 강화제

방법 ❶

• 점토 주무르기는 앞 단계에서 수행하였으므로 확인한 후 시행한다.

• 교사가 "첫 번째는 ♬ 빨간색, 빨간색 ♬ 사과! ♬ 두 번째는 ♬ 노란색, 노란색 ♬ 참외! 초록색은 어디 있을까? ♬"라고 노래를 부르며 클레이를 혼합하여 다양한 색을 만드는 시범을 보인다.

• 유아에게 교사를 모방하여 클레이를 혼합하여 다양한 색을 만들어 보라고 한다.

• 수행되면 유아 스스로 클레이를 혼합하여 다양한 색을 만들어 보라고 한다.

• 수행되면 유아의 특성에 맞는 적절한 강화제를 제공한다.

방법 ❷

• 점토 주무르기는 앞 단계에서 수행하였으므로 확인한 후 시행한다.

• 교사가 "첫 번째는 ♬ 빨간색, 빨간색 ♬ 사과! ♬ 두 번째는 노란색, 노란색 ♬ 참외! 초록색은 어디 있을까? ♬"라고 노래를 부르며, 예를 들어 클레이의 빨간색과 흰색을 혼합하여 분홍색을 만드는 시범을 보인다.

• 유아에게 교사를 모방하여 클레이의 빨간색과 흰색을 혼합하여 분홍색을 만들어 보라고 한다.

• 모방하지 못하면 교사가 빨간색과 흰색의 클레이를 떼어 유아의 손바닥에 올려놓

은 후 유아의 두 손을 잡고 주물러 준다.

- 교사가 빨간색과 흰색의 클레이를 떼어 유아의 손바닥에 올려놓은 후 유아의 두 손을 잡고 주물러 주다가 유아에게 주물러 보라고 한다.
- 도움을 점차 줄여 간다.
- 수행되면 유아 스스로 클레이의 빨간색과 흰색을 혼합하여 분홍색을 만들어 보라고 한다.
- 수행되면 교사가 예를 들어 클레이의 검은색과 흰색을 혼합하여 회색을 만드는 시범을 보인다.
- 유아에게 교사를 모방하여 클레이의 검은색과 흰색을 혼합하여 회색을 만들어 보라고 한다.
- 모방하지 못하면 분홍색을 만드는 것과 같은 방법으로 지도한다.
- 수행되면 다른 색들을 혼합하는 것도 분홍색을 만드는 것과 같은 방법으로 지도한다.
- 수행되면 유아의 특성에 맞는 적절한 강화제를 제공한다.

☞ 점토나 찰흙 놀이는 소근육뿐만 아니라 눈과 손의 협응력을 기를 수 있고 감정적 이완을 경험할 수 있어 공격성이 있거나 산만한 유아에게는 더 효과적인 활동이다.

176 색깔 및 모양 맞추어 큰 구슬 꿰기 4~5세

목표 | 색깔이나 모양을 맞추어 큰 구슬을 꿸 수 있다.

자료 | 다양한 색깔과 모양의 큰 구슬, 끈, 강화제

방법 ❶

- 큰 구슬 꿰기는 앞 단계에서 수행하였으므로 확인한 후 시행한다.

- 교사가 다양한 색깔이나 모양의 큰 구슬들을 섞어 유아 앞에 제시한다.
- 교사가 유아의 옆에 앉아 오른손의 엄지와 검지로 구슬 끈을 잡고 왼손에는 구슬을 잡아 색깔이나 모양을 맞추어 큰 구슬을 꿰는 시범을 보인다.
- 유아에게 교사를 모방하여 오른손의 엄지와 검지로 구슬 끈을 잡고 왼손에는 구슬을 잡아 색깔이나 모양을 맞추어 큰 구슬을 꿰어 보라고 한다.
- 수행되면 유아 스스로 색깔이나 모양을 맞추어 큰 구슬을 꿰어 보라고 한다.
- 수행되면 유아의 특성에 맞는 적절한 강화제를 제공한다.

방법 ❷

- 큰 구슬 꿰기는 앞 단계에서 수행하였으므로 확인한 후 시행한다.
- 교사가 다양한 색깔이나 모양의 큰 구슬들을 섞어 유아 앞에 제시한다.
- 교사가 유아의 옆에 앉아, 예를 들어 연두색 네모 구슬들을 꿰는 시범을 보인다.
- 유아에게 교사를 모방하여 연두색 네모 구슬들을 꿰어 보라고 한다.
- 모방하지 못하면 교사가 유아의 손을 잡고 연두색 네모 구슬들을 꿰어 준다.
- 교사가 연두색 네모 구슬 한 개를 꿰어 준 후 유아에게 연두색 네모 구슬을 꿰어 보라고 한다.
- 수행되면 교사가 연두색 네모 구슬을 가리키며 유아에게 꿰어 보라고 한다.
- 도움을 점차 줄여 간다.
- 수행되면 유아 스스로 연두색 네모 구슬들을 꿰어 보라고 한다.
- 수행되면 다른 색들도 연두색 네모 구슬들을 꿰는 것과 같은 방법으로 지도한다.
- 수행되면 유아의 특성에 맞는 적절한 강화제를 제공한다.

방법 ❸

- 큰 구슬 꿰기는 앞 단계에서 수행하였으므로 확인한 후 시행한다.
- 교사가 다양한 색깔이나 모양의 큰 구슬들을 섞어 유아 앞에 제시한다.
- 교사가 유아의 옆에 앉아, 예를 들어 빨간색과 노란색 큰 구슬들을 순서대로 꿰는

시범을 보인다.

- 유아에게 교사를 모방하여 빨간색과 노란색 큰 구슬들을 순서대로 꿰어 보라고 한다.
- 모방하지 못하면 교사가 유아의 손을 잡고 빨간색과 노란색 큰 구슬들을 순서대로 꿰어 준다.
- 교사가 빨간색 큰 구슬 한 개를 꿰어 준 후 유아에게 노란색 큰 구슬을 꿰어 보라고 한다.
- 수행되면 교사가 빨간색과 노란색 큰 구슬들을 순서대로 가리키며 유아에게 꿰어 보라고 한다.
- 도움을 점차 줄여 간다.
- 수행되면 유아 스스로 빨간색과 노란색 큰 구슬들을 순서대로 꿰어 보라고 한다.
- 수행되면 다른 색들도 빨간색과 노란색 큰 구슬들을 순서대로 꿰는 것과 같은 방법으로 지도한다.
- 수행되면 교사가 예를 들어 네모 모양과 동그라미 모양의 큰 구슬들을 순서대로 꿰는 시범을 보인다.
- 유아에게 교사를 모방하여 네모 모양과 동그라미 모양의 큰 구슬들을 순서대로 꿰어 보라고 한다.
- 모방하지 못하면 빨간색과 노란색 큰 구슬들을 순서대로 꿰는 것과 같은 방법으로 지도한다.
- 수행되면 유아의 특성에 맞는 적절한 강화제를 제공한다.

☞ 유아와 마주 보고 지도할 경우 유아가 바라보는 방향(교사가 왼손을 사용해야 유아가 볼 때 오른손이 됨)에서 손의 사용에 유의하도록 하고, 왼손잡이의 경우 반대로 지도하면 된다.

☞ 같은 색깔이나 모양의 구슬 꿰기가 수행되면 교사와 유아가 누가 빨리 같은 색깔이나 모양을 찾아 꿸 수 있는지 경주를 하거나 팔찌나 목걸이를 만들어 착용하게 하면 유아의 흥미를

유발하고 성취감을 느끼게 할 수 있다.

☞ 구슬 꿰기는 소근육 증진뿐만 아니라 눈과 손의 협응력 및 집중력을 기를 수 있고 색의 구분 능력도 증진시킬 수 있는 유용한 활동이다.

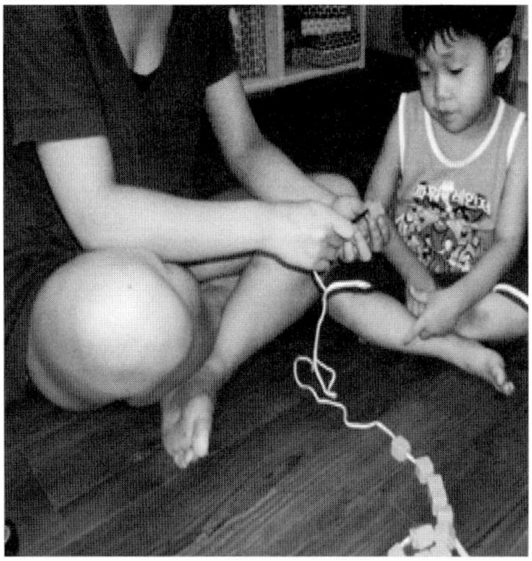

같은 색 구슬을 꿰는 시범 보이기

교사를 모방하여 같은 색 구슬 꿰기

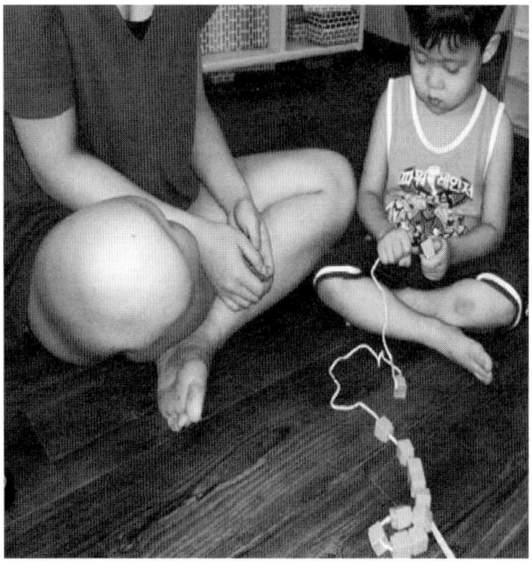

유아 스스로 같은 색 구슬 꿰기

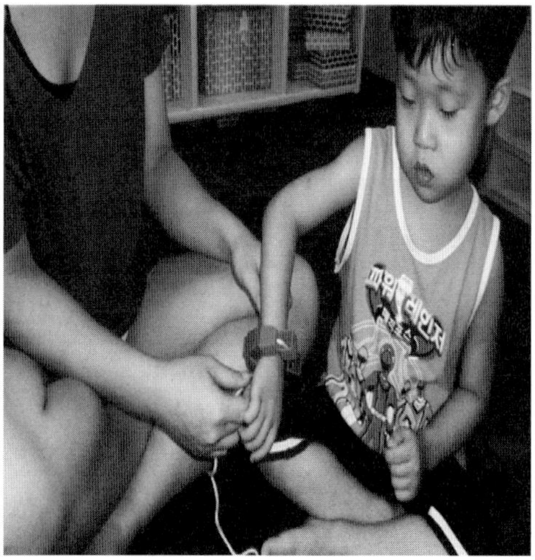

팔찌 만들어 손목에 끼기

177 큰 원 안에 작은 원 그리기

4~5세

목표 | 큰 원 안에 작은 원을 그릴 수 있다.

자료 | 도화지(스케치북), 연필 또는 색연필, 크레파스, 강화제

방법 ❶

- 동그라미 그리기는 앞 단계에서 수행하였으므로 확인한 후 시행한다.
- 교사가 큰 원(큰 동그라미)을 그린 후 큰 원 안에 작은 원을 그리는 시범을 보인다.
- 유아에게 교사를 모방하여 큰 원 안에 작은 원을 그려 보라고 한다.
- 수행되면 유아 스스로 큰 원 안에 작은 원을 그려 보라고 한다.
- 수행되면 유아의 특성에 맞는 적절한 강화제를 제공한다.

방법 ❷

- 동그라미 그리기는 앞 단계에서 수행하였으므로 확인한 후 시행한다.
- 교사가 큰 원(큰 동그라미)을 그린 후 큰 원 안에 작은 원을 그리는 시범을 보인다.
- 유아에게 교사를 모방하여 큰 원 안에 작은 원을 그려 보라고 한다.
- 모방하지 못하면 교사가 유아의 손을 잡고 큰 원 안에 작은 원을 그려 준다.
- 교사가 큰 원을 그린 후 큰 원 안에 작은 원을 점선으로 그려 놓고 유아에게 점선을 따라 작은 원을 그려 보라고 한다.
- 그리지 못하면 교사가 유아의 손을 잡고 큰 원 안에 작은 원을 그리는 동작을 반복해 준다.
- 교사가 큰 원을 그려 준 후 유아에게 큰 원 안에 작은 원을 그려 보라고 한다.
- 도움을 점차 줄여 간다.
- 수행되면 유아 스스로 큰 원을 그린 후 큰 원 안에 작은 원을 그려 보라고 한다.
- 수행되면 유아의 특성에 맞는 적절한 강화제를 제공한다.

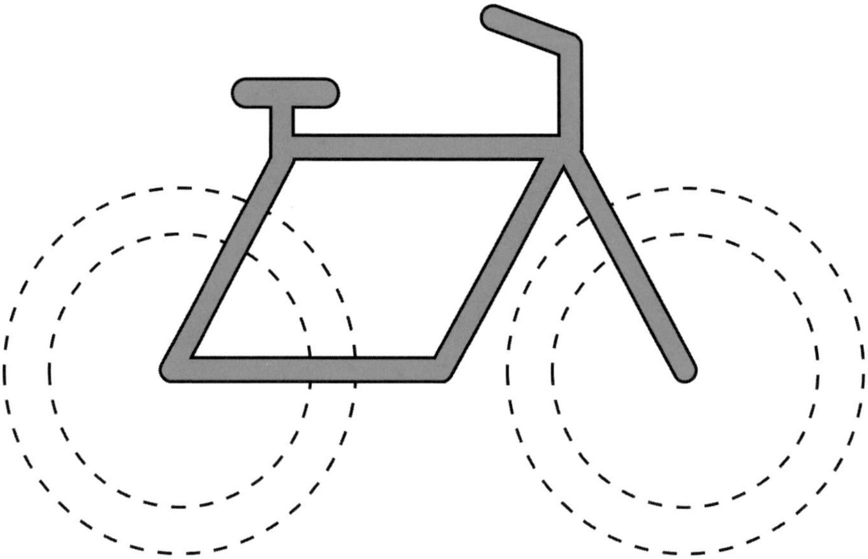

4~5 세

178 세모 오리기

4~5세

목표 | 가위로 세모를 오릴 수 있다.

자료 | 가위, 종이(색종이), 강화제

방법 ❶

- 가위로 직선 자르기는 앞 단계에서 수행하였으므로 확인한 후 시행한다.
- 교사가 세모가 그려져 있는 종이를 제시한다.
- 교사가 유아의 옆에 앉아 가위로 세모를 오리는 시범을 보인다.
- 유아에게 교사를 모방하여 가위로 세모를 오려 보라고 한다.
- 수행되면 유아 스스로 가위로 세모를 오려 보라고 한다.
- 수행되면 유아의 특성에 맞는 적절한 강화제를 제공한다.

방법 ❷

- 가위로 직선 자르기는 앞 단계에서 수행하였으므로 확인한 후 시행한다.
- 교사가 세모가 그려져 있는 종이를 제시한다.
- 교사가 유아의 옆에 앉아 왼손으로 종이를 잡고 오른손으로 가위를 쥔 후 직선을 따라 세모를 오리는 시범을 보인다.
- 유아에게 교사를 모방하여 왼손으로 종이를 잡고 오른손으로 가위를 쥔 후 직선을 따라 세모를 오려 보라고 한다.
- 모방하지 못하면 교사가 가위를 쥔 유아의 오른손을 잡고 직선을 따라 세모를 오려 준다.
- 교사가 세모를 손으로 따라 그어 주며 유아에게 직선을 따라 가위로 세모를 오려 보라고 한다.
- 오리지 못하면 교사가 가위를 쥔 유아의 오른손을 잡고 직선을 따라 세모를 오리

는 동작을 반복해 준다.

- 교사가 가위로 세모의 두 면을 오려 준 후 유아에게 나머지 한 면을 오려 보라고 한다.
- 수행되면 교사가 가위로 세모의 한 면을 오려 준 후 유아에게 나머지 두 면을 오려 보라고 한다.
- 도움을 점차 줄여 간다.
- 수행되면 유아 스스로 가위로 세모를 오려 보라고 한다.
- 수행되면 유아의 특성에 맞는 적절한 강화제를 제공한다.

☞ 유아와 마주 보고 지도할 경우 유아가 바라보는 방향(교사가 왼손을 사용해야 유아가 볼 때 오른손이 됨)에서 손의 사용에 유의하도록 하고, 왼손잡이의 경우 반대로 지도하면 된다.

※ 하단의 세모를 오려서 그림에 붙여 주세요.

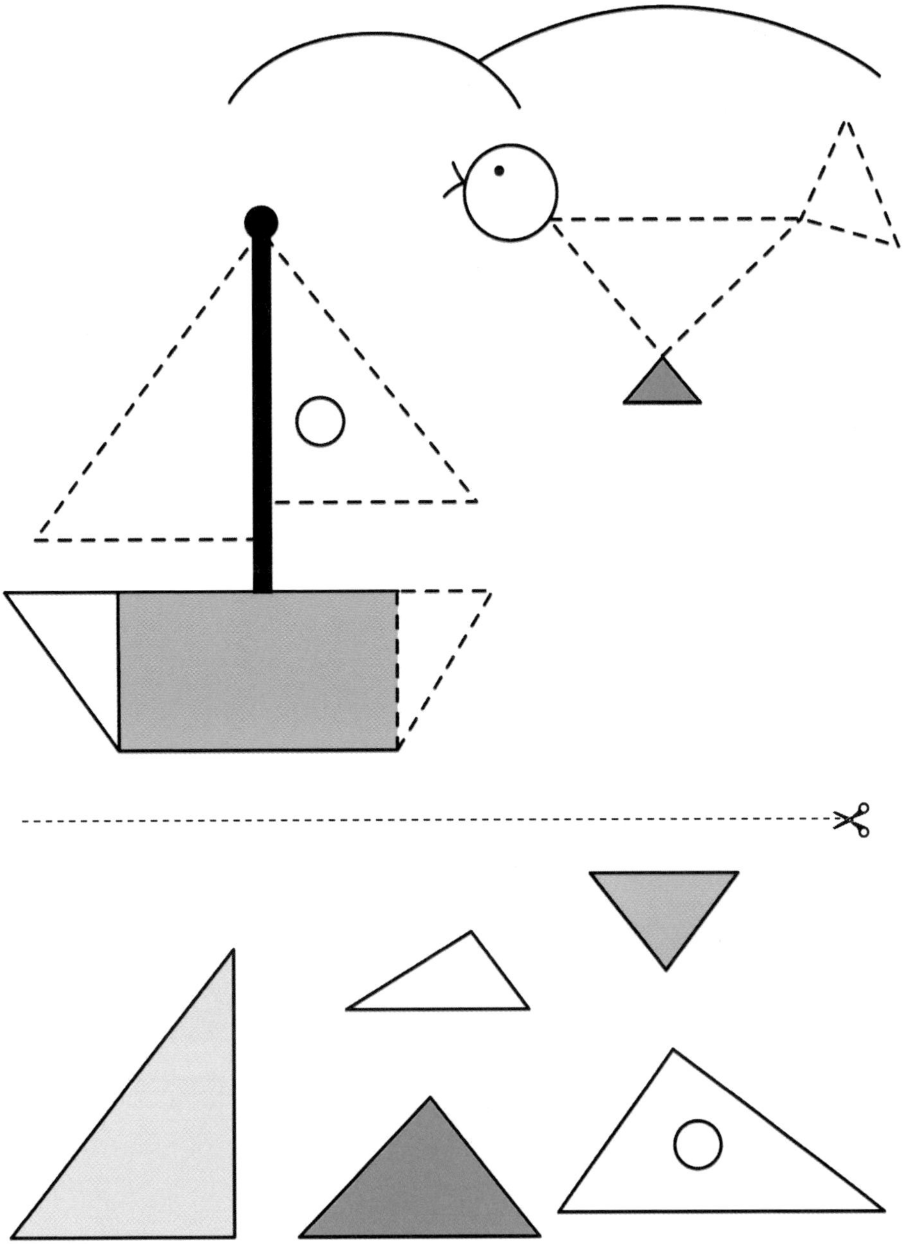

※ 하단의 세모를 오려서 그림에 붙여 주세요.

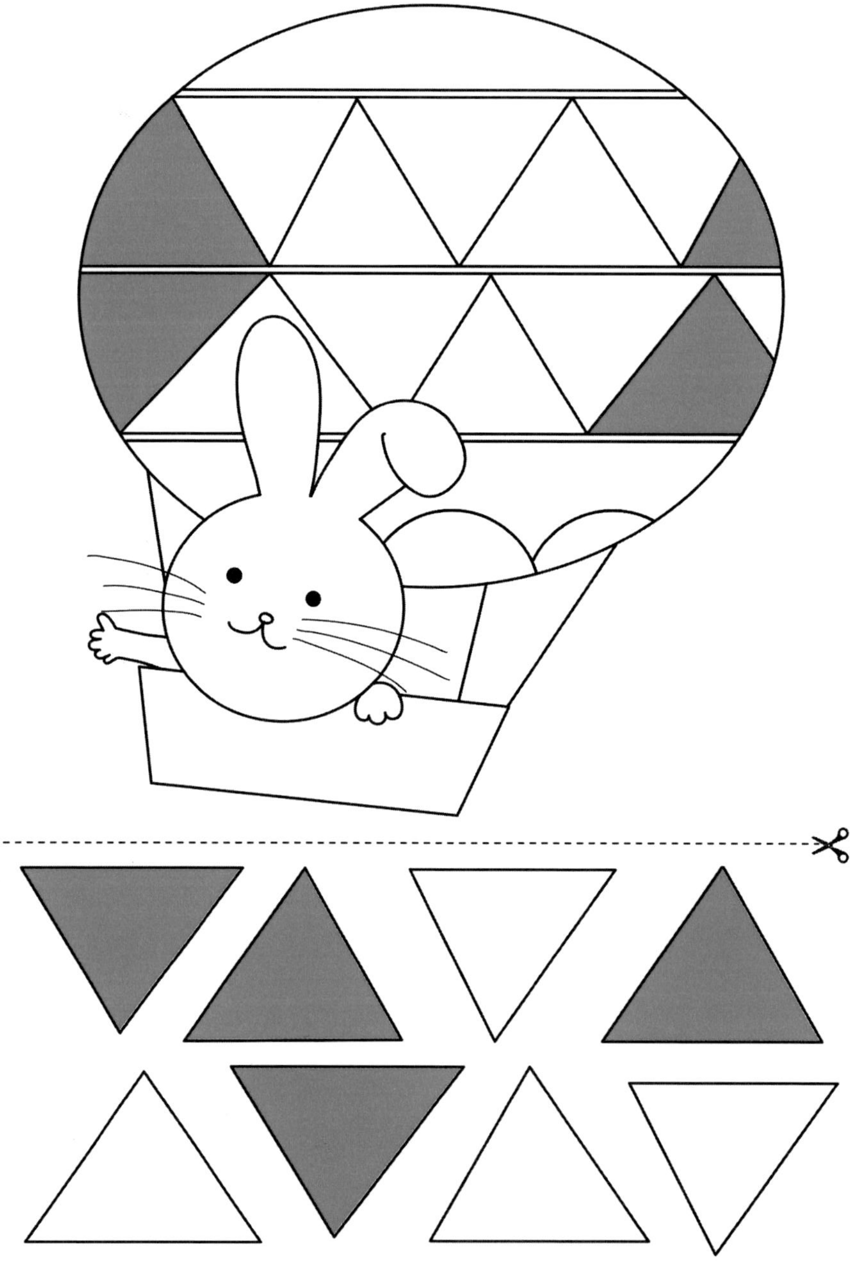

179 선물 포장 벗기기

4~5세

목표 | 선물의 포장을 벗길 수 있다.

자료 | 포장된 선물 상자 두 개, 강화제

방법 ❶

- 교사가 "상자에는 ♬ 무엇이 ♬ 있~을까요? ♬ 맞춰 봐요 ♬ 맞~춰 봐요 ♬"라고 노래를 부르며 선물 상자의 포장을 벗기는 시범을 보인다.
- 유아에게 교사를 모방하여 선물 상자의 포장을 벗겨 보라고 한다.
- 수행되면 유아 스스로 선물 상자의 포장을 벗겨 보라고 한다.
- 수행되면 유아의 특성에 맞는 적절한 강화제를 제공한다.

방법 ❷

- 교사가 "상자에는 ♬ 무엇이 ♬ 있~을까요? ♬ 맞춰 봐요 ♬ 맞~춰 봐요 ♬"라고 노래를 부르며 선물 상자의 포장을 벗기는 시범을 보인다.
- 유아에게 교사를 모방하여 선물 상자의 포장을 벗겨 보라고 한다.
- 모방하지 못하면 교사가 유아의 손을 잡고 선물 상자의 포장을 벗겨 준다.
- 교사가 선물 상자의 포장을 3/4 벗겨 준 후 유아에게 나머지 부분을 벗겨 보라고 한다.
- 벗기지 못하면 교사가 유아의 손을 잡고 선물 상자의 포장을 벗겨 주는 동작을 반복해 준다.
- 교사가 선물 상자의 포장을 1/2 벗겨 준 후 유아에게 나머지 부분을 벗겨 보라고 한다.
- 수행되면 교사가 선물 상자의 포장을 1/3 벗겨 준 후 유아에게 나머지 부분을 벗겨 보라고 한다.

- 수행되면 교사가 유아의 손을 선물 상자의 제일 윗부분에 대 준 후 유아에게 포장을 벗겨 보라고 한다.
- 도움을 점차 줄여 간다.
- 수행되면 유아 스스로 선물 상자의 포장을 벗겨 보라고 한다.
- 수행되면 유아의 특성에 맞는 적절한 강화제를 제공한다.

180 작은 구슬 꿰기

4~5세

목표 | 작은 구슬을 꿸 수 있다.

자료 | 다양한 색깔의 작은 구슬, 끈, 강화제

방법 ❶

- 큰 구슬 꿰기는 앞 단계에서 수행하였으므로 확인한 후 시행한다.
- 교사가 유아의 옆에 앉아 오른손의 엄지와 검지로 구슬 끈을 잡고 왼손에는 구슬을 잡아 작은 구슬을 꿰는 시범을 보인다.
- 유아에게 교사를 모방하여 오른손의 엄지와 검지로 구슬 끈을 잡고 왼손에는 구슬을 잡아 작은 구슬을 꿰어 보라고 한다.
- 수행되면 유아 스스로 오른손의 엄지와 검지로 구슬 끈을 잡고 왼손에는 구슬을 잡아 작은 구슬을 꿰어 보라고 한다.
- 수행되면 유아의 특성에 맞는 적절한 강화제를 제공한다.

방법 ❷

- 큰 구슬 꿰기는 앞 단계에서 수행하였으므로 확인한 후 시행한다.
- 교사가 오른손의 엄지와 검지로 구슬 끈을 잡고 왼손에는 구슬을 잡아 작은 구슬을 꿰는 시범을 보인다.

- 유아에게 교사를 모방하여 오른손의 엄지와 검지로 구슬 끈을 잡고 왼손에는 구슬을 잡아 작은 구슬을 꿰어 보라고 한다.
- 모방하지 못하면 교사가 유아의 손을 잡고 작은 구슬을 꿰어 준다.
- 교사가 작은 구슬을 한 개 꿰어 준 후 유아에게 작은 구슬을 꿰어 보라고 한다.
- 도움을 점차 줄여 간다.
- 수행되면 유아 스스로 오른손의 엄지와 검지로 구슬 끈을 잡고 왼손에는 구슬을 잡아 작은 구슬을 꿰어 보라고 한다.
- 수행되면 유아의 특성에 맞는 적절한 강화제를 제공한다.

☞ 유아와 마주 보고 지도할 경우 유아가 바라보는 방향(교사가 왼손을 사용해야 유아가 볼 때 오른손이 됨)에서 손의 사용에 유의하도록 하고, 왼손잡이의 경우 반대로 지도하면 된다.

☞ 구슬 꿰기는 소근육 증진뿐만 아니라 눈과 손의 협응력 및 집중력을 기를 수 있고 색의 구분 능력도 증진시킬 수 있다.

181 블록으로 간단한 모양 만들기

4~5세

목표 | 블록으로 간단한 모양을 만들 수 있다.

자료 | 블록(레고), 강화제

방법 ❶

- 블록으로 기차 및 다리 만들기는 앞 단계에서 수행하였으므로 확인한 후 시행한다.
- 교사가 블록(레고)으로 간단한 모양을 만드는 시범을 보인다.
- 유아에게 교사를 모방하여 블록(레고)으로 간단한 모양을 만들어 보라고 한다.
- 수행되면 유아 스스로 블록으로 간단한 모양을 만들어 보라고 한다.
- 수행되면 유아의 특성에 맞는 적절한 강화제를 제공한다.

방법 ❷

- 블록으로 기차 및 다리 만들기는 앞 단계에서 수행하였으므로 확인한 후 시행한다.
- 교사가 블록(레고)으로, 예를 들어 집을 만드는 시범을 보인다.
- 유아에게 교사를 모방하여 블록(레고)으로 집을 만들어 보라고 한다.
- 모방하지 못하면 교사가 블록 여섯 개를 나란히 연결하는 시범을 보인다.
- 유아에게 교사를 모방하여 블록 여섯 개를 나란히 연결해 보라고 한다.
- 모방하지 못하면 교사가 유아의 손을 잡고 블록 여섯 개를 나란히 연결해 준다.
- 교사가 블록 세 개를 연결해 준 후 유아에게 세 개를 연결해 보라고 한다.
- 도움을 점차 줄여 간다.
- 수행되면 유아 스스로 블록 여섯 개를 나란히 연결해 보라고 한다.
- 수행되면 교사가 나란히 연결된 블록 여섯 개 위에 블록 여섯 개를 나란히 쌓는 시범을 보인 후 유아에게 모방해 보라고 한다.

- 모방하지 못하면 블록 여섯 개를 연결한 것과 같은 방법으로 지도한다.
- 수행되면 유아 스스로 나란히 연결된 블록 여섯 개 위에 블록 여섯 개를 나란히 쌓아 보라고 한다.
- 수행되면 교사가 쌓아 둔 여섯 개의 블록 위에 블록 세 개를 쌓는 시범을 보인 후 같은 방법으로 지도한다.
- 수행되면 블록 두 개를 쌓는 것도 같은 방법으로 지도한다.
- 수행되면 유아 스스로 쌓아 둔 세 개의 블록 위에 블록 두 개를 쌓아 보라고 한다.
- 수행되면 교사가 쌓아 둔 두 개의 블록 위에 세모 모양의 블록을 쌓는 시범을 보인다.
- 유아에게 교사를 모방하여 쌓아 둔 두 개의 블록 위에 세모 모양의 블록을 쌓아 보라고 한다.
- 모방하지 못하면 교사가 유아의 손을 잡고 쌓아 둔 두 개의 블록 위에 세모 모양의 블록을 쌓아 준다.
- 수행되면 유아 스스로 쌓아 둔 두 개의 블록 위에 세모 모양의 블록을 쌓아 보라고 한다.
- 도움을 점차 줄여 간다.
- 수행되면 유아 스스로 블록으로 집 모양을 만들어 보라고 한다.
- 수행되면 교사가 블록으로 다른 간단한 모양을 만드는 것도 집과 같은 방법으로 지도한다.
- 수행되면 유아의 특성에 맞는 적절한 강화제를 제공한다.

182 VVV 긋기

4~5세

목표 | VVV긋기를 할 수 있다.

자료 | 종이, 연필 또는 색연필, 초콜릿, 과자 조각, 스티커, 그림자료, 강화제

방법 ❶

- V 긋기는 앞 단계에서 수행하였으므로 확인한 후 시행한다.
- 교사가 연필(색연필)로 종이에 VVV를 긋는 시범을 보인다.
- 유아에게 교사를 모방하여 VVV를 그어 보라고 한다.
- 수행되면 유아 스스로 VVV를 그어 보라고 한다.
- 수행되면 유아의 특성에 맞는 적절한 강화제를 제공한다.

방법 ❷

- V 긋기는 앞 단계에서 수행하였으므로 확인한 후 시행한다.
- 교사가 연필(색연필)로 점선을 따라 VVV를 긋는 시범을 보인다.
- 교사가 VVV 되도록 위, 아래, 위, 아래, 위 점을 찍고 점과 점 사이에 점선을 그려 준 후 유아에게 점선을 따라 선을 그어 보라고 한다.
- 긋지 못하면 교사가 유아의 손을 잡고 점선을 따라 VVV를 그어 준다.
- 교사가 시작점을 손으로 짚어 준 후 유아에게 점선을 따라 VVV를 그어 보라고 한다.
- 교사가 손으로 VVV를 긋는 흉내를 내면서 "아래로 주~욱 ♬ 위로 주~욱 ♬ 그어 보아요 ♬"라고 말하면서 유아에게 점선을 따라 VVV를 그어 보라고 한다.
- 도움을 점차 줄여 간다.
- 수행되면 4개의 VVV에 점을 각각 찍어 준 후 4개의 VVV 중 두 개의 VV에만 점선을 그려 주고 두 개는 점만 찍어 같은 방법으로 지도한다.
- 수행되면 4개의 VVV에 점만 찍어 주고 같은 방법으로 지도한다.
- 수행되면 위, 아래, 위 점만(V 한 개) 찍어 주고 같은 방법으로 지도한다.
- 수행되면 시작점만 찍어 주고 같은 방법으로 지도한다.
- 수행되면 유아 스스로 VVV를 그어 보라고 한다.
- 수행되면 유아의 특성에 맞는 적절한 강화제를 제공한다.

방법 ❸

- 교사가 산과 집 풍경 그림을 제시한 후 연필(색연필)로 점선을 따라 VVV를 긋는 시범을 보인다.
- 유아에게 점선을 따라 VVV를 그어 보라고 한다.
- 긋지 못하면 교사가 유아의 손을 잡고 점선을 따라 VVV를 그어 준다.
- 교사가 시작 부분을 손으로 짚어 주고 유아에게 VVV를 그어 보라고 한다.
- 수행되면 교사가 유아에게 "점선을 따라 아래로 주~욱 ♬ 위로 주~욱 그어 보아요 ♬"라고 말하면서 유아에게 점선을 따라 VVV를 그어 보라고 한다.
- 도움을 점차 줄여 간다.
- 수행되면 유아 스스로 그림에 VVV를 그어 보라고 한다.
- 수행되면 유아의 특성에 맞는 적절한 강화제를 제공한다.

☞ 점 대신 스티커를 사용하거나 끝 점에 강화제(예: 초콜릿)를 놓고 지도하면 효과적이다. 수행되면 강화제를 유아가 보상으로 먹을 수 있도록 한다.

☞ 방법 ❸은 유아가 VVV를 그으면서 즐겁게 활동할 수 있고, 성취감을 느낄 수 있으므로 다양한 그림을 활용하여 VVV를 긋게 하면 효과적이다.

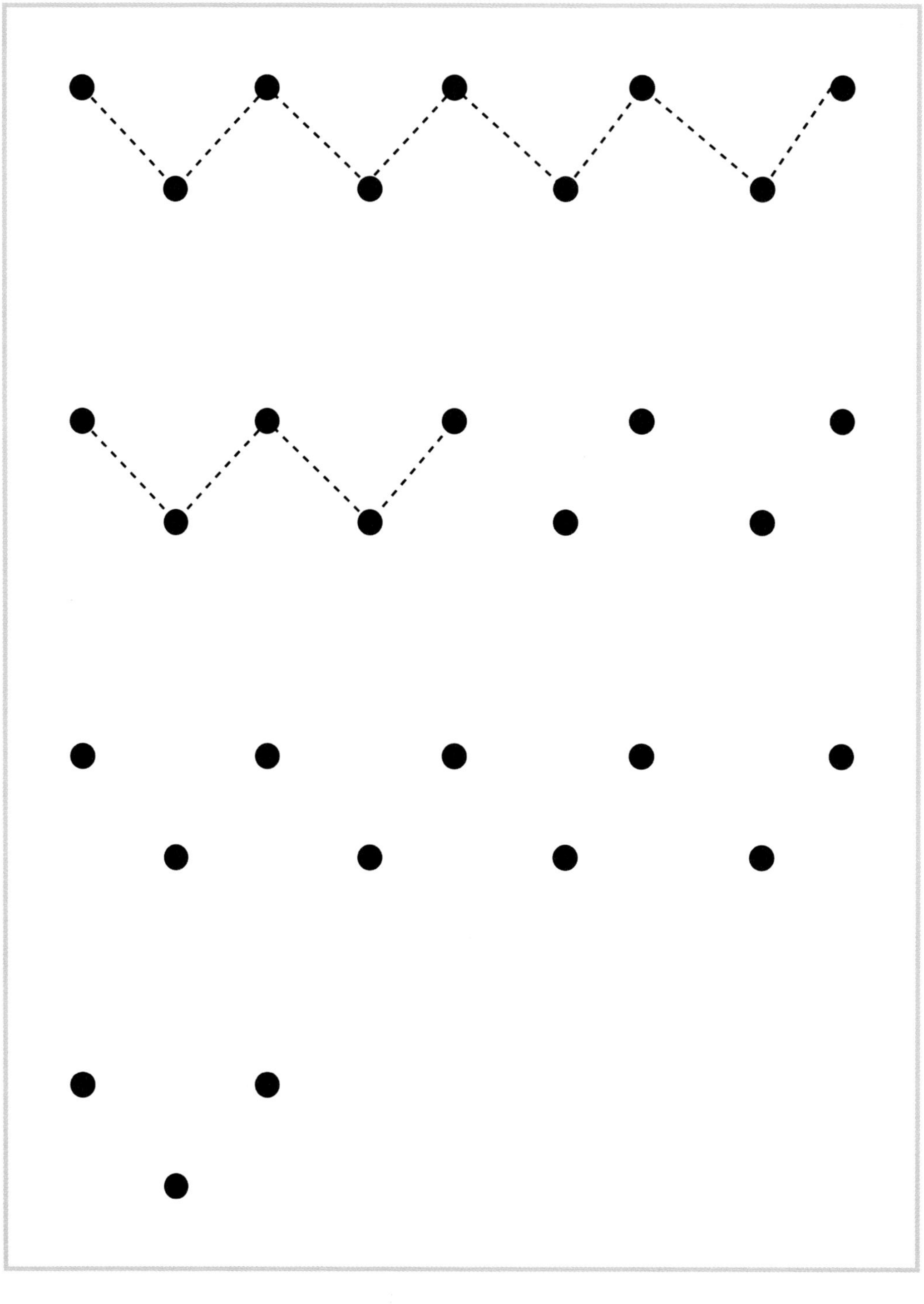

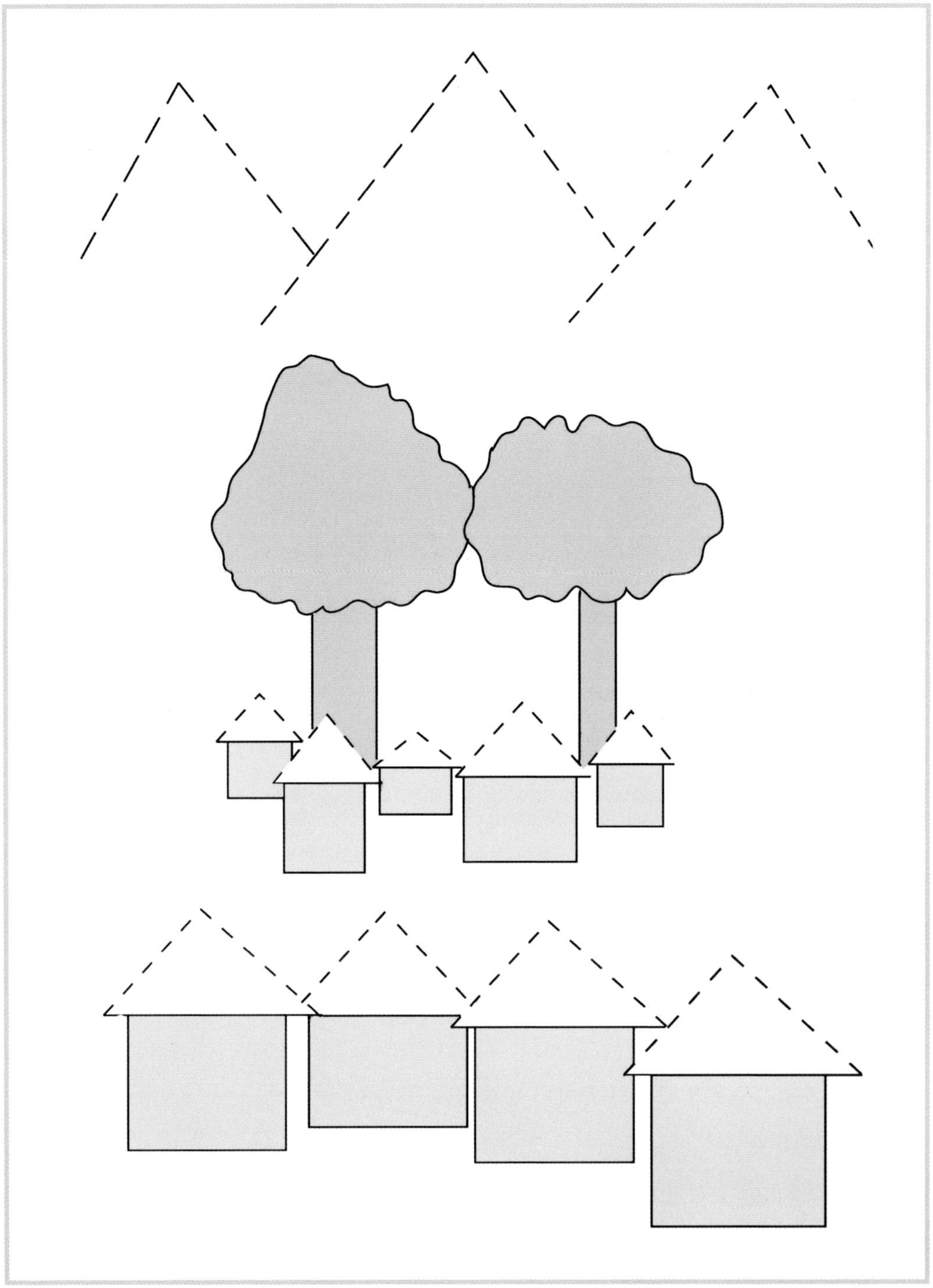

4~5
세

183 다양한 곡선 그리기

4~5세

목표 | 다양한 곡선을 그릴 수 있다.

자료 | 그림자료, 도화지, 크레파스, 색연필(연필), 강화제

방법 ❶

- 교사가 "동글동글 ♬ 동그라미 ♬ 동글동글 ♬ 동그라미 ♬"라고 노래를 부르며 다양한 곡선을 그리는 시범을 보인다.
- 유아에게 교사를 모방하여 다양한 곡선을 그려 보라고 한다.
- 수행되면 유아 스스로 다양한 곡선을 그려 보라고 한다.
- 수행되면 유아의 특성에 맞는 적절한 강화제를 제공한다.

방법 ❷

- 교사가 예를 들어 달팽이 그림을 제시한다.
- 교사가 "달팽이 ♬ 집을 지읍시다 ♬ 어여쁘게 지읍시다 ♬ 점~점 좁게 ♬ 점~점 좁게 ♬ 점~점 넓게 ♬ 점~점 넓게 ♬"라고 노래를 부르며 달팽이 등의 곡선을 그리는 시범을 보인다.
- 유아에게 교사를 모방하여 달팽이 등의 곡선을 그려 보라고 한다.
- 모방하지 못하면 교사가 유아의 손을 잡고 달팽이 등의 곡선을 그려 준다.
- 교사가 달팽이 등의 곡선에 점선을 찍어 준 후 유아에게 점선을 따라 그려 보라고 한다.
- 그리지 못하면 교사가 유아의 손을 잡고 달팽이 등의 곡선을 그리는 동작을 반복해 준다.
- 수행되면 교사가 달팽이 등의 곡선을 3/4 그려 준 후 유아에게 나머지 부분을 그려 보라고 한다.

- 수행되면 교사가 달팽이 등의 곡선을 2/4 그려 준 후 유아에게 나머지 부분을 그려 보라고 한다.
- 수행되면 교사가 달팽이 등의 곡선을 1/4 그려 준 후 유아에게 나머지 부분을 그려 보라고 한다.
- 수행되면 교사가 달팽이 등의 곡선에 시작점만 찍어 준 후 유아에게 달팽이 등의 곡선을 그려 보라고 한다.
- 도움을 점차 줄여 간다.
- 수행되면 유아 스스로 달팽이 등의 곡선을 그려 보라고 한다.
- 수행되면 다른 간단한 곡선들도 달팽이 등의 곡선과 같은 방법으로 지도한다.
- 수행되면 유아의 특성에 맞는 적절한 강화제를 제공한다.

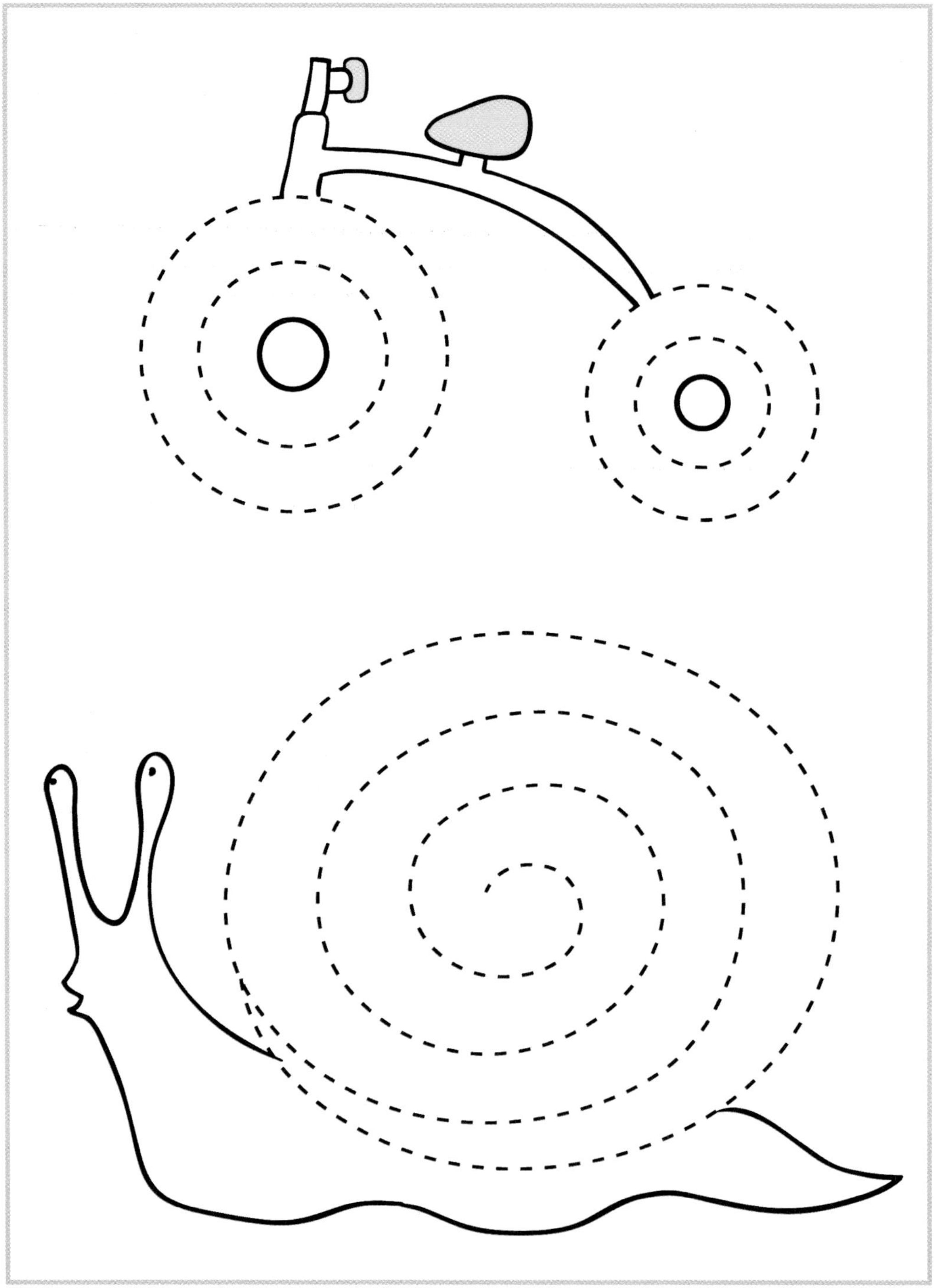

184 계란 껍질 벗기기

4~5세

목표 | 계란 껍질을 벗길 수 있다.

자료 | 계란, 강화제

방법 ❶

- 교사가 "계란 껍질을 ♬ 벗~겨 봐요 ♬ 벗~겨 봐요 ♬"라고 노래를 부르며 계란의 껍질을 벗기는 시범을 보인다.
- 유아에게 교사를 모방하여 계란의 껍질을 벗겨 보라고 한다.
- 수행되면 유아 스스로 계란의 껍질을 벗겨 보라고 한다.
- 수행되면 유아의 특성에 맞는 적절한 강화제를 제공한다.

방법 ❷

- 교사가 "계란 껍질을 ♬ 벗~겨 봐요 ♬ 벗~겨 봐요 ♬"라고 노래를 부르며 계란의 껍질을 벗기는 시범을 보인다.
- 유아에게 교사를 모방하여 계란의 껍질을 벗겨 보라고 한다.
- 모방하지 못하면 교사가 유아의 손을 잡고 계란의 껍질을 벗겨 준다.
- 교사가 계란의 껍질을 3/4 벗겨 준 후 유아에게 나머지 부분을 벗겨 보라고 한다.
- 벗기지 못하면 교사가 유아의 손을 잡고 계란의 껍질을 벗기는 동작을 반복해 준다.
- 교사가 계란의 껍질을 2/4 벗겨 준 후 유아에게 나머지 부분을 벗겨 보라고 한다.
- 수행되면 교사가 계란의 껍질을 1/4 벗겨 준 후 유아에게 나머지 부분을 벗겨 보라고 한다.
- 수행되면 교사가 유아의 손을 계란 껍질에 대 준 후 유아에게 껍질을 벗겨 보라고 한다.

• 도움을 점차 줄여 간다.
• 수행되면 유아 스스로 계란의 껍질을 벗겨 보라고 한다.
• 수행되면 유아의 특성에 맞는 적절한 강화제를 제공한다.

185 그림 색칠하기 I

4~5세

목표 | 그림에 색칠을 할 수 있다.

자료 | 그림자료, 크레파스, 강화제

방법 ❶

• 도형에 색칠하기는 앞 단계에서 수행하였으므로 확인한 후 시행한다.
• 교사가 "노랑은, 노랑은 ♬ 노~란색 은행잎을 ♬ 보~세요. 그~래, 그~래 ♬ 노랑은 노~란색 ♬ 아주 예쁜 ♬ 노~란색"이라고 노래를 부르며 그림에 색칠하는 시범을 보인다.
• 유아에게 교사를 모방하여 그림에 색칠을 해 보라고 한다.
• 수행되면 유아 스스로 그림에 색칠을 해 보라고 한다.
• 수행되면 유아의 특성에 맞는 적절한 강화제를 제공한다.

방법 ❷

• 도형에 색칠하기는 앞 단계에서 수행하였으므로 확인한 후 시행한다.
• 교사가 "빨강은, 빨강은 ♬ 빨~간색 딸기를 ♬ 보~세요. 그~래, 그~래 ♬ 빨강은 빨~간색 ♬ 아주 예쁜 ♬ 빨~간색"이라고 노래를 부르며, 예를 들어 딸기 그림에 색칠하는 시범을 보인다.
• 유아에게 교사를 모방하여 딸기 그림에 색칠을 해 보라고 한다.
• 모방하지 못하면 교사가 유아의 손을 잡고 딸기 그림에 색칠을 해 준다.

- 교사가 유아의 손을 잡고 큰 딸기 그림에 색칠을 해 준 후 유아에게 작은 딸기 그림에 색칠해 보라고 한다.
- 수행되면 유아에게 큰 딸기 그림에 색칠해 보라고 한다.
- 도움을 점차 줄여 간다.
- 수행되면 유아 스스로 딸기 그림에 색칠을 해 보라고 한다.
- 수행되면 다른 그림들을 색칠하는 것도 딸기 그림을 색칠하는 것과 같은 방법으로 지도한다.
- 수행되면 유아의 특성에 맞는 적절한 강화제를 제공한다.

4~5
세

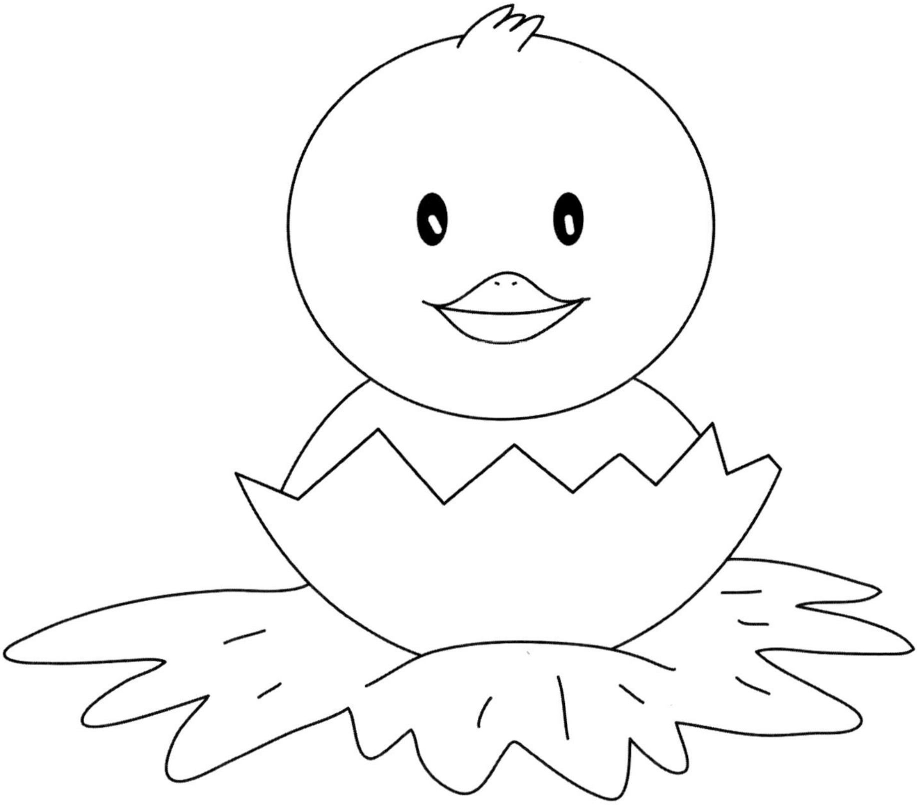

186 작은 공 굴리고 잡기

4~5세

목표 | 작은 공을 굴리고 잡을 수 있다.

자료 | 작은 공, 볼링 핀, 소리 나는 깡통, 강화제

방법 ❶

- 큰 공 굴리고 잡기는 앞 단계에서 수행하였으므로 확인한 후 시행한다.
- 교사가 다른 교사와 마주 보고 앉아 교사의 다리 사이로 작은 공을 굴려 주고 굴러온 작은 공을 잡는 시범을 보인다.
- 교사가 유아와 마주 보고 앉아 유아의 다리 사이로 작은 공을 굴려 주면서 교사를 모방하여 잡아 보라고 한 후 교사에게 다시 작은 공을 굴려 보라고 한다.
- 수행되면 교사가 유아의 다리 사이로 작은 공을 굴려 줄 때 유아 스스로 작은 공을 잡고 교사에게 다시 작은 공을 굴려 보라고 한다.
- 수행되면 유아의 특성에 맞는 적절한 강화제를 제공한다.

방법 ❷

- 큰 공 굴리고 잡기는 앞 단계에서 수행하였으므로 확인한 후 시행한다.
- 교사가 유아와 마주 보고 각각 다리를 벌리고 앉은 후 교사가 유아의 다리 사이로 작은 공을 굴리는 시범을 보인다.
- 유아에게 교사를 모방하여 교사 다리 사이로 작은 공을 굴려 보라고 한다.
- 모방하지 못하면 교사가 다른 교사와 유아를 마주 앉게 한 후 교사는 유아의 뒤에 앉아 유아의 두 손을 잡고 다른 교사 다리 사이로 작은 공을 굴려 준다.
- 유아가 손으로 공을 쥐게 해 준 후 유아에게 교사 다리 사이로 작은 공을 굴려 보라고 한다.
- 굴리지 못하면 교사가 유아의 손을 잡고 작은 공을 굴리는 동작을 반복해 준다.

- 도움을 점차 줄여 간다.
- 수행되면 유아 스스로 교사 다리 사이로 작은 공을 굴려 보라고 한다.
- 수행되면 교사가 다른 교사에게 다리 사이로 공을 굴려 달라고 한 후 굴러온 작은 공을 잡는 시범을 보인다.
- 교사가 유아의 다리 사이로 작은 공을 굴려 준 후 유아에게 교사를 모방하여 작은 공을 잡아 보라고 한다.
- 잡지 못하면 교사가 다른 교사를 유아와 마주 앉게 한 후 교사는 유아의 뒤에 앉아 유아의 두 손을 잡고 다리 사이로 굴러온 작은 공을 잡아 준다.
- 유아의 다리 사이로 작은 공이 굴러올 때 교사가 유아의 손을 살짝 잡아 주며 공을 잡아 보라고 한다.
- 잡지 못하면 교사가 유아의 손을 잡고 굴러온 작은 공을 잡는 동작을 반복해 준다.
- 도움을 점차 줄여 간다.
- 수행되면 유아 스스로 다리 사이로 굴러온 작은 공을 잡아 보라고 한다.
- 수행되면 교사가 유아의 다리 사이로 작은 공을 굴려 줄 때 유아 스스로 작은 공을 잡고 교사에게 다시 작은 공을 굴려 보라고 한다.
- 수행되면 유아의 특성에 맞는 적절한 강화제를 제공한다.

☞ 공을 굴리는 동작이 수행되면 볼링 핀이나 소리 나는 깡통을 세워 놓고 공을 굴려 쓰러뜨리는 놀이를 하면 유아가 흥미로워할 수 있다.

☞ 공 굴리고 잡기는 소근육 증진뿐만 아니라 눈과 손의 협응력, 유연성, 협동심, 민첩성, 순발력 등을 키울 수 있다.

187 10~20조각 퍼즐 맞추기

4~5세

목표 | 10~20조각의 퍼즐을 맞출 수 있다.

자료 | 10~20조각의 퍼즐, 강화제

방법 ❶

- 교사가 "퍼즐을 맞추어 봐요 ♬ 맞추어 봐요 ♬ 무슨 그림일까요? ♬"라고 노래를 부르며 10~20조각의 퍼즐을 맞추는 시범을 보인다.
- 유아에게 교사를 모방하여 10~20조각의 퍼즐을 맞추어 보라고 한다.
- 수행되면 유아 스스로 10~20조각의 퍼즐을 맞추어 보라고 한다.
- 수행되면 유아의 특성에 맞는 적절한 강화제를 제공한다.

방법 ❷

- 교사가 "퍼즐을 맞추어 봐요 ♬ 맞추어 봐요 ♬ 무슨 그림일까요? ♬"라고 노래를 부르며 10~20조각의 퍼즐을 맞추는 시범을 보인다.
- 유아에게 교사를 모방하여 10~20조각의 퍼즐을 맞추어 보라고 한다.
- 모방하지 못하면 교사가 예를 들어 15조각의 퍼즐을 맞추는 시범을 보인다.
- 유아에게 교사를 모방하여 15조각의 퍼즐을 맞추어 보라고 한다.
- 모방하지 못하면 교사가 유아의 손을 잡고 15조각의 퍼즐을 맞추어 준다.
- 교사가 10조각의 퍼즐을 맞추어 놓은 후 유아에게 5조각을 맞추어 보라고 한다.
- 수행되면 교사가 7조각을 맞추어 놓은 후 유아에게 8조각을 맞추어 보라고 한다.
- 수행되면 교사가 5조각을 맞추어 놓은 후 유아에게 10조각을 맞추어 보라고 한다.
- 수행되면 교사가 3조각을 맞추어 놓은 후 유아에게 12조각을 맞추어 보라고 한다.
- 도움을 점차 줄여 간다.
- 수행되면 유아 스스로 15조각의 퍼즐을 맞추어 보라고 한다.

• 수행되면 20조각의 퍼즐도 15조각의 퍼즐을 지도한 것과 같은 방법으로 지도한다.
• 수행되면 유아의 특성에 맞는 적절한 강화제를 제공한다.

☞ 유아의 특성에 따라 퍼즐 조각을 10~20조각 범위 내에서 조정하여 지도하도록 한다. 그리고 유아의 상태에 따라 교사가 맞추어 놓는 퍼즐 조각 수를 조정하면 된다.

188 네모 오리기

4~5세

목표 | 가위로 네모를 오릴 수 있다.

자료 | 가위, 종이(색종이), 강화제

방법 ❶

• 가위로 세모 오리기는 앞 단계에서 수행하였으므로 확인한 후 시행한다.
• 교사가 네모가 그려져 있는 종이를 제시한다.
• 교사가 유아의 옆에 앉아 가위로 네모를 오리는 시범을 보인다.
• 유아에게 교사를 모방하여 가위로 네모를 오려 보라고 한다.
• 수행되면 유아 스스로 네모를 가위로 오려 보라고 한다.
• 수행되면 유아의 특성에 맞는 적절한 강화제를 제공한다.

방법 ❷

• 가위로 세모 오리기는 앞 단계에서 수행하였으므로 확인한 후 시행한다.
• 교사가 네모가 그려져 있는 종이를 제시한다.
• 교사가 유아의 옆에 앉아 왼손으로 종이를 잡고 오른손으로 가위를 쥔 후 직선을 따라 네모를 오리는 시범을 보인다.
• 유아에게 교사를 모방하여 왼손으로 종이를 잡고 오른손으로 가위를 쥔 후 직선

을 따라 네모를 오려 보라고 한다.

- 모방하지 못하면 교사가 가위를 쥔 유아의 오른손을 잡고 직선을 따라 네모를 오려 준다.
- 교사가 네모를 손으로 따라 그어 주며 유아에게 직선을 따라 가위로 네모를 오려 보라고 한다.
- 오리지 못하면 교사가 가위를 쥔 유아의 오른손을 잡고 직선을 따라 네모를 오리는 동작을 반복해 준다.
- 교사가 가위로 네모의 세 면을 오려 준 후 유아에게 나머지 한 면을 오려 보라고 한다.
- 수행되면 교사가 가위로 네모의 두 면을 오려 준 후 유아에게 나머지 두 면을 오려 보라고 한다.
- 수행되면 교사가 가위로 네모의 한 면을 오려 준 후 유아에게 나머지 세 면을 오려 보라고 한다.
- 도움을 점차 줄여 간다.
- 수행되면 유아 스스로 가위로 네모를 오려 보라고 한다.
- 수행되면 유아의 특성에 맞는 적절한 강화제를 제공한다.

☞ 유아와 마주 보고 지도할 경우 유아가 바라보는 방향(교사가 왼손을 사용해야 유아가 볼 때 오른손이 됨)에서 손의 사용에 유의하도록 하고, 왼손잡이의 경우 반대로 지도하면 된다.

※ 하단의 네모를 오려서 그림에 붙여 주세요.

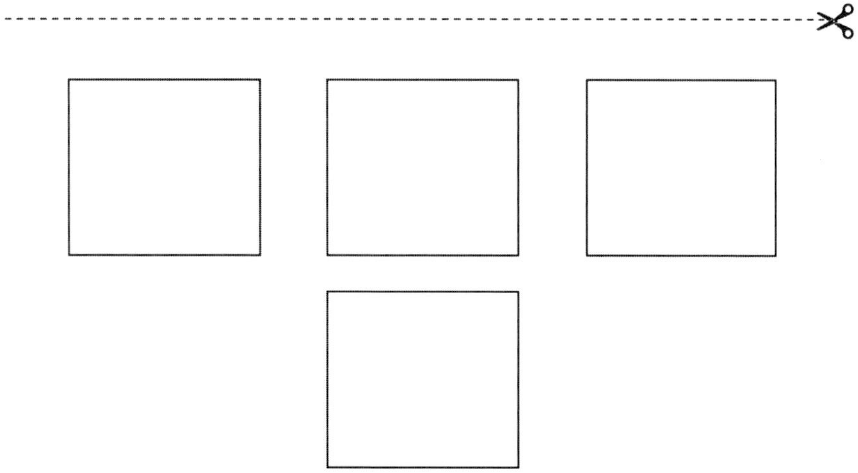

※ 하단의 네모를 오려서 그림에 붙여 주세요.

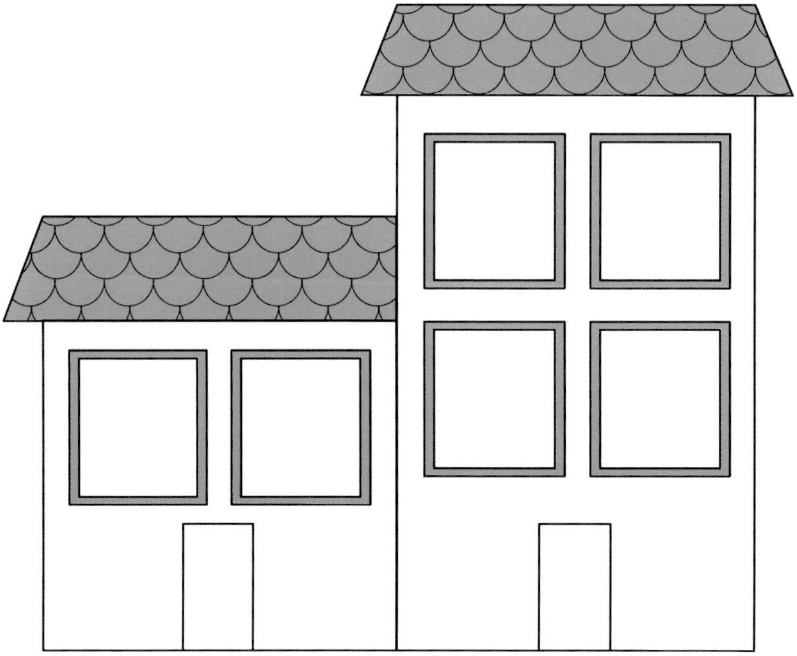

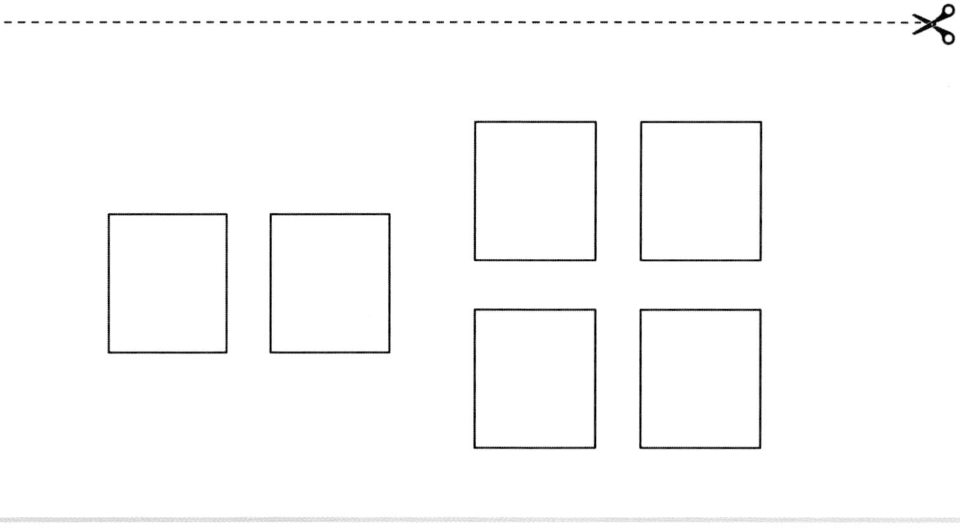

189 치약 뚜껑 열고 닫기

4~5세

목표 | 치약의 뚜껑을 열고 닫을 수 있다.

자료 | 치약, 강화제

방법 ❶

- 교사가 "우리 치약 모자를 벗겨 준 후 다시 씌워 줄까?"라고 하면서 치약의 뚜껑을 돌려 열고 닫는 시범을 보인다.
- 유아에게 교사를 모방하여 치약의 뚜껑을 돌려 열고 닫아 보라고 한다.
- 수행되면 유아 스스로 치약의 뚜껑을 돌려 열고 닫아 보라고 한다.
- 수행되면 유아의 특성에 맞는 적절한 강화제를 제공한다.

방법 ❷

- 교사가 "우리 치약 모자를 벗겨 줄까?"라고 하면서 치약의 뚜껑을 돌려 여는 시범을 보인다.
- 유아에게 교사를 모방하여 치약의 뚜껑을 돌려 열어 보라고 한다.
- 모방하지 못하면 교사가 유아의 손을 잡고 치약의 뚜껑을 돌려 열어 준다.
- 교사가 유아의 손을 치약 뚜껑에 대 준 후 유아에게 돌려 열어 보라고 한다.
- 열지 못하면 교사가 유아의 손을 잡고 치약의 뚜껑을 돌려 여는 동작을 반복해 준다.
- 도움을 점차 줄여 간다.
- 수행되면 유아 스스로 치약의 뚜껑을 돌려 열어 보라고 한다.
- 수행되면 교사가 "다시 치약 모자를 씌워 주자."라고 하면서 치약의 뚜껑을 돌려 닫는 시범을 보인다.
- 유아에게 교사를 모방하여 치약의 뚜껑을 돌려 닫아 보라고 한다.

- 모방하지 못하면 교사가 유아의 손을 잡고 치약의 뚜껑을 돌려 닫아 준다.
- 교사가 유아의 손을 치약 뚜껑에 대 준 후 유아에게 돌려 닫아 보라고 한다.
- 닫지 못하면 교사가 유아의 손을 잡고 치약의 뚜껑을 돌려 닫아 주는 동작을 반복해 준다.
- 도움을 점차 줄여 간다.
- 수행되면 유아 스스로 치약의 뚜껑을 돌려 닫아 보라고 한다.
- 수행되면 유아 스스로 치약의 뚜껑을 돌려 열고 닫아 보라고 한다.
- 수행되면 유아의 특성에 맞는 적절한 강화제를 제공한다.

190 모루로 세모 만들기

4~5세

목표 | 모루로 세모를 만들 수 있다.

자료 | 모루, 강화제

방법 ❶

- 모루를 구부려 동그라미를 만드는 것은 앞 단계에서 수행하였으므로 확인한 후 시행한다.
- 교사가 손으로 모루를 구부려 세모를 만드는 시범을 보인다.
- 유아에게 교사를 모방하여 손으로 모루를 구부려 세모를 만들어 보라고 한다.
- 수행되면 유아 스스로 모루를 손으로 구부려 세모를 만들어 보라고 한다.
- 수행되면 유아의 특성에 맞는 적절한 강화제를 제공한다.

방법 ❷

- 모루를 구부려 동그라미를 만드는 것은 앞 단계에서 수행하였으므로 확인한 후 시행한다.

- 교사가 모루를 유아에게 제시한다.
- 교사가 모루를 직선(∠)으로 구부리는 시범을 보인다.
- 유아에게 교사를 모방하여 모루를 직선으로 구부려 보라고 한다.
- 모방하지 못하면 교사가 유아의 손을 잡고 모루를 직선으로 구부려 준다.
- 교사가 모루의 처음 부분(/)만 구부려 준 후 유아에게 직선(∠)으로 구부려 보라고 한다.
- 구부리지 못하면 교사가 유아의 손을 잡고 모루를 직선으로 구부리는 동작을 반복해 준다.
- 도움을 점차 줄여 간다.
- 수행되면 유아 스스로 모루를 직선으로 구부려 보라고 한다.
- 수행되면 교사가 직선(∠)으로 구부린 모루와 마지막 부분(\)을 구부려 세모를 만드는 시범을 보인다.
- 유아에게 교사를 모방하여 직선(∠)으로 구부린 모루와 마지막 부분(\)을 구부려 세모를 만들어 보라고 한다.
- 모방하지 못하면 교사가 유아의 손을 잡고 직선(∠)으로 구부린 모루와 마지막 부분(\)을 구부려 세모를 만들어 준다.
- 교사가 직선으로 구부린 모루를 잡아 준 후 유아에게 마지막 부분을 구부려 세모를 만들어 보라고 한다.
- 만들지 못하면 교사가 유아의 손을 잡고 모루로 세모를 만드는 동작을 반복해 준다.
- 도움을 점차 줄여 간다.
- 수행되면 유아 스스로 직선(∠)으로 구부린 모루와 마지막 부분(\)을 구부려 세모를 만들어 보라고 한다.
- 수행되면 유아의 특성에 맞는 적절한 강화제를 제공한다.

191 세모와 네모로 집 그리기

4~5세

목표 | 세모와 네모로 집을 그릴 수 있다.

자료 | 종이, 연필, 강화제

방법 ❶

- 세모와 네모 그리기는 앞 단계에서 수행하였으므로 확인한 후 시행한다.
- 교사가 세모와 네모로 집을 그리는 시범을 보인다.
- 유아에게 교사를 모방하여 세모와 네모로 집을 그려 보라고 한다.
- 수행되면 유아 스스로 세모와 네모로 집을 그려 보라고 한다.
- 수행되면 유아의 특성에 맞는 적절한 강화제를 제공한다.

방법 ❷

- 세모와 네모 그리기는 앞 단계에서 수행하였으므로 확인한 후 시행한다.
- 교사가 세모와 네모로 집을 그리는 시범을 보인다.
- 유아에게 교사를 모방하여 세모와 네모로 집을 그려 보라고 한다.
- 그리지 못하면 교사가 세모와 네모로 집을 그린 후 유아의 손을 잡고 덧그리기를 해 준 후 유아에게 집을 그려 보라고 한다.
- 그리지 못하면 교사가 유아에게 세모를 그려 보라고 한다.
- 수행되면 교사가 세모 밑에 '⊔'를 그리는 시범을 보인다.
- 유아에게 교사를 모방하여 세모 밑에 '⊔'를 그려 보라고 한다.
- 모방하지 못하면 교사가 유아의 손을 잡고 세모 밑에 '⊔'를 그려 준다.
- 교사가 세모 밑을 가리키며 유아에게 '⊔'를 그려 보라고 한다.
- 수행되면 교사가 유아에게 "세모 그려요."라고 한 후 유아가 세모를 그리면 "그 밑에 '⊔'를 그려요." 라고 말해 준다.

- 도움을 점차 줄여 간다.
- 수행되면 유아 스스로 세모 밑에 '⊔'를 그려 보라고 한다.
- 수행되면 유아 스스로 세모와 네모로 집을 그려 보라고 한다.
- 수행되면 유아의 특성에 맞는 적절한 강화제를 제공한다.

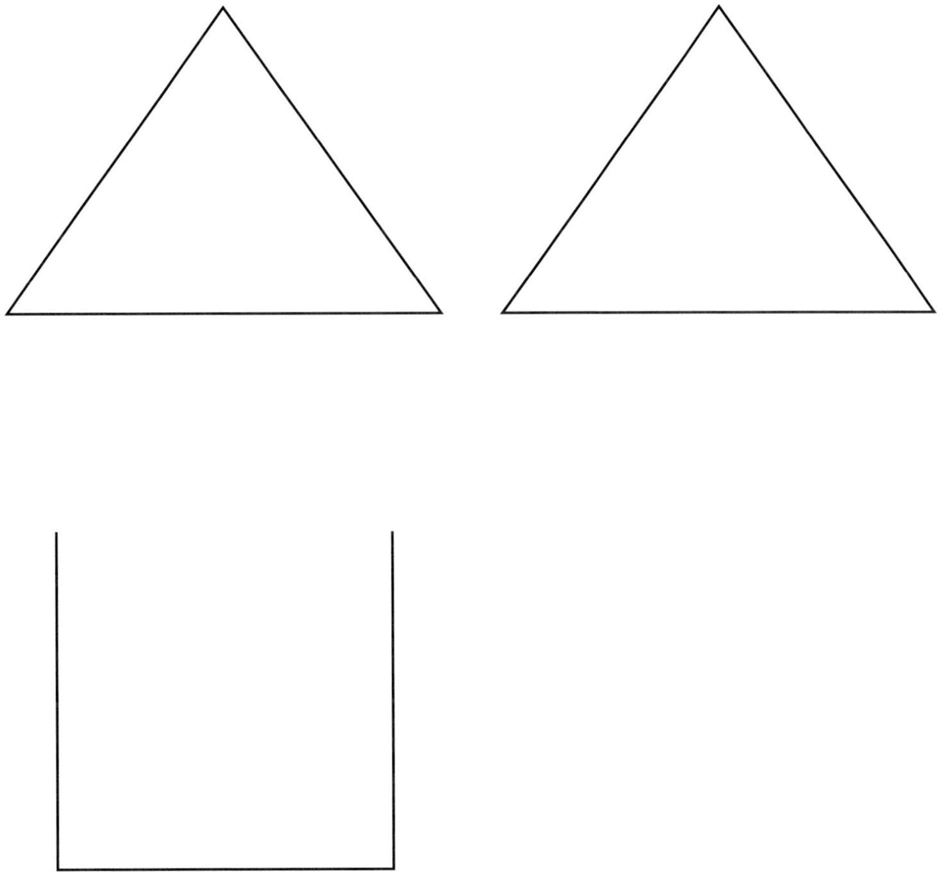

스스로 집 그리기

192 동그라미 오리기

5~6세

목표 | 가위로 동그라미를 오릴 수 있다.

자료 | 가위, 색종이(종이), 그림자료, 강화제

방법 ❶

- 가위로 네모 오리기는 앞 단계에서 수행하였으므로 확인한 후 시행한다.
- 교사가 동그라미가 그려져 있는 색종이를 제시한다.
- 교사가 유아의 옆에 앉아 가위로 동그라미를 오리는 시범을 보인다.
- 유아에게 교사를 모방하여 가위로 동그라미를 오려 보라고 한다.
- 수행되면 유아 스스로 동그라미를 가위로 오려 보라고 한다.
- 수행되면 유아의 특성에 맞는 적절한 강화제를 제공한다.

방법 ❷

- 가위로 네모 오리기는 앞 단계에서 수행하였으므로 확인한 후 시행한다.
- 교사가 동그라미가 그려져 있는 색종이를 제시한다.
- 교사가 유아의 옆에 앉아 왼손으로 색종이를 잡고 오른손으로 가위를 쥔 후 동그라미를 오리는 시범을 보인다.
- 유아에게 교사를 모방하여 왼손으로 색종이를 잡고 오른손으로 가위를 쥔 후 동

그라미를 오려 보라고 한다.

- 모방하지 못하면 교사가 가위를 쥔 유아의 오른손을 잡고 동그라미를 오려 준다.
- 교사가 동그라미를 손으로 따라 그어 주며 유아에게 가위로 동그라미를 오려 보라고 한다.
- 오리지 못하면 교사가 가위를 쥔 유아의 오른손을 잡고 동그라미를 오리는 동작을 반복해 준다.
- 교사가 동그라미의 3/4을 가위로 오려 준 후 유아에게 나머지 부분을 가위로 오려 보라고 한다.
- 수행되면 교사가 동그라미의 2/4를 가위로 오려 준 후 유아에게 나머지 부분을 가위로 오려 보라고 한다.
- 수행되면 교사가 동그라미의 1/4을 가위로 오려 준 후 유아에게 나머지 부분을 가위로 오려 보라고 한다.
- 수행되면 유아가 동그라미를 오릴 때 교사가 "선을 따라 오려요." "색종이를 돌려요."라고 말하며 유아에게 동그라미를 오려 보라고 한다.
- 도움을 점차 줄여 간다.
- 수행되면 유아 스스로 동그라미를 가위로 오려 보라고 한다.
- 수행되면 유아의 특성에 맞는 적절한 강화제를 제공한다.

☞ 유아와 마주 보고 지도할 경우 유아가 바라보는 방향(교사가 왼손을 사용해야 유아가 볼 때 오른손이 됨)에서 손의 사용에 유의하도록 하고, 왼손잡이의 경우 반대로 지도하면 된다.

※ 하단의 동그라미를 오려서 그림에 붙여 주세요.

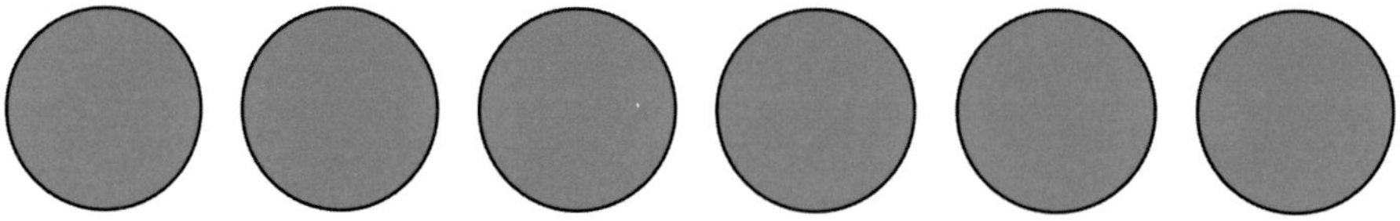

※ 하단의 동그라미를 오려서 그림에 붙여 주세요.

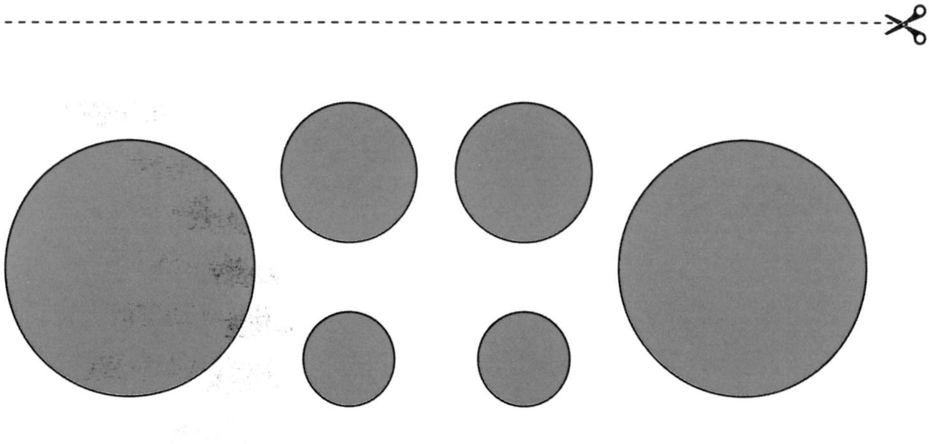

5~6 세

193 종이 색 테이프 붙이기

5~6세

목표 | 종이 색 테이프를 붙일 수 있다.

자료 | 그림자료, 종이 색 테이프(칼라 마스킹), 강화제

방법 ❶

- 교사가 종이 색 테이프를 뜯어 그림에 붙이는 시범을 보인다.
- 유아에게 교사를 모방하여 종이 색 테이프를 뜯어 그림에 붙여 보라고 한다.
- 수행되면 유아 스스로 종이 색 테이프를 뜯어 그림에 붙여 보라고 한다.
- 수행되면 유아의 특성에 맞는 적절한 강화제를 제공한다.

방법 ❷

- 교사가 종이 색 테이프를 뜯는 시범을 보인다.
- 유아에게 교사를 모방하여 종이 색 테이프를 뜯어 보라고 한다.
- 모방하지 못하면 교사가 유아의 손을 잡고 종이 색 테이프를 뜯어 준다.
- 교사가 유아의 손을 종이 색 테이프에 대 준 후 유아에게 종이 색 테이프를 뜯어 보라고 한다.
- 뜯지 못하면 교사가 유아의 손을 잡고 종이 색 테이프를 뜯는 동작을 반복해 준다.
- 도움을 점차 줄여 간다.
- 수행되면 유아 스스로 종이 색 테이프를 뜯어 보라고 한다.
- 수행되면 교사가 종이 색 테이프를 뜯어 그림에 붙이는 시범을 보인다.
- 유아에게 교사를 모방하여 종이 색 테이프를 뜯어 그림에 붙여 보라고 한다.
- 모방하지 못하면 교사가 유아에게 종이 색 테이프를 뜯어 보라고 한 후 유아의 손을 잡고 그림에 붙여 준다.
- 교사가 종이 색 테이프를 붙일 위치를 짚어 주며 유아에게 종이 색 테이프를 그림

에 붙여 보라고 한다.

- 도움을 점차 줄여 간다.
- 수행되면 유아 스스로 종이 색 테이프를 뜯어 그림에 붙여 보라고 한다.
- 수행되면 유아의 특성에 맞는 적절한 강화제를 제공한다.

☞ 그림자료는 유아에게 종이 색 테이프 붙이기 지도뿐만 아니라 색칠하기로 활용할 수도 있다.

194 투명 종이에 색칠하기

5~6세

목표 | 투명 종이에 색칠을 할 수 있다.

자료 | 투명 종이(트레이싱지), 여러 가지 색깔의 유성 매직, 그림자료, 검정 테이프, 강화제

방법 ❶

- 크레파스 쥐기는 앞 단계에서 수행하였으므로 확인한 후 시행한다.
- 교사가 투명 종이로 된 그림자료에 검정 테이프로 테두리를 붙여 제시한다.
- 교사가 "빨빨빨빨~♬ 빨간색 소방차가 ♬ 달려갑니다~♬ 에에에엥~♬"이라고 노래를 부르며 투명 종이에 그려진 그림에 유성 매직으로 색칠하는 시범을 보인다.
- 유아에게 교사를 모방하여 투명 종이에 그려진 그림에 유성 매직으로 색칠을 해 보라고 한다.
- 수행되면 유아 스스로 투명 종이에 그려진 그림에 유성 매직으로 색칠을 해 보라고 한다.
- 수행되면 유아의 특성에 맞는 적절한 강화제를 제공한다.

방법 ❷

- 크레파스 쥐기는 앞 단계에서 수행하였으므로 확인한 후 시행한다.
- 교사가 예를 들어 투명 종이에 사과를 그려서 검정 테이프로 테두리를 붙여 제시한다.
- 교사가 "빨빨빨빨~♬ 빨간색 사과가 ♬ 굴러갑니다~♬ 떼굴떼굴"이라고 노래를 부르며 유성 매직으로 투명 종이에 그려진 사과를 색칠하는 시범을 보인다.
- 유아에게 교사를 모방하여 유성 매직으로 투명 종이에 그려진 사과를 색칠해 보라고 한다.

- 모방하지 못하면 교사가 유아의 손을 잡고 유성 매직으로 투명 종이에 그려진 사과에 색칠을 해 준다.
- 교사가 유아의 손을 잡고 투명 종이에 그려진 사과의 1/2을 유성 매직으로 색칠해 준 후 유아에게 나머지 부분을 색칠해 보라고 한다.
- 하지 못하면 교사가 유아의 손을 잡고 투명 종이에 그려진 사과에 매직으로 색칠하는 동작을 반복해 준다.
- 도움을 점차 줄여 간다.
- 수행되면 유아 스스로 유성 매직으로 투명 종이에 그려진 사과에 색칠을 해 보라고 한다.
- 수행되면 다른 그림도 사과를 색칠한 것과 같은 방법으로 지도한다.
- 수행되면 유아의 특성에 맞는 적절한 강화제를 제공한다.

☞ 소근육 증진뿐만 아니라 새로운 미술 재료 탐색과 더불어 성취감을 향상시킬 수 있다.

☞ 응용 활동으로, 손을 싹싹 비빈 후 투명 종이를 손바닥 위에 올리면 손의 열로 인해 투명 종이가 말려 올라간다. 그러므로 누가 많이 말려 올라가게 하는지 경주를 할 수도 있다.

☞ 투명 종이는 문방구에서 쉽게 구할 수 있다. 구하기 어려우면 얇은 비닐을 대신 사용해도 된다. 그러나 응용 활동을 하기는 어려우니 참고하기 바란다.

교사가 투명 종이에 색칠하는 시범 보이기

교사를 모방하여 색칠하게 하기

칠하지 못하면 교사가 유아의 손을 잡고 칠해 주기

완성되면 유리창에 같이 붙이기

수행 시 적절한 강화제 제공

○ 응용 활동

손바닥 비비기

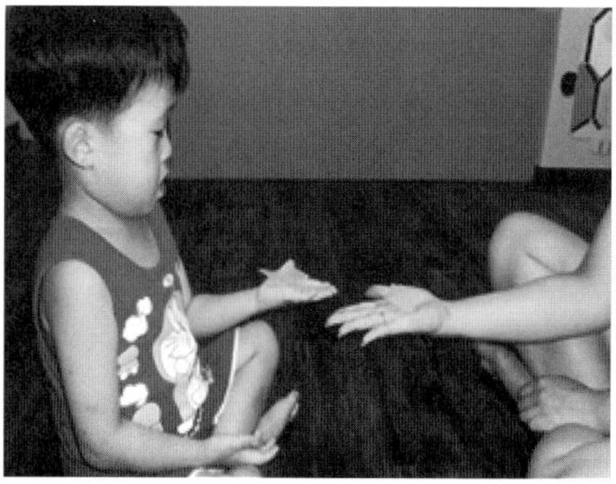

투명 종이를 손바닥 위에 올리기

195 나무 그리기

5~6세

목표 | 나무를 그릴 수 있다.

자료 | 도화지, 연필, 강화제

방법 ❶

- 세모와 네모 그리기는 앞 단계에서 수행하였으므로 확인한 후 시행한다.
- 교사가 세모와 직사각형으로 나무를 그리는 시범을 보인다.
- 유아에게 교사를 모방하여 세모와 직사각형으로 나무를 그려 보라고 한다.
- 수행되면 유아 스스로 세모와 직사각형으로 나무를 그려 보라고 한다.
- 수행되면 유아의 특성에 맞는 적절한 강화제를 제공한다.

방법 ❷

- 세모와 네모 그리기는 앞 단계에서 수행하였으므로 확인한 후 시행한다.
- 교사가 세모와 직사각형으로 나무를 그리는 시범을 보인다.
- 유아에게 교사를 모방하여 세모와 직사각형으로 나무를 그려 보라고 한다.
- 모방하지 못하면 교사가 세모와 긴 직사각형의 네모로 나무를 그린 후 유아의 손을 잡고 덧그리기를 해 준 다음 유아에게 나무를 그려 보라고 한다.
- 그리지 못하면 교사가 세모를 그린 후 세모 밑에 직사각형으로 길게 '⊔'를 그리는 시범을 보인다.
- 유아에게 교사를 모방하여 세모 밑에 직사각형으로 길게 '⊔'를 그려 보라고 한다.
- 모방하지 못하면 교사가 유아의 손을 잡고 세모 밑에 직사각형으로 길게 '⊔'를 그려 준다.
- 교사가 세모 밑을 가리키며 유아에게 직사각형으로 길게 '⊔'를 그려 보라고 한다.

- 수행되면 교사가 유아에게 "세모 그려요."라고 한 후 유아가 세모를 그리면 "그 밑에 직사각형으로 길게 'ㅁ'를 그려요." 라고 말해 준다.
- 도움을 점차 줄여 간다.
- 수행되면 유아 스스로 세모 밑에 직사각형으로 길게 'ㅁ'를 그려 보라고 한다.
- 수행되면 유아 스스로 세모와 직사각형으로 나무를 그려 보라고 한다.
- 수행되면 유아의 특성에 맞는 적절한 강화제를 제공한다.

5~6
세

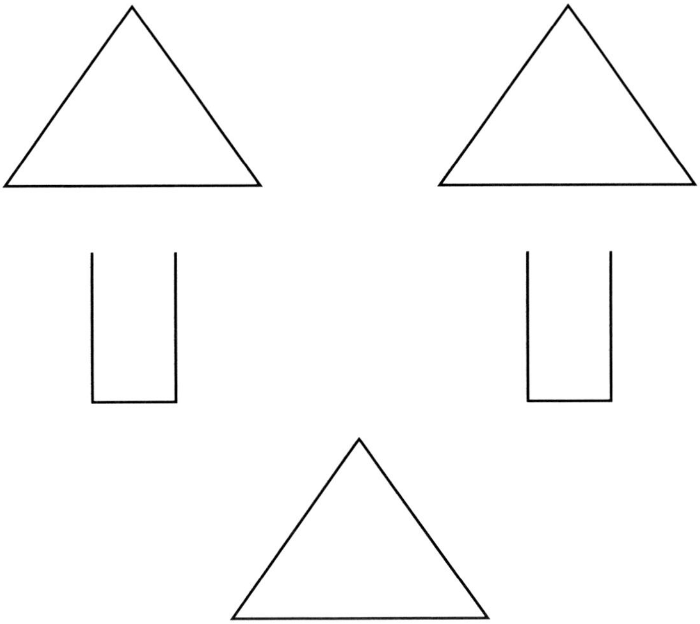

스스로 나무 그리기

196 반찬 통 뚜껑 열기

5~6세

목표 | 반찬 통의 뚜껑을 열 수 있다.

자료 | 반찬 통, 강화제

방법 ❶

- 교사가 "반찬 통을 ♬ 열~어 봐요 ♬ 열~어 봐요 ♬ 맛있는 ○○가(이) ♬ 있어요 ♬"라고 노래를 부르며 반찬 통의 뚜껑을 여는 시범을 보인다.
- 유아에게 교사를 모방하여 반찬 통의 뚜껑을 열어 보라고 한다.
- 수행되면 유아 스스로 반찬 통의 뚜껑을 열어 보라고 한다.
- 수행되면 유아의 특성에 맞는 적절한 강화제를 제공한다.

방법 ❷

- 교사가 "반찬 통을 ♬ 열~어 봐요 ♬ 열~어 봐요 ♬ 맛있는 ○○가(이) ♬ 있어요 ♬"라고 노래를 부르며 반찬 통의 뚜껑을 여는 시범을 보인다.
- 유아에게 교사를 모방하여 반찬 통의 뚜껑을 열어 보라고 한다.
- 모방하지 못하면 교사가 유아의 손을 잡고 반찬 통의 뚜껑을 열어 준다.
- 교사가 반찬 통의 뚜껑을 3/4 열어 준 후 유아에게 나머지 부분을 열어 보라고 한다.
- 열지 못하면 교사가 유아의 손을 잡고 반찬 통의 뚜껑을 여는 동작을 반복해 준다.
- 교사가 반찬 통의 뚜껑을 2/4 열어 준 후 유아에게 나머지 부분을 열어 보라고 한다.
- 수행되면 반찬 통의 뚜껑을 1/4 열어 준 후 유아에게 나머지 부분을 열어 보라고 한다.
- 수행되면 교사가 유아의 손을 반찬 통의 뚜껑 부분에 대 준 후 유아에게 열어 보

라고 한다.

- 도움을 점차 줄여 간다.
- 수행되면 유아 스스로 반찬 통의 뚜껑을 열어 보라고 한다.
- 수행되면 유아의 특성에 맞는 적절한 강화제를 제공한다.

197 소금 그림 완성하기

5~6세

목표 | 파스텔 가루를 섞은 소금으로 그림을 완성할 수 있다.

자료 | 다양한 색깔의 파스텔 가루에 소금을 섞은 여러 개의 통, 풀, 숟가락, 도화지, 그림자료, 강화제

방법 ❶

- 교사가 그림 및 다양한 색깔의 파스텔 가루에 가는 소금을 섞은 여러 개의 통을 제시한다.
- 교사가 그림에 풀을 칠한 다음 소금과 섞인 파스텔 가루를 그림에 뿌린 후 파스텔 가루를 털어 그림을 완성하는 시범을 보인다.
- 유아에게 교사를 모방하여 그림에 풀을 칠한 다음 소금과 섞인 파스텔 가루를 그림에 뿌린 후 파스텔 가루를 털어 그림을 완성해 보라고 한다.
- 수행되면 유아 스스로 그림에 풀을 칠한 다음 소금과 섞인 파스텔 가루를 그림에 뿌린 후 파스텔 가루를 털어 그림을 완성해 보라고 한다.
- 수행되면 유아의 특성에 맞는 적절한 강화제를 제공한다.

방법 ❷

- 교사가 그림 및 다양한 색깔의 파스텔 가루에 가는 소금을 섞은 여러 개의 통을 제시한다.

- 교사가 예를 들어 사과 그림에 풀을 칠하는 시범을 보인다.
- 유아에게 교사를 모방하여 사과 그림에 풀을 칠해 보라고 한다.
- 칠하지 못하면 교사가 유아의 손을 잡고 풀을 칠해 준다.
- 교사가 그림에 풀을 대 준 후 유아에게 풀을 칠해 보라고 한다.
- 칠하지 못하면 교사가 유아의 손을 잡고 풀을 칠하는 동작을 반복해 준다.
- 교사가 풀을 칠할 위치를 가리키며 유아에게 풀을 칠해 보라고 한다.
- 도움을 점차 줄여 간다.
- 수행되면 유아 스스로 사과 그림에 풀을 칠해 보라고 한다.
- 수행되면 교사가 사과 그림에 풀을 칠한 다음 소금과 섞인 빨간색 파스텔 가루를 그림에 뿌리는 시범을 보인다.
- 유아에게 사과 그림에 풀칠을 하라고 한 다음 교사를 모방하여 소금과 섞인 빨간색 파스텔 가루를 그림에 뿌려 보라고 한다.
- 모방하지 못하면 교사가 유아에게 사과 그림에 풀칠을 하라고 한 다음 유아의 손을 잡고 소금과 섞인 빨간색 파스텔 가루를 그림에 뿌려 준다.
- 교사가 유아에게 사과 그림에 풀칠을 하라고 한 다음 소금과 섞인 빨간색 파스텔 가루를 그림에 뿌려 보라고 한다.
- 뿌리지 못하면 교사가 유아의 손을 잡고 소금과 섞인 빨간색 파스텔 가루를 그림에 뿌리는 동작을 반복해 준다.
- 교사가 빨간색 파스텔 가루를 가리키며 유아에게 파스텔 가루를 그림에 뿌려 보라고 한다.
- 도움을 점차 줄여 간다.
- 수행되면 유아 스스로 소금과 섞인 빨간색 파스텔 가루를 그림에 뿌려 보라고 한다.
- 수행되면 교사가 도화지를 잡고 파스텔 가루를 털어 사과 그림을 완성하는 시범을 보인다.
- 유아에게 교사를 모방하여 도화지를 잡고 파스텔 가루를 털어 사과 그림을 완성

해 보라고 한다.

- 모방하지 못하면 교사가 유아의 손을 잡아 도화지를 쥐고 파스텔 가루를 털어 사과 그림을 완성해 준다.
- 교사가 유아의 손을 도화지에 대 준 후 유아에게 도화지를 잡고 파스텔 가루를 털어 사과 그림을 완성해 보라고 한다.
- 도움을 점차 줄여 간다.
- 수행되면 유아 스스로 도화지를 잡고 파스텔 가루를 털어 사과 그림을 완성해 보라고 한다.
- 수행되면 다른 그림들도 사과 그림과 같은 방법으로 지도한다.
- 수행되면 유아의 특성에 맞는 적절한 강화제를 제공한다.

☞ 유아의 상태에 따라 중간 과정(예: 파스텔 가루를 뿌리는 과정)을 생략하고 소금과 섞인 빨간색 파스텔 가루를 그림에 뿌린 후 파스텔 가루를 털어 그림을 완성할 수 있도록 지도해도 무방하다.

☞ 유아의 상태에 따라 사과나 빗방울만 파스텔 가루를 뿌리게 할 수도 있고 그림 전체를 파스텔 가루로 지도해도 무방하다.

5~6
세

198 손 모양 본뜨기

5~6세

목표 | 손 모양을 본뜰 수 있다.

자료 | 연필, 색연필, 도화지(스케치북), 강화제

방법 ❶

- 교사가 유아의 옆에 앉아 "아빠 손가락 ♬ 어디 있나요? ♬ 여기~여기~♬ 반가워요 ♬ 엄마 손가락 ♬ 어디 있나요? ♬ 여기에요~♬ 반갑습니다 ♬"라고 노래를 부르며 오른손으로 왼손의 손 모양을 본뜨는 시범을 보인다.
- 유아에게 교사를 모방하여 오른손으로 왼손의 손 모양을 본떠 보라고 한다.
- 수행되면 유아 스스로 오른손으로 왼손의 손 모양을 본떠 보라고 한다.
- 수행되면 유아의 특성에 맞는 적절한 강화제를 제공한다.

방법 ❷

- 교사가 유아의 옆에 앉아 "아빠 손가락 ♬ 어디 있나요? ♬ 여기~여기~♬ 반가워요 ♬ 엄마 손가락 ♬ 어디 있나요? ♬ 여기에요~♬ 반갑습니다 ♬"라고 노래를 부르며 오른손으로 왼손의 손 모양을 본뜨는 시범을 보인다.
- 유아에게 교사를 모방하여 오른손으로 왼손의 손 모양을 본떠 보라고 한다.
- 모방하지 못하면 교사가 유아의 오른손을 잡고 왼손의 손 모양을 본떠 준다.
- 교사가 유아의 왼손 모양을 본뜬 후 유아에게 선을 따라 왼손 모양을 그려 보라고 한다.
- 그리지 못하면 교사가 유아의 손을 잡고 왼손 모양을 그리는 동작을 반복해 준다.
- 교사가 유아의 손을 잡고 왼손의 약지까지 그려 준 후 유아에게 소지를 그려 보라고 한다.
- 수행되면 교사가 유아의 손을 잡고 왼손의 중지까지 그려 준 후 유아에게 약지와

소지를 그려 보라고 한다.

- 수행되면 교사가 유아의 손을 잡고 왼손의 검지까지 그려 준 후 유아에게 중지 및 약지와 소지를 그려 보라고 한다.
- 수행되면 교사가 유아의 손을 잡고 왼손의 엄지를 그려 준 후 유아에게 검지, 중지, 약지와 소지를 그려 보라고 한다.
- 수행되면 교사가 유아의 손을 잡고 왼손의 엄지 첫 부분을 그려 준 후 유아에게 나머지 손가락을 그려 보라고 한다.
- 도움을 점차 줄여 간다.
- 수행되면 유아 스스로 오른손으로 왼손의 손 모양을 본떠 보라고 한다.
- 수행되면 유아의 특성에 맞는 적절한 강화제를 제공한다.

☞ 유아와 마주 보고 지도할 경우 유아가 바라보는 방향(교사가 왼손을 사용해야 유아가 볼 때 오른손이 됨)에서 손의 사용에 유의하도록 하고, 왼손잡이의 경우 반대로 지도하면 된다.

199 색종이로 간단한 모양 접기 I

5~6세

목표 | 색종이로 간단한 모양을 접을 수 있다.

자료 | 색종이 한 묶음, 강화제

방법 ❶

- 색종이로 네모 및 세모 접기는 앞 단계에서 수행하였으므로 확인한 후 시행한다.
- 교사가 유아 옆에 앉아 색종이로 간단한 모양(예: 튤립, 모자 등)을 접는 시범을 보인다.
- 유아에게 교사를 모방하여 색종이로 간단한 모양(예: 튤립, 모자 등)을 접어 보라고 한다.
- 수행되면 유아 스스로 간단한 모양을 접어 보라고 한다.

- 수행되면 유아의 특성에 맞는 적절한 강화제를 제공한다.

방법 ❷

- 색종이로 네모 및 세모 접기는 앞 단계에서 수행하였으므로 확인한 후 시행한다.
- 교사가 유아 옆에 앉아, 예를 들어 색종이로 모자를 접는 시범을 보인다.
- 유아에게 교사를 모방하여 색종이로 모자를 접어 보라고 한다.
- 모방하지 못하면 교사가 색종이로 세모를 접은 후(모자 접기 2번 참조) 아랫부분을 파선(모자 접기 3번 참조)을 따라 접는 시범을 보인다.
- 유아에게 교사를 모방하여 색종이로 세모를 접은 후 아랫부분을 파선(모자 접기 3번 참조)을 따라 접어 보라고 한다.
- 접지 못하면 교사가 유아에게 색종이를 세모로 접으라고 한 후 유아의 손을 잡고 세모의 아랫부분을 파선을 따라 접어 준다.
- 교사가 세모의 아랫부분에 그려진 파선을 가리키며 유아에게 파선을 따라 접어 보라고 한다.
- 접지 못하면 교사가 유아의 손을 잡고 세모의 아랫부분을 파선을 따라 접는 동작을 반복해 준다.
- 도움을 점차 줄여 간다.
- 수행되면 유아 스스로 세모의 아랫부분에 그려진 파선을 따라 접어 보라고 한다.
- 수행되면 교사가 파선을 지운 후(모자 접기 4번 참조) 파선이 있는 것과 같은 방법으로 지도한다.
- 수행되면 유아 스스로 색종이로 세모를 접은 후 아랫부분을 위로 접어(모자 접기 4번 참조) 보라고 한다.
- 수행되면 교사가 세모의 윗부분을 쇄선을 따라 뒤로 젖혀 접어(모자 접기 5번 참조) 모자를 완성하는(모자 접기 6번 참조) 시범을 보인다.
- 유아에게 교사를 모방하여 세모의 윗부분을 쇄선을 따라 뒤로 젖혀 접어 모자를 완성해 보라고 한다.

- 접지 못하면 교사가 유아의 손을 잡고 세모의 윗부분을 쇄선을 따라 뒤로 젖혀 접어 모자를 완성해 준다.
- 교사가 세모의 윗부분에 그려진 쇄선을 가리키며 유아에게 쇄선을 따라 뒤로 젖혀 접어 모자를 완성해 보라고 한다.
- 접지 못하면 교사가 유아의 손을 잡고 세모의 윗부분을 쇄선을 따라 접는 동작을 반복해 준다.
- 도움을 점차 줄여 간다.
- 수행되면 유아 스스로 세모의 윗부분에 그려진 쇄선을 따라 접어 모자를 완성해 보라고 한다.
- 수행되면 교사가 예를 들어 색종이로 튤립을 접는 시범을 보인다.
- 유아에게 교사를 모방하여 색종이로 튤립을 접어 보라고 한다.
- 접지 못하면 교사가 다음 사진의 순서에 따라 유아의 손을 잡고 튤립을 접어 둔다.
- 수행되면 막대와 여우 접기도 모자 접기와 다음 사진의 순서에 따라 같은 방법으로 지도한다.
- 수행되면 유아의 특성에 맞는 적절한 강화제를 제공한다.

☞ 유아와 마주 보고 지도할 경우 유아가 바라보는 방향(교사가 왼손을 사용해야 유아가 볼 때 오른손이 됨)에서 손의 사용에 유의하도록 하고, 왼손잡이의 경우 반대로 지도하면 된다.

○ 모자 접기

1. 색종이 한 장 준비

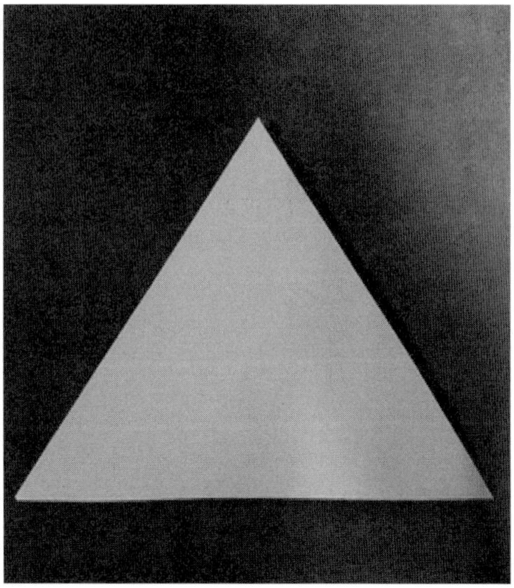

2. 세모 접기

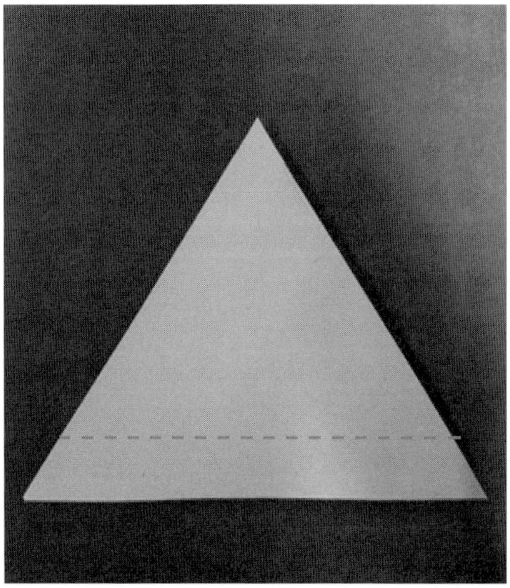

3. 파선 따라 올려 접기

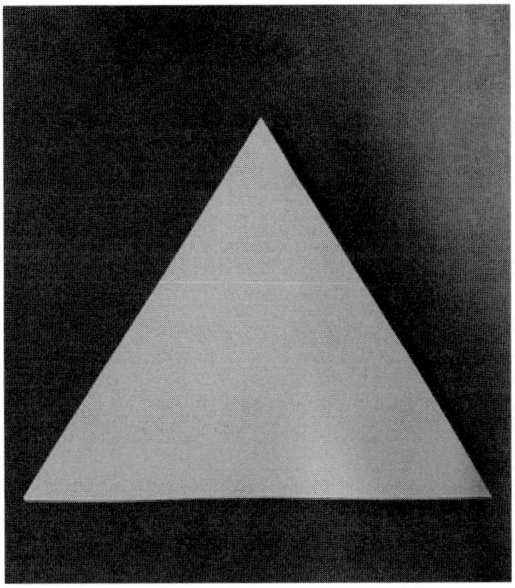

4. 파선 없이 올려 접기

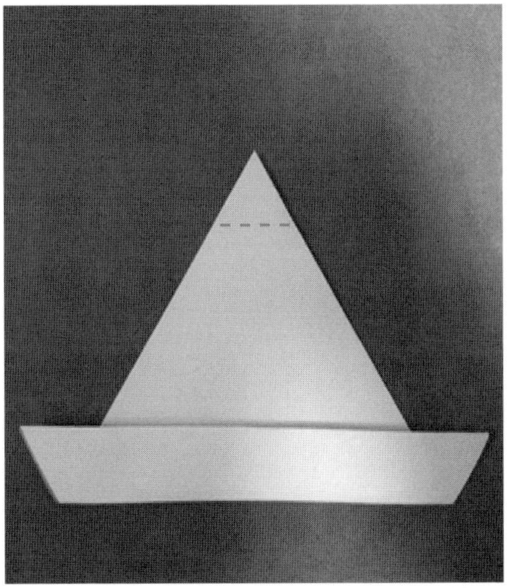

5. 쇄선 따라 뒤로 젖혀 접기

6. 모자 완성

○ 튤립 접기

1. 색종이 한 장 준비

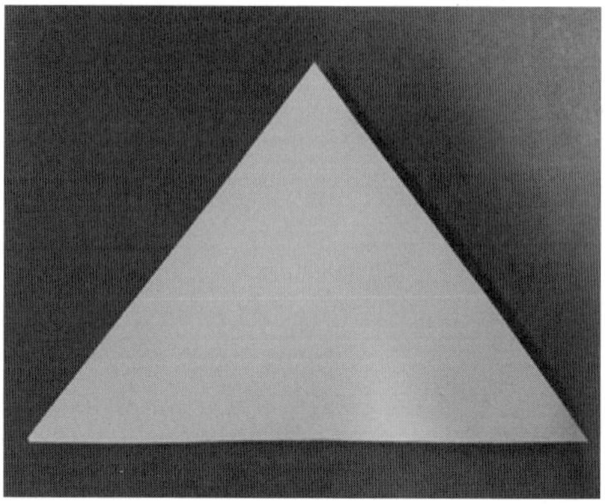

2. 세모 접기

3. 왼쪽 들어 올려 접기

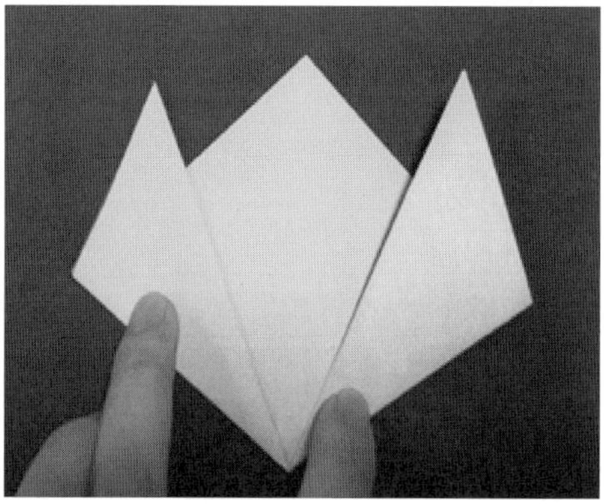

4. 오른쪽 들어 올려 접기

5. 뒤집기(튤립 완성)

○ 막대 접기

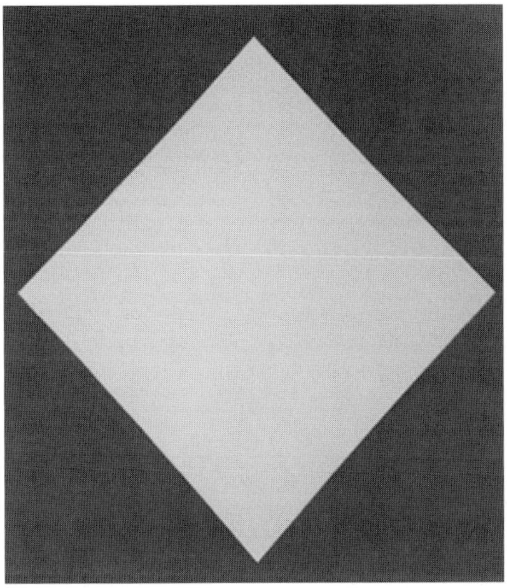

1. 색종이 한 장 준비

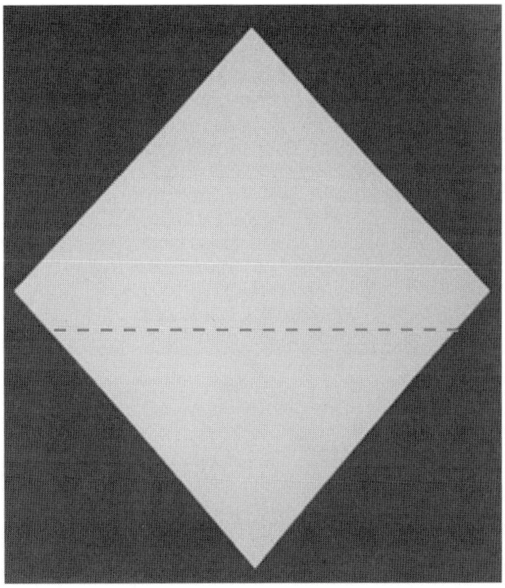

2. 파선 따라 올려 접기

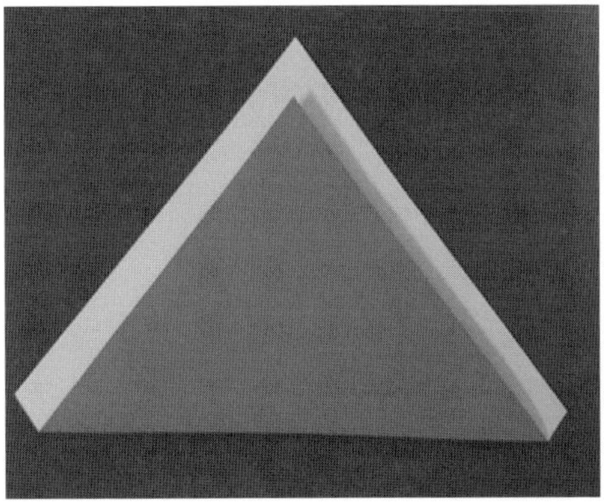

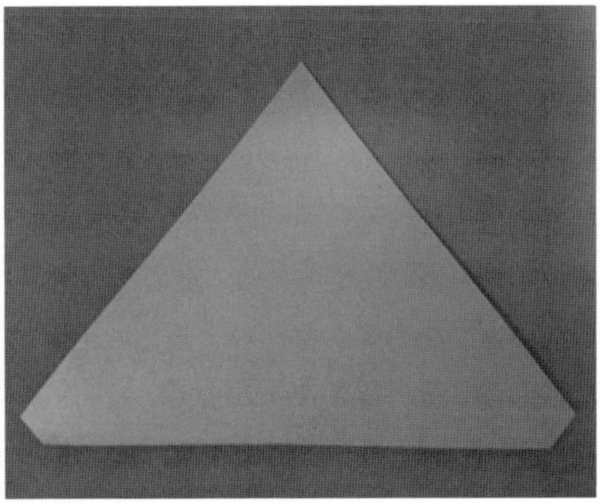

3. 접은 상태에서 뒤집기

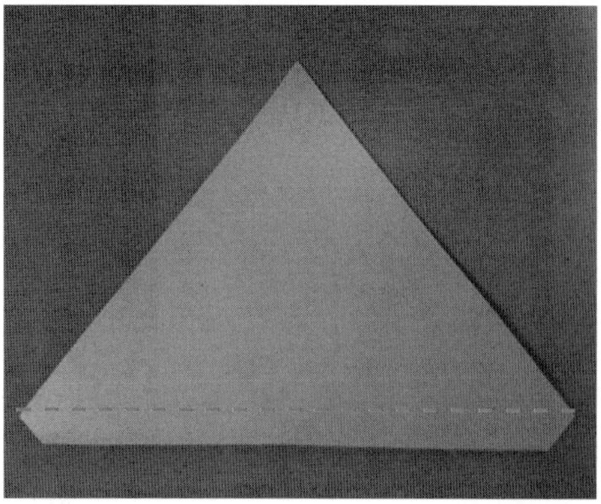
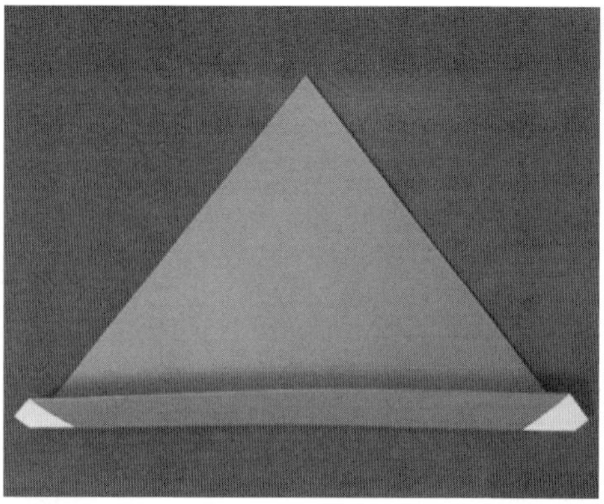

4. 파선 따라 올려 접기

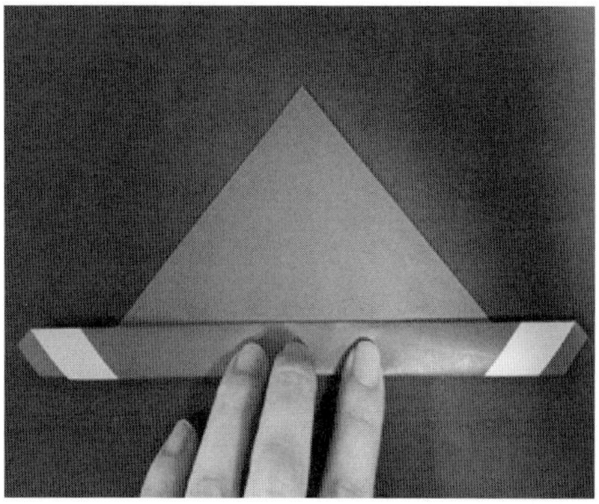
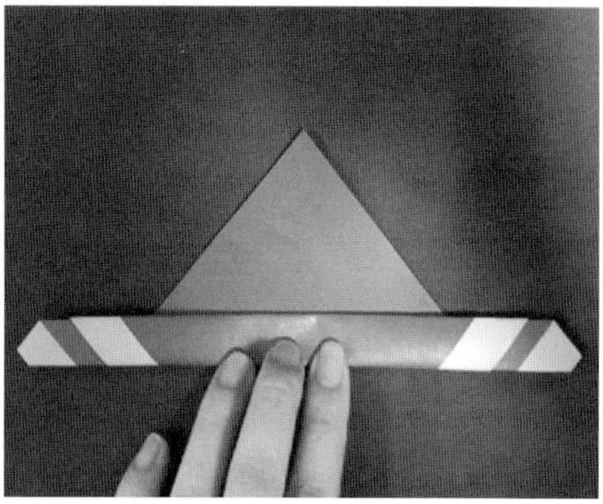

5. 접힌 높이만큼 반복하여 올려 접기

6. 막대 완성

○ 여우 접기

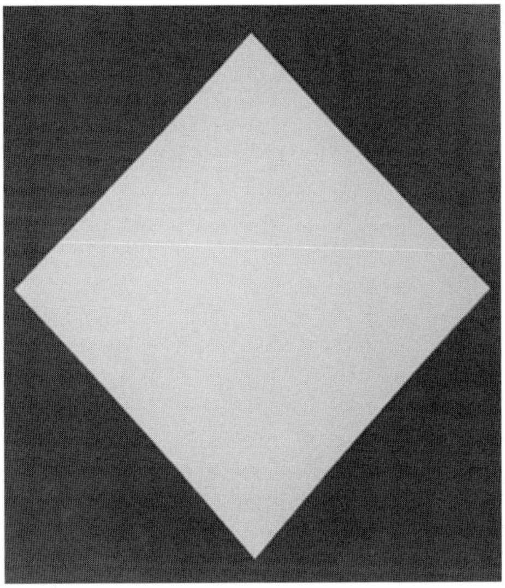

1. 색종이 한 장 준비

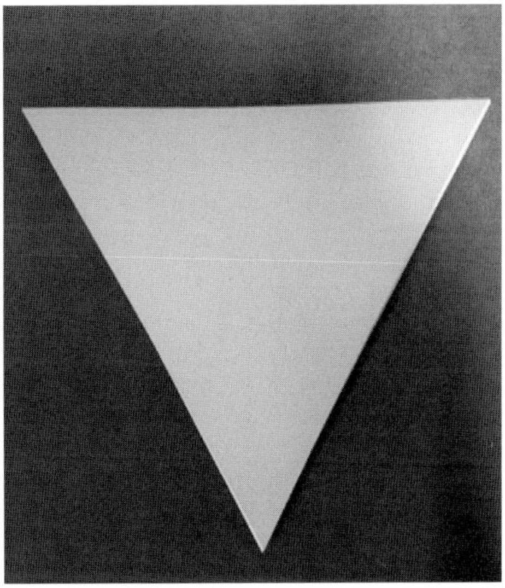

2. 세모 접기

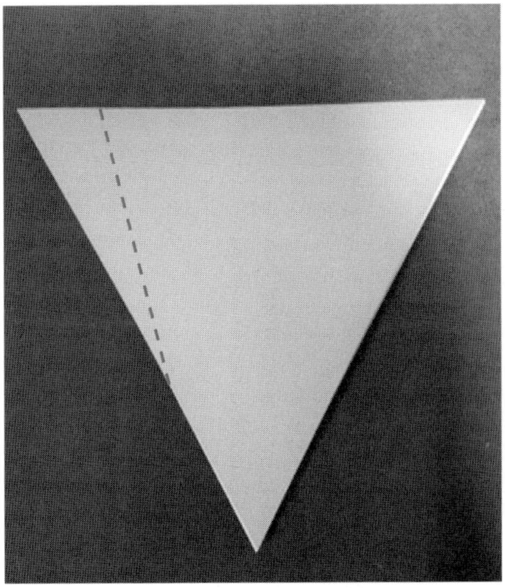

3. 파선 따라 왼쪽 올려 접기

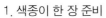

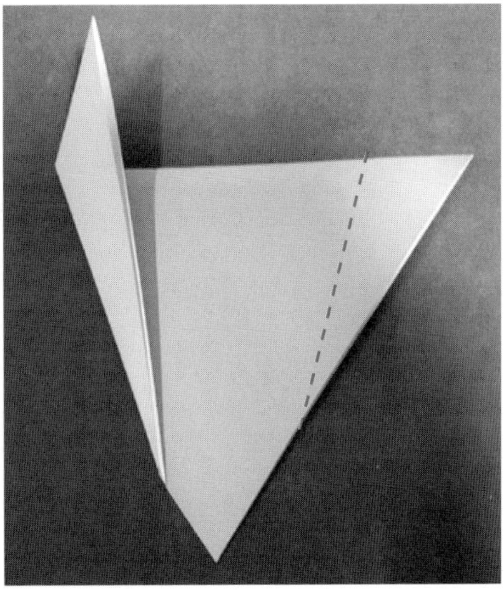

4. 파선 따라 오른쪽 올려 접기

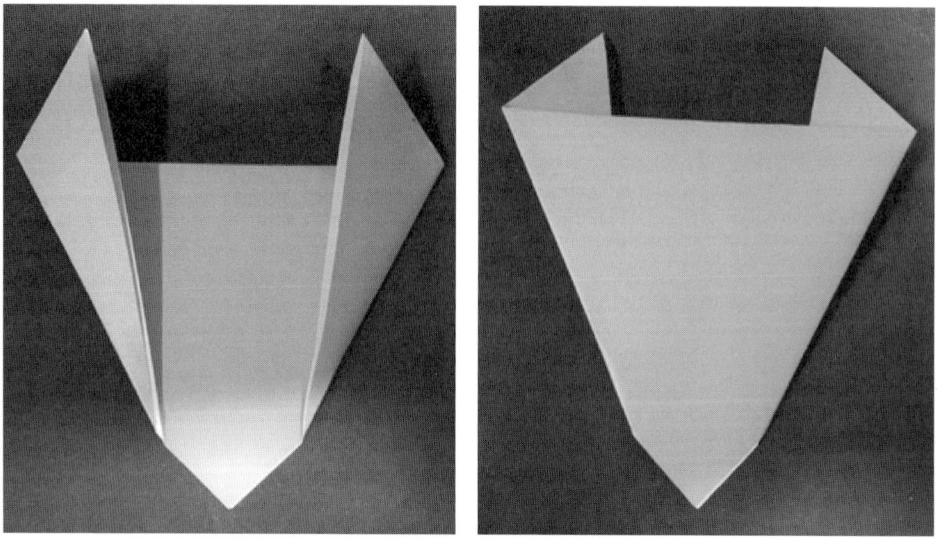

5. 접힌 상태에서 뒤집기

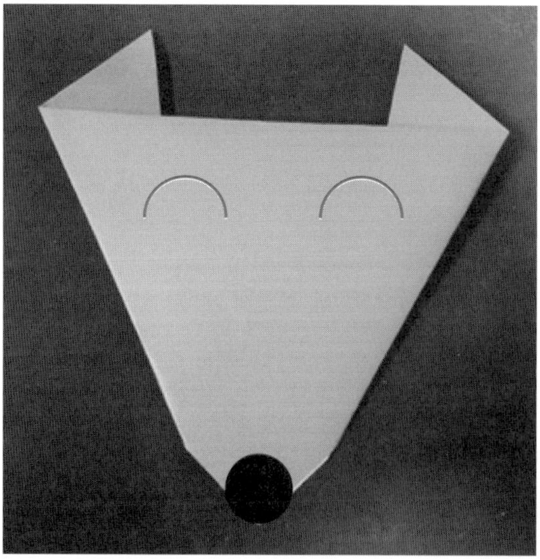

6. 여우 완성

200 그림을 보고 공이나 사과 그리기 5~6세

목표 | 그림을 보고 공이나 사과를 그릴 수 있다.

자료 | 도화지(스케치북), 연필(색연필), 크레파스, 그림자료, 강화제

방법 ❶

- 동그라미 그리기는 앞 단계에서 수행하였으므로 확인한 후 시행한다.
- 교사가 공이나 사과가 그려져 있는 그림을 제시한다.
- 교사가 공이나 사과를 보고 같은 그림을 그리는 시범을 보인다.
- 유아에게 교사를 모방하여 공이나 사과를 보고 같은 그림을 그려 보라고 한다.
- 수행되면 유아 스스로 공이나 사과를 보고 같은 그림을 그려 보라고 한다.
- 수행되면 유아의 특성에 맞는 적절한 강화제를 제공한다.

방법 ❷

- 동그라미 그리기는 앞 단계에서 수행하였으므로 확인한 후 시행한다.
- 교사가 공이나 사과가 그려져 있는 그림을 제시한다.
- 교사가 예를 들어 공을 보고 공을 그리는 시범을 보인다.
- 유아에게 교사를 모방하여 공을 보고 공을 그려 보라고 한다.
- 모방하지 못하면 교사가 유아의 손을 잡고 공을 그려 준다.
- 교사가 공 모양을 점선으로 그려 준 후 유아에게 점선을 따라 공을 그려 보라고 한다.
- 그리지 못하면 교사가 유아의 손을 잡고 공을 그리는 동작을 반복해 준다.
- 교사가 공의 3/4을 그려 준 후 유아에게 나머지 부분을 그려 보라고 한다.
- 수행되면 교사가 공의 2/4를 그려 준 후 유아에게 나머지 부분을 그려 보라고 한다.
- 수행되면 교사가 공의 1/4을 그려 준 후 유아에게 나머지 부분을 그려 보라고 한다.

- 도움을 점차 줄여 간다.
- 수행되면 유아 스스로 공을 보고 공을 그려 보라고 한다.
- 수행되면 교사가 사과를 보고 사과를 그리는 시범을 보인다.
- 유아에게 교사를 모방하여 사과를 보고 사과를 그려 보라고 한다.
- 모방하지 못하면 공을 그리는 것과 같은 방법으로 지도한다.
- 수행되면 유아 스스로 그려져 있는 공이나 사과를 보고 그림을 그려 보라고 한다.
- 수행되면 유아의 특성에 맞는 적절한 강화제를 제공한다.

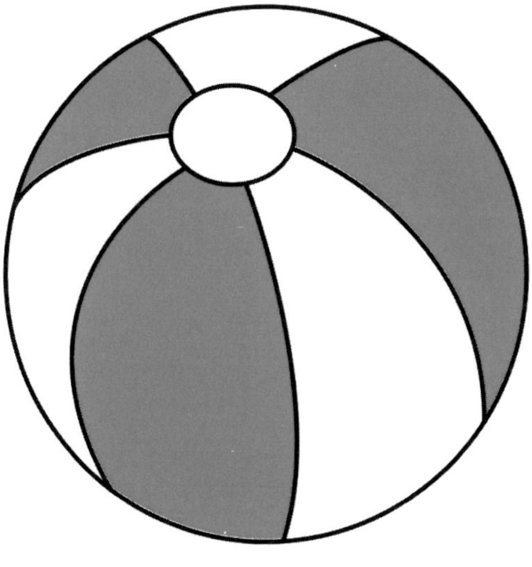

201 톱밥으로 그림 완성하기

5~6세

목표 | 톱밥으로 그림을 완성할 수 있다.

자료 | 다양한 색깔의 톱밥, 풀, 그림자료, 강화제

방법 ❶

- 교사가 그림에 풀을 칠한 후 톱밥을 뿌려 손으로 누른 다음 톱밥을 털어 그림을 완성시키는 시범을 보인다.
- 유아에게 교사를 모방하여 그림에 풀을 칠한 후 톱밥을 뿌려 손으로 누른 다음 톱밥을 털어 그림을 완성시켜 보라고 한다.
- 수행되면 유아 스스로 그림에 풀을 칠한 후 톱밥을 뿌려 손으로 누른 다음 톱밥을 털어 그림을 완성시켜 보라고 한다.
- 수행되면 유아의 특성에 맞는 적절한 강화제를 제공한다.

방법 ❷

- 교사가 예를 들어 집 그림의 마당에 풀을 칠하는 시범을 보인다.
- 유아에게 교사를 모방하여 집 그림의 마당에 풀을 칠해 보라고 한다.
- 모방하지 못하면 교사가 유아의 손을 잡고 집 그림의 마당에 풀을 칠해 준다.
- 교사가 풀을 집 그림의 마당에 대 준 후 유아에게 칠해 보라고 한다.
- 수행되면 유아 스스로 집 그림의 마당에 풀을 칠해 보라고 한다.
- 수행되면 교사가 집 그림의 마당에 풀을 칠한 후 노란색 톱밥을 뿌려 손으로 누르는 시범을 보인다.
- 유아에게 교사를 모방하여 집 그림의 마당에 풀을 칠한 후 노란색 톱밥을 뿌려 손으로 눌러 보라고 한다.
- 모방하지 못하면 교사가 유아에게 집 그림의 마당에 풀을 칠하라고 한 후 유아의

손을 잡고 풀을 칠한 곳에 노란색 톱밥을 뿌려 손으로 눌러 준다.

- 교사가 노란색 톱밥을 가리키며 유아에게 풀을 칠한 마당에 뿌려 손으로 눌러 보라고 한다.
- 톱밥을 뿌려 손으로 누르지 못하면 교사가 유아의 손을 잡고 노란색 톱밥을 뿌려 손으로 누르는 동작을 반복해 준다.
- 도움을 점차 줄여 간다.
- 수행되면 유아 스스로 집 그림의 마당에 풀을 칠하라고 한 후 노란색 톱밥을 뿌려 손으로 눌러 보라고 한다.
- 수행되면 교사가 도화지를 잡고 톱밥을 터는 시범을 보인다.
- 유아에게 교사를 모방하여 도화지를 잡고 톱밥을 털어 보라고 한다.
- 모방하지 못하면 교사가 유아의 손을 잡아 도화지를 쥐고 톱밥을 털어 준다.
- 도움을 점차 줄여 간다.
- 수행되면 유아 스스로 도화지를 잡고 톱밥을 털어 보라고 한다.
- 수행되면 교사가 예를 들어 지붕에 풀을 칠한 후 파란색 톱밥을 뿌려 손으로 누르는 시범을 보인다.
- 유아에게 교사를 모방하여 지붕에 풀을 칠한 후 파란색 톱밥을 뿌려 손으로 눌러 보라고 한다.
- 모방하지 못하면 마당을 지도한 것과 같은 방법으로 지도한다.
- 수행되면 나머지 그림들도 같은 방법으로 지도하여 그림을 완성시키도록 한다.
- 수행되면 유아의 특성에 맞는 적절한 강화제를 제공한다.

☞ 톱밥에 파스텔 가루를 섞거나 식용색소를 섞으면 다양한 색깔을 낼 수 있다.

☞ 마당에 풀칠해서 톱밥을 붙인 후 톱밥 위에 작은 동물 장난감이나 곤충 장난감을 올려놓는 활동을 지도해도 소근육에 효과적이다.

202 단순한 형태 오려 풀로 붙이기

5~6세

목표 | 단순한 형태를 오려 풀로 붙일 수 있다.

자료 | 가위, 잡지, 도화지, 강화제

방법 ❶

- 가위로 동그라미 및 곡선 오리기와 종이 찢어서 풀로 붙이기는 앞 단계에서 수행하였으므로 확인한 후 시행한다.
- 교사가 단순한 그림이 있는 잡지를 제시한다.
- 교사가 유아의 옆에 앉아 잡지에서 가위로 단순한 형태를 오려 풀로 붙이는 시범을 보인다.
- 유아에게 교사를 모방하여 잡지에서 가위로 단순한 형태를 오려 풀로 붙여 보라고 한다.
- 수행되면 유아 스스로 잡지에서 가위로 단순한 형태를 오려 풀로 붙여 보라고 한다.
- 수행되면 유아의 특성에 맞는 적절한 강화제를 제공한다.

방법 ❷

- 가위로 동그라미 및 곡선 오리기와 종이 찢어서 풀로 붙이기는 앞 단계에서 수행하였으므로 확인한 후 시행한다.
- 교사가 단순한 그림이 있는 잡지를 제시한다.
- 교사가 유아의 옆에 앉아, 예를 들어 잡지에서 가위로 풍선을 오려 풀로 붙이는 시범을 보인다.
- 유아에게 교사를 모방하여 가위로 풍선을 오려 풀로 붙여 보라고 한다.
- 모방하지 못하면 교사가 유아의 손을 잡고 가위로 풍선을 따라 오려 준 후 풀로 붙여 보라고 한다.

- 수행되면 교사가 손으로 풍선의 선을 따라 그어 주며 유아에게 가위로 오려 풀로 붙여 보라고 한다.
- 오리지 못하면 교사가 유아의 손을 잡고 가위로 풍선을 오리는 동작을 반복해 준다.
- 교사가 가위로 풍선의 1/4을 오려 준 후 유아에게 나머지 부분을 오려 풀로 붙여 보라고 한다.
- 수행되면 교사가 가위로 풍선의 2/4를 오려 준 후 유아에게 나머지 부분을 오려 풀로 붙여 보라고 한다.
- 수행되면 교사가 가위로 풍선의 1/4을 오려 준 후 유아에게 나머지 부분을 오려 풀로 붙여 보라고 한다.
- 수행되면 유아가 풍선을 오릴 때 교사가 "선을 따라 오려요." "종이를 돌려요."라고 말하며 유아에게 풍선을 오려 풀로 붙여 보라고 한다.
- 도움을 점차 줄여 간다.
- 수행되면 유아 스스로 가위로 풍선을 오려 풀로 붙여 보라고 한다.
- 수행되면 다른 단순한 형태(예: 얼굴)를 오려 풀로 붙이는 것도 풍선과 같은 방법으로 지도한다.
- 수행되면 유아의 특성에 맞는 적절한 강화제를 제공한다.

☞ 유아와 마주 보고 지도할 경우 유아가 바라보는 방향(교사가 왼손을 사용해야 유아가 볼 때 오른손이 됨)에서 손의 사용에 유의하도록 하고, 왼손잡이의 경우 반대로 지도하면 된다.

203 장난감 용구 사용하여 나사 풀기

5~6세

목표 | 장난감 용구를 사용하여 나사를 풀 수 있다.

자료 | 나사가 있는 장난감, 장난감 드라이버, 강화제

방법 ❶

- 교사가 장난감 드라이버로 나사를 돌려서 푸는 시범을 보인다.
- 유아에게 교사를 모방하여 장난감 드라이버로 나사를 돌려서 풀어 보라고 한다.
- 수행되면 유아 스스로 장난감 드라이버로 나사를 돌려서 풀어 보라고 한다.
- 수행되면 유아의 특성에 맞는 적절한 강화제를 제공한다.

방법 ❷

- 교사가 장난감 드라이버로 나사를 돌려서 푸는 시범을 보인다.
- 유아에게 교사를 모방하여 장난감 드라이버로 나사를 돌려서 풀어 보라고 한다.
- 모방하지 못하면 교사가 유아의 손을 잡고 장난감 드라이버로 나사를 돌려서 풀어 준다.
- 교사가 유아의 손에 장난감 드라이버를 쥐어 준 후 유아의 손을 잡아 나사를 3/4 돌려 준 다음 유아에게 나머지 부분을 돌려서 풀어 보라고 한다.
- 돌리지 못하면 교사가 유아의 손을 잡고 나사를 돌리는 동작을 반복해 준다.
- 수행되면 교사가 유아의 손에 장난감 드라이버를 쥐어 준 후 유아의 손을 잡아 나사를 2/4 돌려 준 다음 유아에게 나머지 부분을 돌려서 풀어 보라고 한다.
- 수행되면 교사가 유아의 손에 장난감 드라이버를 쥐어 준 후 유아의 손을 잡아 나사를 1/4 돌려 준 다음 유아에게 나머지 부분을 돌려서 풀어 보라고 한다.
- 도움을 점차 줄여 간다.
- 수행되면 유아 스스로 장난감 드라이버로 나사를 돌려서 풀어 보라고 한다.

• 수행되면 유아의 특성에 맞는 적절한 강화제를 제공한다.

204 글자나 숫자 덧쓰기 5~6세

목표 | 글자나 숫자에 덧쓰기를 할 수 있다.

자료 | 글자나 숫자자료, 연필, 강화제

방법 ❶

• 교사가 유아 옆에 앉아 쉬운 글자나 숫자에 덧쓰기를 하는 시범을 보인다.
• 유아에게 교사를 모방하여 쉬운 글자나 숫자에 덧쓰기를 해 보라고 한다.
• 수행되면 유아 스스로 쉬운 글자나 숫자에 덧쓰기를 해 보라고 한다.
• 수행되면 유아의 특성에 맞는 적절한 강화제를 제공한다.

방법 ❷

• 교사가 유아 옆에 앉아, 예를 들어 '아기'라는 글자에 덧쓰기를 하는 시범을 보인다.
• 유아에게 교사를 모방하여 '아기'라는 글자에 덧쓰기를 해 보라고 한다.
• 모방하지 못하면 교사가 '아'라는 글자에 덧쓰기를 하는 시범을 보인다.
• 유아에게 교사를 모방하여 '아'라는 글자에 덧쓰기를 해 보라고 한다.
• 모방하지 못하면 교사가 유아의 손을 잡고 '아'라는 글자에 덧쓰기를 해 준다.
• 덧쓰기를 하지 못하면 교사가 유아의 손을 잡고 '아'라는 글자를 덧쓰는 동작을 반복해 준다.
• 교사가 'ㅇ'에 덧쓰기를 해 준 후 유아에게 'ㅏ'에 덧쓰기를 해 보라고 한다.
• 도움을 점차 줄여 간다.
• 수행되면 유아 스스로 '아'라는 글자에 덧쓰기를 해 보라고 한다.
• 수행되면 교사가 '기'라는 글자에 덧쓰기를 하는 시범을 보인다.

- 유아에게 교사를 모방하여 '기'라는 글자에 덧쓰기를 해 보라고 한다.
- 모방하지 못하면 교사가 유아의 손을 잡고 '기'라는 글자 덧쓰기를 해 준다.
- 덧쓰기를 하지 못하면 교사가 유아의 손을 잡고 덧쓰는 동작을 반복해 준다.
- 교사가 'ㄱ'에 덧쓰기를 해 준 후 유아에게 'ㅣ'에 덧쓰기를 해 보라고 한다.
- 도움을 점차 줄여 간다.
- 수행되면 유아 스스로 '기'라는 글자에 덧쓰기를 해 보라고 한다.
- 수행되면 유아 스스로 '아기'라는 글자에 덧쓰기를 해 보라고 한다.
- 수행되면 다른 쉬운 글자나 숫자에 덧쓰기를 하는 것도 '아기'를 지도한 것과 같은 방법으로 지도한다.
- 수행되면 유아의 특성에 맞는 적절한 강화제를 제공한다.

205 입체 도형 색칠하기 5~6세

목표 | 입체 도형에 색칠을 할 수 있다.

자료 | 도화지, 입체 도형 그림자료, 크레파스(색연필), 강화제

방법 ❶

- 도형 색칠하기는 앞 단계에서 수행하였으므로 확인한 후 시행한다.
- 교사가 "우~리 모두 ♬ 다 같이 색칠을 ♬ 빨강은 어디에 ♬ 파랑은 어디에 ♬ 색칠할까?"라고 노래를 부르며 각 입체 도형에 색칠을 하는 시범을 보인다.
- 유아에게 교사를 모방하여 각 입체 도형에 색칠을 해 보라고 한다.
- 수행되면 유아 스스로 각 입체 도형에 색칠을 해 보라고 한다.
- 수행되면 유아의 특성에 맞는 적절한 강화제를 제공한다.

방법 ❷

- 도형 색칠하기는 앞 단계에서 수행하였으므로 확인한 후 시행한다.
- 교사가 "우~리 모두 ♬ 다 같이 색칠을 ♬ 빨강은 어디에 ♬ 파랑은 어디에 ♬ 색칠할까?"라고 노래를 부르며, 예를 들어 사각 입체 기둥에 색칠하는 시범을 보인다.
- 유아에게 교사를 모방하여 사각 입체 기둥에 색칠을 해 보라고 한다.
- 모방하지 못하면 교사가 유아의 손을 잡고 사각 입체 기둥에 색칠을 해 준다.
- 교사가 유아의 손을 잡고 사각 입체 기둥의 두 면을 색칠해 준 후 유아에게 나머지 한 면을 색칠해 보라고 한다.
- 수행되면 교사가 유아의 손을 잡고 사각 입체 기둥의 한 면을 색칠해 준 후 유아에게 나머지 두면을 색칠해 보라고 한다.
- 도움을 점차 줄여 간다.
- 수행되면 유아 스스로 사각 입체 기둥에 색칠을 해 보라고 한다.
- 수행되면 다른 도형들을 색칠하는 것도 사각 입체 기둥을 지도한 것과 같은 방법으로 지도한다.
- 수행되면 유아의 특성에 맞는 적절한 강화제를 제공한다.

☞ 교사가 사각 입체 기둥의 두 면을 색칠해 준 후 유아에게 나머지 한 면을 색칠해 보라고 하고 수행되면 교사가 사각 입체 기둥의 한 면을 색칠해 준 후 유아에게 나머지 두 면을 색칠하게 지도해도 된다.

※ □에는 빨강, ○에는 노랑, △에는 파란색을 칠하세요.

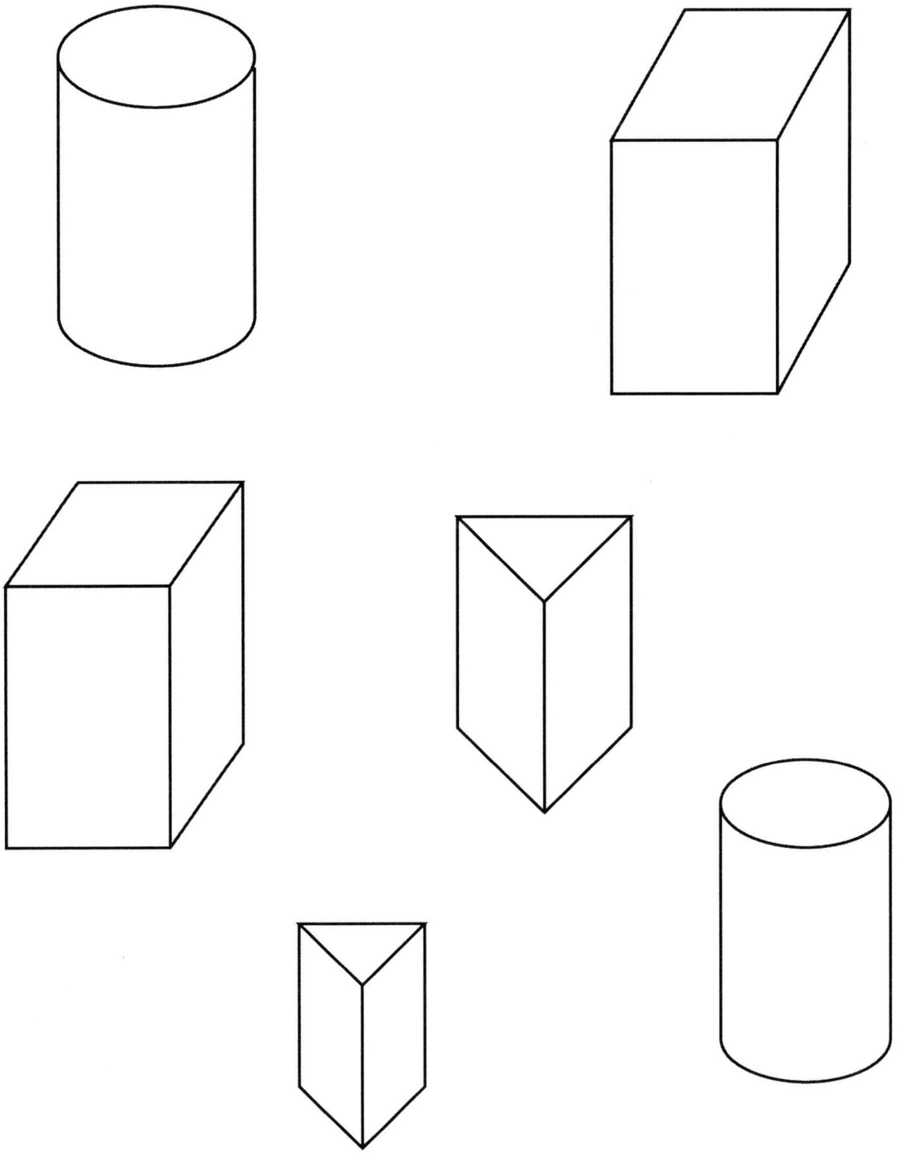

206 집게나 클립을 종이 윗면에 꽂기

5~6세

목표 | 집게나 클립을 종이 윗면에 꽂을 수 있다.

자료 | 집게, 클립, 마분지, 강화제

방법 ❶

- 교사가 집게나 클립을 종이 윗면에 꽂는 시범을 보인다.
- 유아에게 교사를 모방하여 집게나 클립을 종이 윗면에 꽂아 보라고 한다.
- 수행되면 유아 스스로 집게나 클립을 종이 윗면에 꽂아 보라고 한다.
- 수행되면 유아의 특성에 맞는 적절한 강화제를 제공한다.

방법 ❷

- 교사가 예를 들어 집게를 오른손에 잡고 집게를 벌리는 시범을 보인다.
- 유아에게 교사를 모방하여 집게를 오른손에 잡고 집게를 벌려 보라고 한다.
- 모방하지 못하면 교사가 유아의 오른손을 잡고 집게를 벌려 준다.
- 교사가 유아의 오른손을 집게의 손잡이에 대 준 후 유아에게 집게를 벌려 보라고 한다.
- 벌리지 못하면 교사가 유아의 오른손을 잡고 집게를 벌려 주는 동작을 반복해 준다.
- 도움을 점차 줄여 간다.
- 수행되면 유아 스스로 집게를 오른손에 잡고 집게를 벌려 보라고 한다.
- 수행되면 교사가 왼손에 종이를 쥐고 오른손에 집게를 잡은 후 종이 윗면에 집게를 꽂는 시범을 보인다.
- 유아에게 교사를 모방하여 왼손에 종이를 쥐고 오른손에 집게를 잡은 후 종이 윗면에 집게를 꽂아 보라고 한다.

- 꽂지 못하면 교사가 유아의 오른손을 잡고 집게를 종이 윗면에 꽂아 준다.
- 교사가 유아에게 집게를 벌려 보라고 한 후 유아의 왼손을 잡고 종이를 집게에 대준 다음 종이 윗면에 꽂아 보라고 한다.
- 꽂지 못하면 교사가 유아의 손을 잡고 집게를 종이 윗면에 꽂는 동작을 반복해 준다.
- 도움을 점차 줄여 간다.
- 수행되면 유아 스스로 종이 윗면에 집게를 꽂아 보라고 한다.
- 수행되면 클립을 꽂는 것도 집게를 꽂는 것과 같은 방법으로 지도한다.
- 수행되면 유아의 특성에 맞는 적절한 강화제를 제공한다.

☞ 유아와 마주 보고 지도할 경우 유아가 바라보는 방향(교사가 왼손을 사용해야 유아가 볼 때 오른손이 됨)에서 손의 사용에 유의하도록 하고, 왼손잡이의 경우 반대로 지도하면 된다.

5~6세

207 주스나 우유를 흘리지 않고 따르기 5~6세

목표 | 주스나 우유를 흘리지 않고 따를 수 있다.

자료 | 주스, 우유, 컵, 강화제

방법 ❶

- 교사가 주스나 우유를 흘리지 않고 컵에 따르는 시범을 보인다.
- 유아에게 교사를 모방하여 주스나 우유를 흘리지 않고 컵에 따라 보라고 한다.
- 수행되면 유아 스스로 주스나 우유를 흘리지 않고 컵에 따라 보라고 한다.
- 수행되면 유아의 특성에 맞는 적절한 강화제를 제공한다.

방법 ❷

- 교사가 예를 들어 우유를 흘리지 않고 컵에 따르는 시범을 보인다.
- 유아에게 교사를 모방하여 우유를 흘리지 않고 컵에 따라 보라고 한다.
- 모방하지 못하면 교사가 유아에게 우유를 흘리지 않고 컵에 따라 보라고 한다.
- 교사가 유아의 손을 우유에 대 준 후 유아의 손을 잡고 우유를 흘리지 않게 컵에 따라 준다.
- 도움을 점차 줄여 간다.
- 수행되면 유아 스스로 우유를 흘리지 않고 컵에 따라 보라고 한다.
- 수행되면 주스를 흘리지 않고 따르는 것도 우유를 지도한 것과 같은 방법으로 지도한다.
- 수행되면 유아의 특성에 맞는 적절한 강화제를 제공한다.

208 자기 이름의 첫 글자 쓰기 5~6세

목표 | 자기 이름의 첫 글자(성)를 쓸 수 있다.

자료 | 종이, 연필, 강화제

방법 ❶

- 글자나 숫자에 덧쓰기를 하는 것은 앞 단계에서 수행하였으므로 확인한 후 시행한다.
- 교사가 유아 옆에 앉아 유아 이름의 첫 글자(성)를 쓰는 시범을 보인다.
- 유아에게 교사를 모방하여 유아 이름의 첫 글자(성)를 써 보라고 한다.
- 수행되면 유아 스스로 유아 이름의 첫 글자를 써 보라고 한다.
- 수행되면 유아의 특성에 맞는 적절한 강화제를 제공한다.

방법 ❷

- 글자나 숫자에 덧쓰기를 하는 것은 앞 단계에서 수행하였으므로 확인한 후 시행한다.
- 교사가 유아 옆에 앉아, 예를 들어 유아 이름의 첫 글자 '김'을 쓰는 시범을 보인다.
- 유아에게 교사를 모방하여 '김'을 써 보라고 한다.
- 모방하지 못하면 교사가 유아의 손을 잡고 '김'이라는 글자를 써 준다.
- 교사가 '김'이라는 글자를 써 준 후 유아에게 덧쓰기를 해 보라고 한다.
- 수행되면 교사가 '기'라는 글자를 써 준 후 유아에게 '기' 밑에 'ㅁ'을 써 보라고 한다.
- 쓰지 못하면 교사가 '기'라는 글자를 쓰고 '기' 밑에 점을 네 개 찍어 준 후 유아에게 'ㅁ'을 써 보라고 한다.
- 도움을 점차 줄여 간다.
- 수행되면 유아 스스로 '기' 밑에 'ㅁ'을 써 보라고 한다.
- 수행되면 교사가 'ㄱ'을 써 준 후 'ㄱ' 옆에 'ㅣ'와 아래에 'ㅁ'을 쓰는 시범을 보인다.
- 교사가 'ㄱ'을 써 준 후 유아에게 교사를 모방하여 'ㄱ' 옆에 'ㅣ'와 아래에 'ㅁ'을 써 보라고 한다.
- 모방하지 못하면 교사가 유아의 손을 잡고 'ㄱ' 옆에 'ㅣ'를 써 준 후 유아 스스로 아래에 'ㅁ'을 써 보라고 한다.
- 수행되면 교사가 'ㄱ'을 써 준 후 유아 스스로 'ㄱ' 옆에 'ㅣ'와 아래에 'ㅁ'을 써 보라고 한다.
- 수행되면 교사가 'ㄱ'을 점선으로 써 준 후 유아에게 'ㄱ'을 점선을 따라 쓰고 스스로 'ㄱ' 옆에 'ㅣ'와 아래에 'ㅁ'을 써 보라고 한다.
- 도움을 점차 줄여 간다.
- 수행되면 유아 스스로 유아 이름의 첫 글자(성)를 써 보라고 한다.
- 수행되면 유아의 특성에 맞는 적절한 강화제를 제공한다.

방법 ❸

- 글자나 숫자에 덧쓰기를 하는 것은 앞 단계에서 수행하였으므로 확인한 후 시행한다.
- 교사가 유아 옆에 앉아, 예를 들어 유아 이름의 첫 글자 '김'을 쓰는 시범을 보인다.
- 유아에게 교사를 모방하여 '김'을 써 보라고 한다.
- 모방하지 못하면 교사가 유아의 손을 잡고 '김'이라는 글자를 써 준다.
- 교사가 '김'이라는 글자를 써 준 후 유아에게 덧쓰기를 해 보라고 한다.
- 교사가 'ㄱ'이라는 글자를 써 준 후 유아에게 'ㄱ'을 써 보라고 한다.
- 쓰지 못하면 교사가 'ㄱ'에 점선을 찍어 준 다음 유아에게 'ㄱ'을 써 보라고 한다.
- 도움을 점차 줄여 간다.
- 수행되면 유아 스스로 'ㄱ'을 써 보라고 한다.
- 수행되면 교사가 '기'를 쓰는 시범을 보인다.
- 유아에게 교사를 모방하여 '기'를 써 보라고 한다.
- 모방하지 못하면 교사가 유아의 손을 잡고 '기'를 써 준다.
- 교사가 '기'를 점선으로 찍어 준 후 유아에게 '기'를 써 보라고 한다.
- 수행되면 유아 스스로 '기'를 써 보라고 한다.
- 수행되면 교사가 '김'을 쓰는 시범을 보인다.
- 유아에게 교사를 모방하여 '김'을 써 보라고 한다.
- 쓰지 못하면 'ㅁ'에 점을 네 개 찍어 준 후 유아에게 'ㅁ'을 써 보라고 한다.
- 도움을 점차 줄여 간다.
- 수행되면 유아 스스로 유아 이름의 첫 글자(성)를 써 보라고 한다.
- 수행되면 유아의 특성에 맞는 적절한 강화제를 제공한다.

☞ 방법 ❷는 후진법(뒤에서 순서대로 진행하는 방법, 즉 거꾸로 진행하는 방법), 방법 ❸은 점진법(앞에서 순서대로 진행하는 방법)이므로 유아의 특성에 맞게 지도하면 된다. 일반적으로 후진법이 성취감을 쉽게 느낄 수 있어 교육현장에서 많이 활용되고 있는 방법이다.

김 ○○

기, ∷, ㅁ

ㅣ, ㄱ, 김

ㄱ, ㅣ

∷, ㅁ, 김

209 비닐우산 그림 그리기

5~6세

목표 | 비닐우산에 간단한 그림을 그릴 수 있다.

자료 | 비닐우산, 12색 유성 매직, 강화제

방법 ❶

- 교사가 비닐우산에 유성 매직으로 간단한 그림을 그리는 시범을 보인다.
- 유아에게 교사를 모방하여 유성 매직으로 비닐우산에 간단한 그림을 그려 보라고 한다.
- 수행되면 유아 스스로 유성 매직으로 비닐우산에 간단한 그림을 그려 보라고 한다.
- 수행되면 유아의 특성에 맞는 적절한 강화제를 제공한다.

방법 ❷

- 교사가 비닐우산에 유성 매직으로, 예를 들어 눈사람을 그리는 시범을 보인다.
- 유아에게 교사를 모방하여 비닐우산에 유성 매직으로 눈사람을 그려 보라고 한다.
- 모방하지 못하면 교사가 유아의 손을 잡고 유성 매직으로 눈사람을 그려 준다.
- 교사가 유아에게 유성 매직으로 눈사람의 위와 아래 동그라미를 그려 보라고 한다.
- 수행되면 교사가 유아에게 유성 매직으로 눈사람의 얼굴에 눈과 코, 입을 그려 보라고 한다.
- 그리지 못하면 교사가 유아의 손을 잡고 유성 매직으로 눈사람의 얼굴에 눈과 코, 입을 그려 준다.
- 교사가 유성 매직으로 눈사람의 얼굴에 눈과 코를 그려 준 후 유아에게 입을 그려 보라고 한다.

- 수행되면 교사가 유성 매직으로 눈사람의 얼굴에 눈을 그려 준 후 유아에게 코와 입을 그려 보라고 한다.
- 도움을 점차 줄여 간다.
- 수행되면 유아 스스로 유성 매직으로 눈사람의 얼굴에 눈과 코, 입을 그려 보라고 한다.
- 수행되면 교사가 유성 매직으로 눈사람의 팔을 그리는 시범을 보인다.
- 유아에게 교사를 모방하여 유성 매직으로 눈사람의 팔을 그려 보라고 한다.
- 그리지 못하면 교사가 유아의 손을 잡고 유성 매직으로 눈사람의 팔을 그려 준다.
- 교사가 유성 매직으로 눈사람의 한쪽 팔을 그려 준 후 유아에게 한쪽 팔을 그려 보라고 한다.
- 수행되면 유아 스스로 유성 매직으로 눈사람의 팔을 그려 보라고 한다.
- 수행되면 교사가 유성 매직으로 눈사람 주변에 눈을 그리는 시범을 보인다.
- 유아에게 교사를 모방하여 유성 매직으로 눈사람 주변에 눈을 그려 보라고 한다.
- 수행되면 유아 스스로 유성 매직으로 눈사람 주변에 눈을 그려 보라고 한다.
- 수행되면 유성 매직으로 비닐우산에 다른 간단한 그림을 그리는 것도 눈사람과 같은 방법으로 지도한다.
- 수행되면 유아의 특성에 맞는 적절한 강화제를 제공한다.

210 데칼코마니 II

5~6세

목표 | 두 번 접어 데칼코마니를 할 수 있다.

자료 | 도화지, 다양한 물감, 강화제

방법 ❶

- 도화지의 반을 접어 펼쳐 데칼코마니를 하는 것은 앞 단계에서 수행하였으므로

확인한 후 시행한다.

- 교사가 도화지의 반을 접어 펼친 후 중심선에 맞추어 다시 각각 반을 접어 펼치는(사진 2~6번 참조) 시범을 보인다.
- 유아에게 교사를 모방하여 도화지의 반을 접어 펼친 후 중심선에 맞추어 다시 각각 반을 접어 펼쳐 보라고 한다.
- 수행되면 유아 스스로 도화지의 반을 접어 펼친 후 중심선에 맞추어 다시 각각 반을 접어 펼쳐 보라고 한다.
- 수행되면 교사가 펼쳐진 도화지의 바깥쪽 두 면에 물감을 짜서 두 면을 접어 문지른 후 도화지를 펼치는(사진 7~10번 참조) 시범을 보인다.
- 유아에게 교사를 모방하여 펼쳐진 도화지의 바깥쪽 두 면에 물감을 짜서 두 면을 접어 문지른 후 도화지를 펼쳐 보라고 한다.
- 수행되면 유아 스스로 펼쳐진 도화지의 바깥쪽 두 면에 물감을 짜서 두 면을 접어 문지른 후 도화지를 펼쳐 보라고 한다.
- 수행되면 유아의 특성에 맞는 적절한 강화제를 제공한다.

방법 ❷

- 도화지의 반을 접어 펼쳐 데칼코마니를 하는 것은 앞 단계에서 수행하였으므로 확인한 후 시행한다.
- 교사가 도화지의 반을 접어 펼친 후 중심선에 맞추어 왼쪽(사진 4번)을 접는 시범을 보인다.
- 유아에게 교사를 모방하여 도화지의 반을 접어 펼친 후 중심선에 맞추어 왼쪽을 접어 보라고 한다.
- 모방하지 못하면 교사가 유아에게 도화지의 반을 접어 펼치라고 한 후 유아의 손을 잡고 중심선에 맞추어 왼쪽을 접어 준다.
- 교사가 중심선을 그어 준 후 유아에게 중심선에 맞추어 왼쪽을 접어 보라고 한다.
- 수행되면 교사가 중심선을 가리키며 유아에게 중심선에 맞추어 왼쪽을 접어 보라

고 한다.

- 도움을 점차 줄여 간다.
- 수행되면 유아 스스로 도화지의 반을 접어 펼친 후 중심선에 맞추어 왼쪽을 접어 보라고 한다.
- 수행되면 교사가 도화지의 반을 접어 펼친 후 중심선에 맞추어 오른쪽(사진 5번 참조)을 접는 시범을 보인다.
- 유아에게 교사를 모방하여 도화지의 반을 접어 펼친 후 중심선에 맞추어 오른쪽을 접어 보라고 한다.
- 모방하지 못하면 중심선에 맞추어 왼쪽을 접은 것과 같은 방법으로 지도한다.
- 수행되면 교사가 도화지의 접힌 오른쪽과 왼쪽을 펴는(사진 6번 참조) 시범을 보인다.
- 유아에게 교사를 모방하여 도화지의 접힌 오른쪽과 왼쪽을 펴 보라고 한다.
- 수행되면 교사가 도화지의 펼쳐진 바깥쪽 두 면에 물감을 짠 후(사진 7번 참조) 다시 접어 문지르는(사진 8번 참조) 시범을 보인다.
- 유아에게 교사를 모방하여 도화지의 펼쳐진 바깥쪽 두 면에 물감을 짠 후 다시 접어 문질러 보라고 한다.
- 모방하지 못하면 교사가 유아의 손을 잡고 도화지의 펼쳐진 바깥쪽 두 면에 물감을 짠 후 다시 접어 문질러 준다.
- 교사가 도화지의 펼쳐진 바깥쪽 두 면을 가리키며 유아에게 두 면에 물감을 짠 후 다시 접어 문질러 보라고 한다.
- 도움을 점차 줄여 간다.
- 수행되면 유아 스스로 도화지의 펼쳐진 바깥쪽 두 면에 물감을 짠 후 다시 접어 문질러 보라고 한다.
- 수행되면 교사가 도화지의 양쪽 면을 펼치는(사진 9~10번 참조) 시범을 보인다.
- 유아에게 교사를 모방하여 도화지의 양쪽 면을 펼쳐 보라고 한다.
- 수행되면 유아의 특성에 맞는 적절한 강화제를 제공한다.

☞ 유아의 상태에 따라 데칼코마니를 지도하는 과정을 융통성 있게 조절(예: 사진 7~10을 한꺼번에 지도하기)해 주면 된다.

☞ 도화지 전체에 크레파스로 끼적이기를 한 후 바깥쪽 두 면에 물감을 짜서 데칼코마니를 하는 방법도 있다.

☞ 유아가 물감을 짜는 것을 어려워하면 교사가 물약 병이나 스포이트에 물감을 넣어 준 후 짜도록 하면 된다.

1. 종이 준비

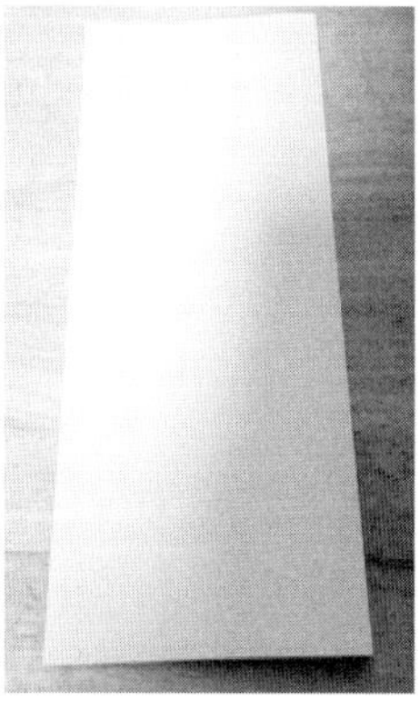

2. 반으로 접기

3. 펴기

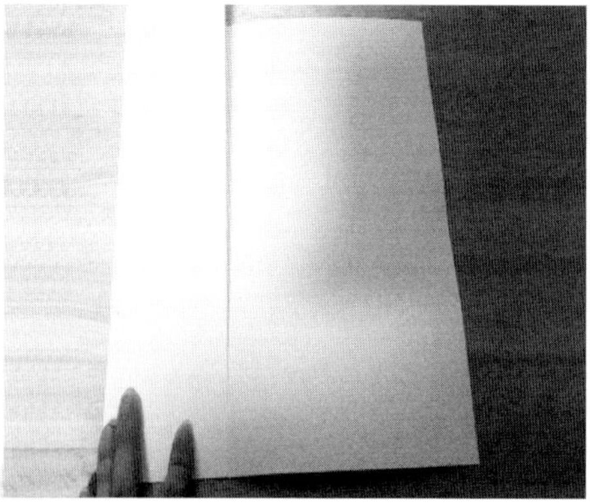

4. 중심선에 맞추어 왼쪽 접기

5. 중심선에 맞추어 오른쪽 접기

6. 오른쪽과 왼쪽 펴기

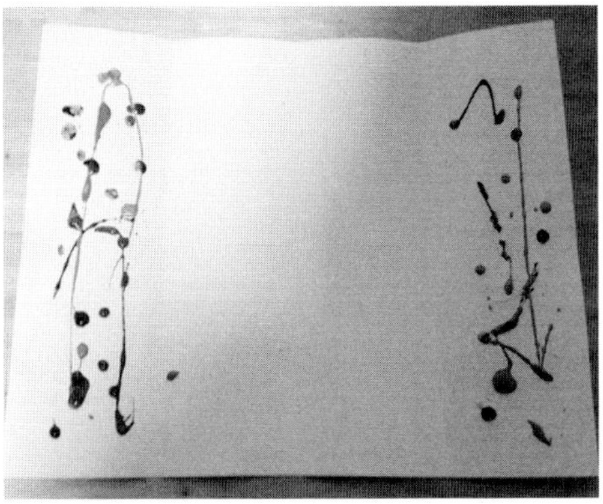

7. 펼쳐진 바깥쪽 두 면에 물감 짜기

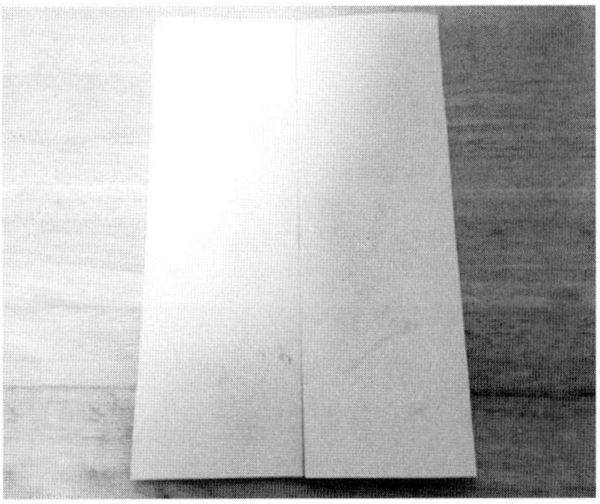

8. 양쪽을 접어 문지르기

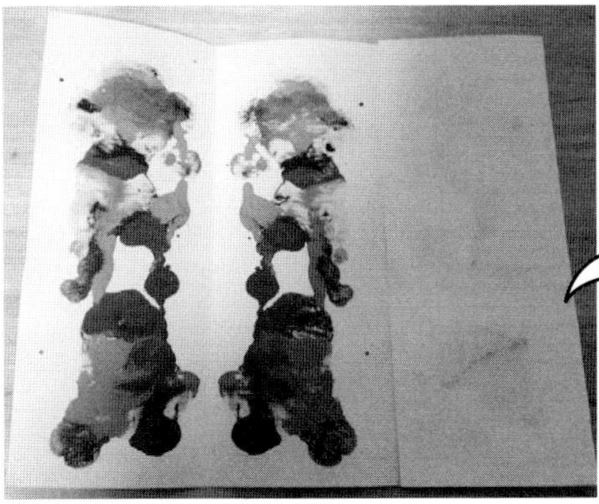

9. 왼쪽 면 펴기

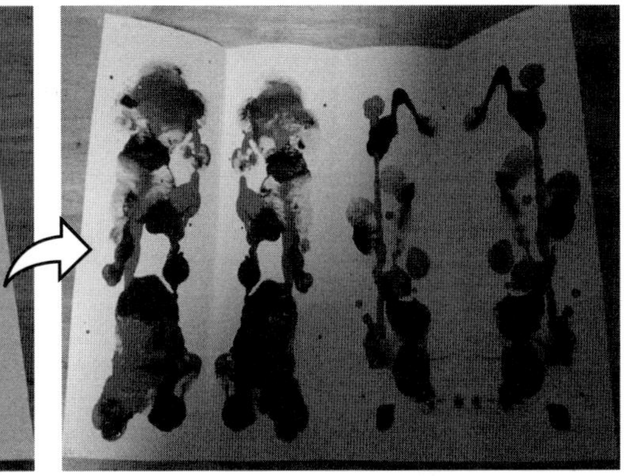

10. 오른쪽 면 펴기

211 플레이 콘으로 세모 만들기

5~6세

목표 | 플레이 콘으로 세모를 만들 수 있다.

자료 | 플레이 콘, 물, 강화제

방법 ❶

- 교사가 플레이 콘의 끝 부분에 물을 칠한 후 플레이 콘을 계속 연결하여 세모를 만드는 시범을 보인다.
- 유아에게 교사를 모방하여 플레이 콘의 끝 부분에 물을 칠한 후 플레이 콘을 계속 연결하여 세모를 만들어 보라고 한다.
- 수행되면 유아 스스로 플레이 콘의 끝 부분에 물을 칠한 후 플레이 콘을 계속 연결하여 세모를 만들어 보라고 한다.
- 수행되면 유아의 특성에 맞는 적절한 강화제를 제공한다.

방법 ❷

- 교사가 플레이 콘 한 개에 물을 칠한 후 플레이 콘 한 개를 붙이는 시범을 보인다.
- 유아에게 교사를 모방하여 플레이 콘 한 개에 물을 칠한 후 플레이 콘 한 개를 붙여 보라고 한다.
- 모방하지 못하면 교사가 유아의 손을 잡고 플레이 콘 한 개에 물을 칠한 후 플레이 콘 한 개를 붙여 준다.
- 교사가 플레이 콘 한 개에 물을 칠해 준 후 유아에게 플레이 콘 한 개를 붙여 보라고 한다.
- 수행되면 교사가 유아에게 플레이 콘 한 개에 물을 칠한 후 플레이 콘 한 개를 붙여 보라고 한다.
- 도움을 점차 줄여 간다.

- 수행되면 유아 스스로 플레이 콘 한 개에 물을 칠한 후 플레이 콘 한 개를 붙여 보라고 한다.
- 수행되면 교사가 붙여진 두 개의 플레이 콘 끝에 물을 칠한 후 플레이 콘 한 개를 붙이는 시범을 보인다.
- 유아에게 교사를 모방하여 붙여진 두 개의 플레이 콘 끝에 물을 칠한 후 플레이 콘 한 개를 붙여 보라고 한다.
- 모방하지 못하면 플레이 콘 한 개에 물을 칠한 후 플레이 콘 한 개를 붙인 것과 같은 방법으로 지도한다.
- 수행되면 이와 같은 방법으로 플레이 콘을 계속 연결하여 세모를 만들어 보라고 한다.
- 수행되면 유아의 특성에 맞는 적절한 강화제를 제공한다.

☞ 플레이 콘은 물을 사용하여 붙일 수 있는 재료로서 다양한 모양을 만들 수 있으며 시중(예: 다이소 등)에서 쉽게 구입이 가능하다.

212 라면으로 머리카락 꾸미기 5~6세

목표 | 라면으로 머리카락을 꾸밀 수 있다.

자료 | 라면, 다양한 물감, 통, 붓, 풀, 쟁반, 그림자료, 강화제

방법 ❶

- 교사가 붓으로 라면에 색칠을 한 후 사람의 머리에 색칠한 라면을 놓아 머리카락을 꾸미는 시범을 보인다.
- 유아에게 교사를 모방하여 붓으로 라면에 색칠을 한 후 사람의 머리에 색칠한 라면을 놓아 머리카락을 꾸며 보라고 한다.

- 수행되면 유아 스스로 붓으로 라면에 색칠을 한 후 사람의 머리에 색칠한 라면을 놓아 머리카락을 꾸며 보라고 한다.
- 수행되면 유아의 특성에 맞는 적절한 강화제를 제공한다.

방법 ❷

- 교사가 라면을 삶은 후 찬물에 식혀 쟁반에 담아 제공한다.
- 교사가 붓으로 라면에 색칠하는 시범을 보인다.
- 유아에게 교사를 모방하여 붓으로 라면에 색칠을 해 보라고 한다.
- 모방하지 못하면 교사가 유아의 손을 잡고 붓으로 라면에 색칠을 해 준다.
- 교사가 유아의 손을 붓에 대 준 후 유아에게 붓으로 라면에 색칠을 해 보라고 한다.
- 색칠을 하지 못하면 교사가 유아의 손을 잡고 붓으로 라면에 색칠하는 동작을 반복해 준다.
- 도움을 점차 줄여 간다.
- 수행되면 유아 스스로 붓으로 라면에 색칠을 해 보라고 한다.
- 수행되면 교사가 사람의 머리에 색칠한 라면을 놓아 머리카락을 꾸미는 시범을 보인다.
- 유아에게 교사를 모방하여 사람의 머리에 색칠한 라면을 놓아 머리카락을 꾸며 보라고 한다.
- 모방하지 못하면 교사가 유아의 손을 잡고 사람의 머리에 색칠한 라면을 놓아 머리카락을 꾸며 준다.
- 교사가 라면을 잡은 유아의 손을 머리에 대 준 후 색칠한 라면을 놓아 머리카락을 꾸며 보라고 한다.
- 도움을 점차 줄여 간다.
- 수행되면 유아 스스로 사람의 머리에 색칠한 라면을 놓아 머리카락을 꾸며 보라고 한다.

• 수행되면 유아의 특성에 맞는 적절한 강화제를 제공한다.

☞ 붓으로 라면에 색칠을 하기 어려워하는 경우에는 그릇이나 접시에 라면을 담아 놓은 후 물감을 떨어뜨려 손으로 라면에 물감 물을 들이도록 해도 무방하다.

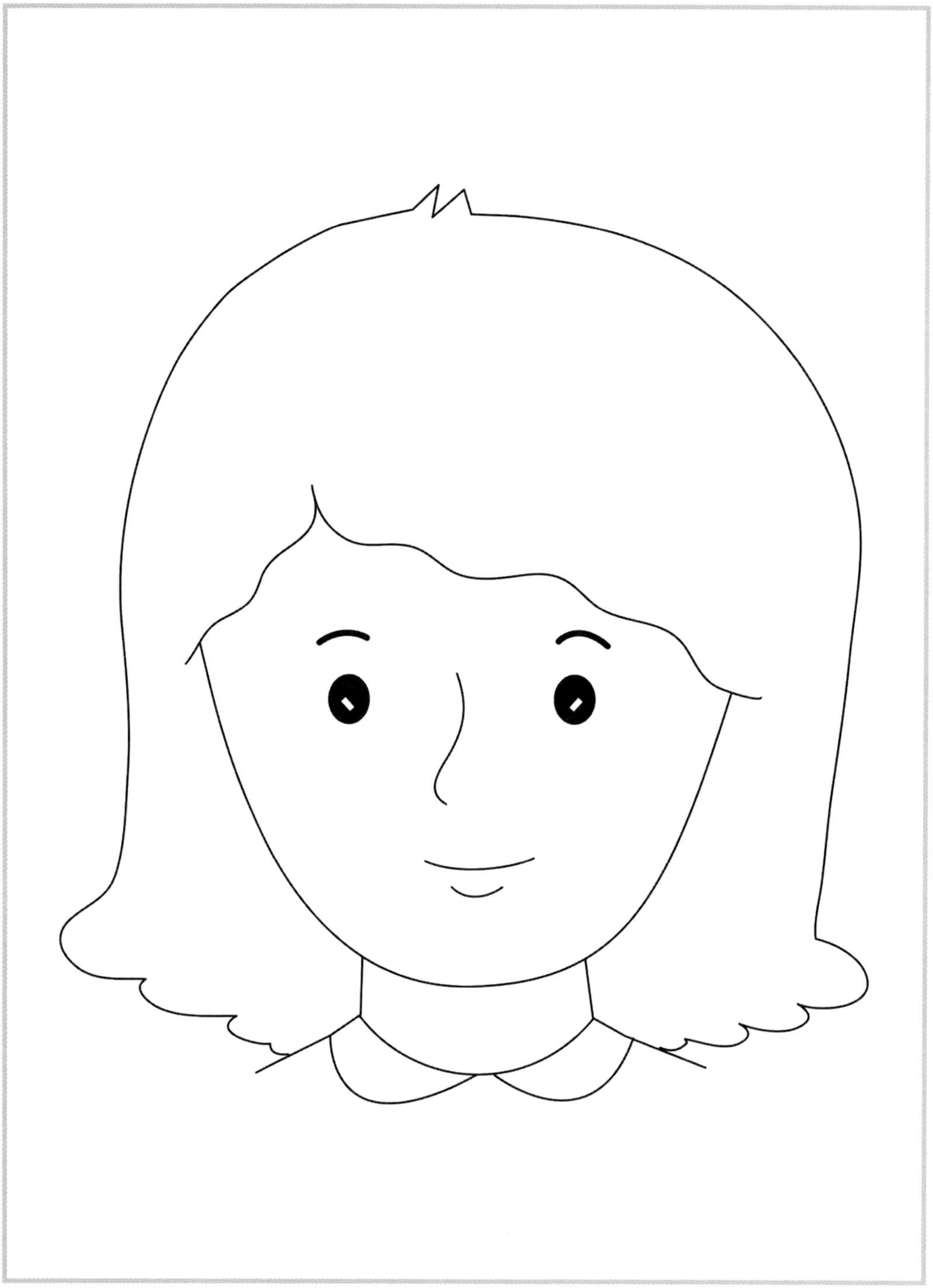

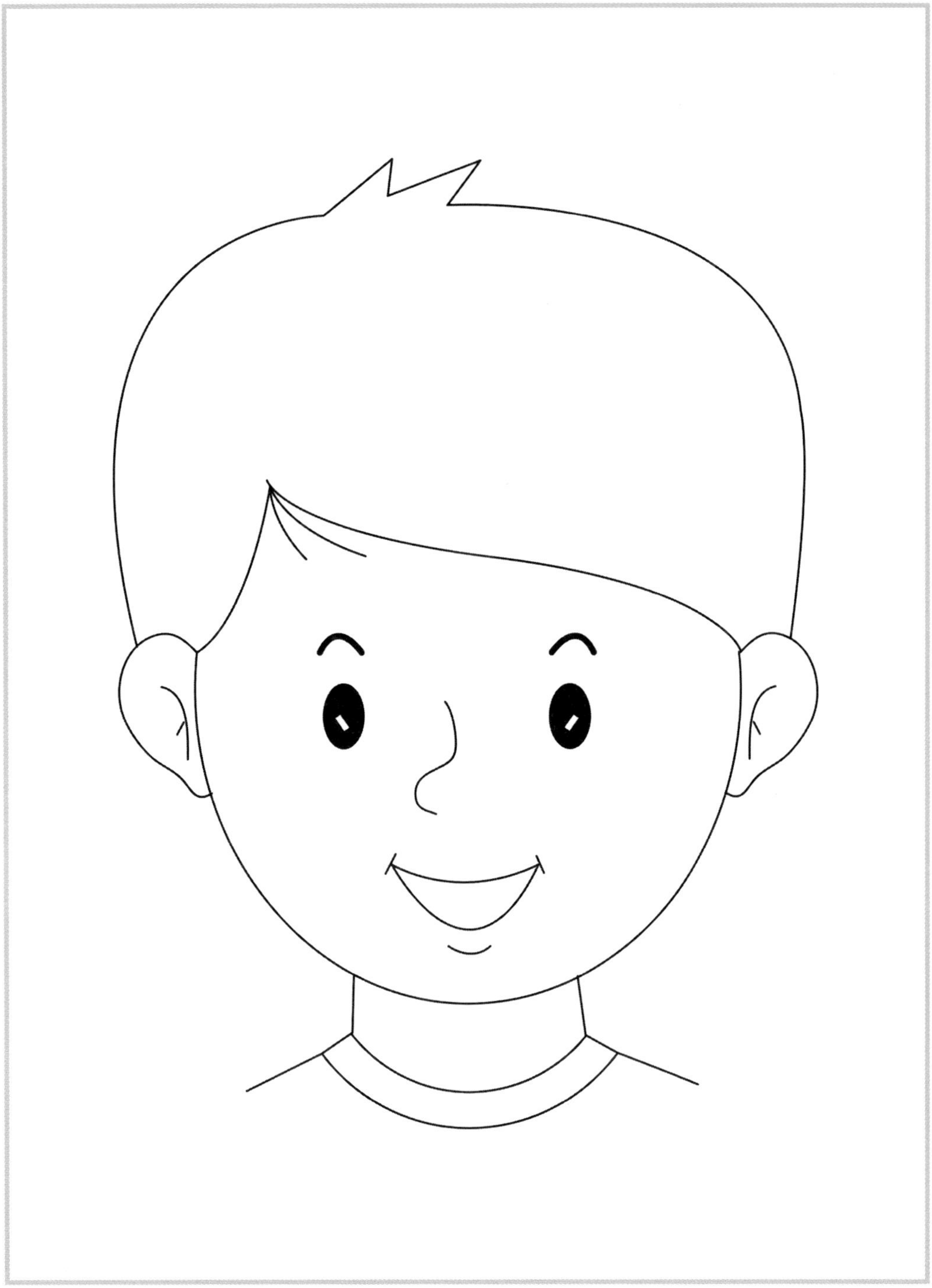

213 잡지에서 단순한 형태 찢어 내기 5~6세

목표 | 잡지에서 단순한 형태를 찢어 낼 수 있다.

자료 | 잡지, 전단지 등, 강화제

방법 ❶

- 교사가 잡지나 전단지 등에서 단순한 형태를 손으로 찢어 내는 시범을 보인다.
- 유아에게 교사를 모방하여 잡지나 전단지 등에서 단순한 형태를 손으로 찢어 내 보라고 한다.
- 수행되면 유아 스스로 잡지나 전단지 등에서 단순한 형태를 손으로 찢어 내 보라고 한다.
- 수행되면 유아의 특성에 맞는 적절한 강화제를 제공한다.

방법 ❷

- 교사가 예를 들어 잡지에서 얼굴 모양을 따라 손으로 찢어 내는 시범을 보인다.
- 유아에게 교사를 모방하여 잡지에서 얼굴 모양을 따라 손으로 찢어 내 보라고 한다.
- 모방하지 못하면 교사가 유아의 손을 잡고 잡지에서 얼굴 모양을 따라 손으로 찢어 내 준다.
- 교사가 잡지에 있는 얼굴 모양을 가리키며 유아에게 손으로 찢어 내 보라고 한다.
- 찢어 내지 못하면 교사가 유아의 손을 잡고 잡지에 있는 얼굴 모양을 따라 손으로 찢어 내는 동작을 반복해 준다.
- 교사가 잡지에 있는 얼굴 모양을 따라 손으로 3/4을 찢어 내 준 후 유아에게 나머지를 찢어 내 보라고 한다.
- 수행되면 교사가 잡지에 있는 얼굴 모양을 따라 손으로 2/4를 찢어 내 준 후 유아에게 나머지를 찢어 내 보라고 한다.

- 수행되면 교사가 잡지에 있는 얼굴 모양을 따라 손으로 1/4을 찢어 내 준 후 유아에게 나머지를 찢어 내 보라고 한다.
- 수행되면 교사가 잡지에 있는 얼굴 모양을 따라 테두리를 진하게 그려 준 후 유아에게 선을 따라 찢어 내 보라고 한다.
- 도움을 점차 줄여 간다.
- 수행되면 유아 스스로 잡지에 있는 얼굴 모양을 따라 손으로 찢어 내 보라고 한다.
- 수행되면 교사가 잡지나 전단지 등에서 다른 단순한 형태를 손으로 찢는 것도 얼굴 모양을 따라 찢는 것과 같은 방법으로 지도한다.
- 수행되면 유아의 특성에 맞는 적절한 강화제를 제공한다.
-

214 마름모 그리기 5~6세

목표 | 마름모를 그릴 수 있다.

자료 | 도화지(스케치북), 색연필(연필), 스티커, 마름모 모양 판, 초콜릿, 그림자료, 강화제

방법 ❶

- 교사가 색연필(연필)로 마름모를 그리는 시범을 보인다.
- 유아에게 교사를 모방하여 마름모를 그려 보라고 한다.
- 수행되면 유아 스스로 마름모를 그려 보라고 한다.
- 수행되면 유아의 특성에 맞는 적절한 강화제를 제공한다.

방법 ❷

- 교사가 마름모 모양 판을 이용하여 색연필(연필)로 마름모를 그리는 시범을 보인다.
- 유아에게 교사를 모방하여 마름모 모양 판을 이용하여 색연필(연필)로 마름모를 그려 보라고 한다.

- 그리지 못하면 교사가 유아의 손을 잡고 마름모 모양 판을 이용하여 색연필로 마름모를 그려 준다.
- 교사가 손으로 시작 위치를 짚어 준 후 유아에게 마름모 모양 판을 이용하여 색연필로 마름모를 그려 보라고 한다.
- 그리지 못하면 교사가 유아의 손을 잡고 마름모 모양 판을 이용하여 색연필로 마름모를 그리는 동작을 반복해 준다.
- 도움을 점차 줄여 간다.
- 수행되면 유아 스스로 마름모 모양 판을 이용하여 색연필로 마름모를 그려 보라고 한다.
- 수행되면 교사가 마름모 모양이 되도록 찍혀 있는 네 개의 점을 연결하여 마름모를 그리는 시범을 보인다.
- 교사가 점을 네 개 찍어 준 후 유아에게 교사를 모방하여 네 개의 점을 연결하여 마름모를 그려 보라고 한다.
- 그리지 못하면 교사가 유아의 손을 잡고 네 개의 점을 연결하여 마름모를 그려 준다.
- 교사가 손으로 시작점을 짚어 주며 유아에게 네 개의 점을 연결하여 마름모를 그려 보라고 한다.
- 도움을 점차 줄여 간다.
- 수행되면 유아 스스로 네 개의 점을 연결하여 마름모를 그려 보라고 한다.
- 수행되면 교사가 마름모 모양이 되도록 찍혀 있는 세 개의 점을 연결하여 마름모를 그리는 시범을 보인다.
- 교사가 세 개의 점을 찍어 준 후 유아에게 마름모를 그려 보라고 한다.
- 그리지 못하면 네 개의 점을 연결하는 것과 같은 방법으로 지도한다.
- 수행되면 교사가 두 개의 점을 찍어 준 후 유아에게 마름모를 그려 보라고 한다.
- 수행되면 교사가 시작점만 찍어 준 후 유아에게 마름모를 그려 보라고 한다.
- 수행되면 유아 스스로 마름모를 그려 보라고 한다.

- 수행되면 유아의 특성에 맞는 적절한 강화제를 제공한다.

방법 ❸

- 교사가 점을 네 개 찍어 마름모의 뒷부분부터 세 부분을 그린 후 다시 앞의 한 부분을 그려 마름모를 완성하는 시범을 보인다.
- 교사가 점을 네 개 찍어 마름모의 뒷부분부터 세 부분을 그려 준 후 유아에게 교사를 모방하여 앞의 한 부분을 그려 보라고 한다.
- 그리지 못하면 교사가 유아의 손을 잡고 마름모의 앞부분을 그려 준다.
- 교사가 마름모의 앞부분을 가리키며 유아에게 그려 보라고 한다.
- 그리지 못하면 교사가 마름모의 앞부분에 점선을 그려 준 후 유아에게 그려 보라고 한다.
- 도움을 점차 줄여 간다.
- 수행되면 유아 스스로 마름모의 앞부분을 그려 보라고 한다.
- 수행되면 교사가 점을 네 개 찍어 마름모의 뒷부분부터 두 부분을 그린 후 앞의 두 부분을 그려 마름모를 완성하는 시범을 보인다.
- 교사가 점을 네 개 찍어 마름모의 뒷부분부터 두 부분을 그려 준 후 유아에게 앞의 두 부분을 그려 보라고 한다.
- 그리지 못하면 앞의 한 부분을 그려 마름모를 완성한 것과 같은 방법으로 지도한다.
- 수행되면 나머지 부분도 같은 방법으로 지도한다.
- 수행되면 유아 스스로 마름모를 그려 보라고 한다.
- 수행되면 유아의 특성에 맞는 적절한 강화제를 제공한다.

방법 ❹

- 교사가 점을 네 개 찍어 마름모의 앞부분부터 순서대로 세 부분을 그린 후 뒤의 한 부분을 그려 마름모를 완성하는 시범을 보인다.
- 교사가 마름모의 앞 세 부분이 그려진 그림을 제시한 후 유아에게 뒤의 한 부분을

그려 보라고 한다.

- 그리지 못하면 교사가 유아의 손을 잡고 마름모의 뒷부분을 그려 준다.
- 교사가 마름모의 뒷부분을 가리키며 유아에게 그려 보라고 한다.
- 그리지 못하면 교사가 마름모의 뒷부분에 점선을 그려 준 후 유아에게 그려 보라고 한다.
- 도움을 점차 줄여 간다.
- 수행되면 유아 스스로 마름모의 뒷부분을 그려 보라고 한다.
- 수행되면 교사가 점을 네 개 찍어 마름모의 앞부분부터 순서대로 두 부분을 그린 후 나머지 두 부분을 그려 마름모를 완성하는 시범을 보인다.
- 교사가 점을 네 개 찍어 마름모의 앞부분부터 두 부분을 그려 준 후 유아에게 뒤의 두 부분을 순서대로 그려 보라고 한다.
- 그리지 못하면 뒤의 한 부분을 그려 마름모를 완성한 것과 같은 방법으로 지도한다.
- 수행되면 교사가 마름모의 앞 한 부분이 그려진 그림을 제시한 후 유아에게 순서대로 세 부분을 그려 보라고 한다.
- 수행되면 방법 ❷와 같이 점을 찍어 지도한다.
- 수행되면 유아 스스로 마름모를 그려 보라고 한다.
- 수행되면 유아의 특성에 맞는 적절한 강화제를 제공한다.

방법 ❺

- 교사가 네 개의 점을 마름모 모양이 되도록 그린 후 각 점 사이에는 점선을 찍은 종이를 여러 장 준비해 둔다.
- 준비해 둔 종이에 교사가 점선을 따라 마름모를 그리는 시범을 보인다.
- 교사가 준비된 종이를 제시한 후 유아에게 점선을 따라 마름모를 그려 보라고 한다.
- 그리지 못하면 교사가 유아의 손을 잡고 점선을 따라 마름모를 그려 준다.

- 유아가 교사의 손을 따라 점선을 그릴 수 있도록 교사가 마름모 모양으로 점선을 손으로 그려 준다.
- 도움을 점차 줄여 간다.
- 수행되면 유아 스스로 점선을 따라 마름모를 그려 보라고 한다.
- 수행되면 교사가 네 개의 점에 점선은 세 곳만 그려 준 후 유아에게 점선을 따라 그리게 하고 나머지 한 곳은 스스로 그려 보라고 한다.
- 수행되면 네 개의 점에 점선은 두 곳만 그려 준 후 유아에게 점선을 따라 그리게 하고 나머지 두 곳은 스스로 그려 보라고 한다.
- 수행되면 네 개의 점에 점선은 한 곳만 그려 준 후 유아에게 점선을 따라 그리게 하고 나머지 세 곳은 스스로 그려 보라고 한다.
- 수행되면 교사가 점을 네 개 찍어 준 후 유아에게 마름모를 그려 보라고 한다.
- 수행되면 교사가 점을 세 개 찍어 준 후 유아에게 마름모를 그려 보라고 한다.
- 수행되면 교사가 점을 두 개 찍어 준 후 유아에게 마름모를 그려 보라고 한다.
- 수행되면 교사가 시작점만 찍어 준 후 유아에게 마름모를 그려 보라고 한다.
- 수행되면 유아 스스로 마름모를 그려 보라고 한다.
- 수행되면 유아의 특성에 맞는 적절한 강화제를 제공한다.

방법 ❻

- 교사가 곰돌이 그림을 제시한 후 점선을 따라 마름모를 그리는 시범을 보인다.
- 유아에게 점선을 따라 마름모를 그려 보라고 한다.
- 그리지 못하면 교사가 유아의 손을 잡고 그려 준다.
- 교사가 "점선을 따라 주~욱 ♬ 주~욱 ♬그어 보아요 ♬"라고 말해 주며 유아에게 마름모를 그려 보라고 한다.
- 도움을 점차 줄여 간다.
- 수행되면 유아 스스로 점선을 따라 마름모를 그려 보라고 한다.
- 수행되면 꽃병, 카드, 왕관 그림도 같은 방법으로 지도한다.

• 수행되면 유아의 특성에 맞는 적절한 강화제를 제공한다.

☞ 마름모 모양 판은 하드보드지 한 장 혹은 두 장을 카드 크기로 자른 후 겹친 다음 마름모 모양을 그려서 오려 내어 사용하면 된다.

☞ 점 대신 스티커를 사용하거나 끝 점에 강화제(예: 초콜릿)를 놓고 지도하면 효과적이다. 수행되면 강화제를 유아가 보상으로 먹을 수 있도록 한다.

☞ 방법 ❸은 점진법(앞에서 순서대로 진행하는 방법), 방법 ❹는 후진법(뒤에서 순서대로 진행하는 방법, 즉 거꾸로 진행하는 방법)이므로 유아의 특성에 맞게 지도하면 된다. 일반적으로 후진법이 성취감을 쉽게 느낄 수 있어 교육현장에서 많이 활용되고 있는 방법이다.

☞ 방법 ❻은 유아가 마름모를 그리면서 즐겁게 활동할 수 있고 성취감을 느낄 수 있으므로 다양한 그림을 활용하여 마름모를 그리게 하면 효과적이다.

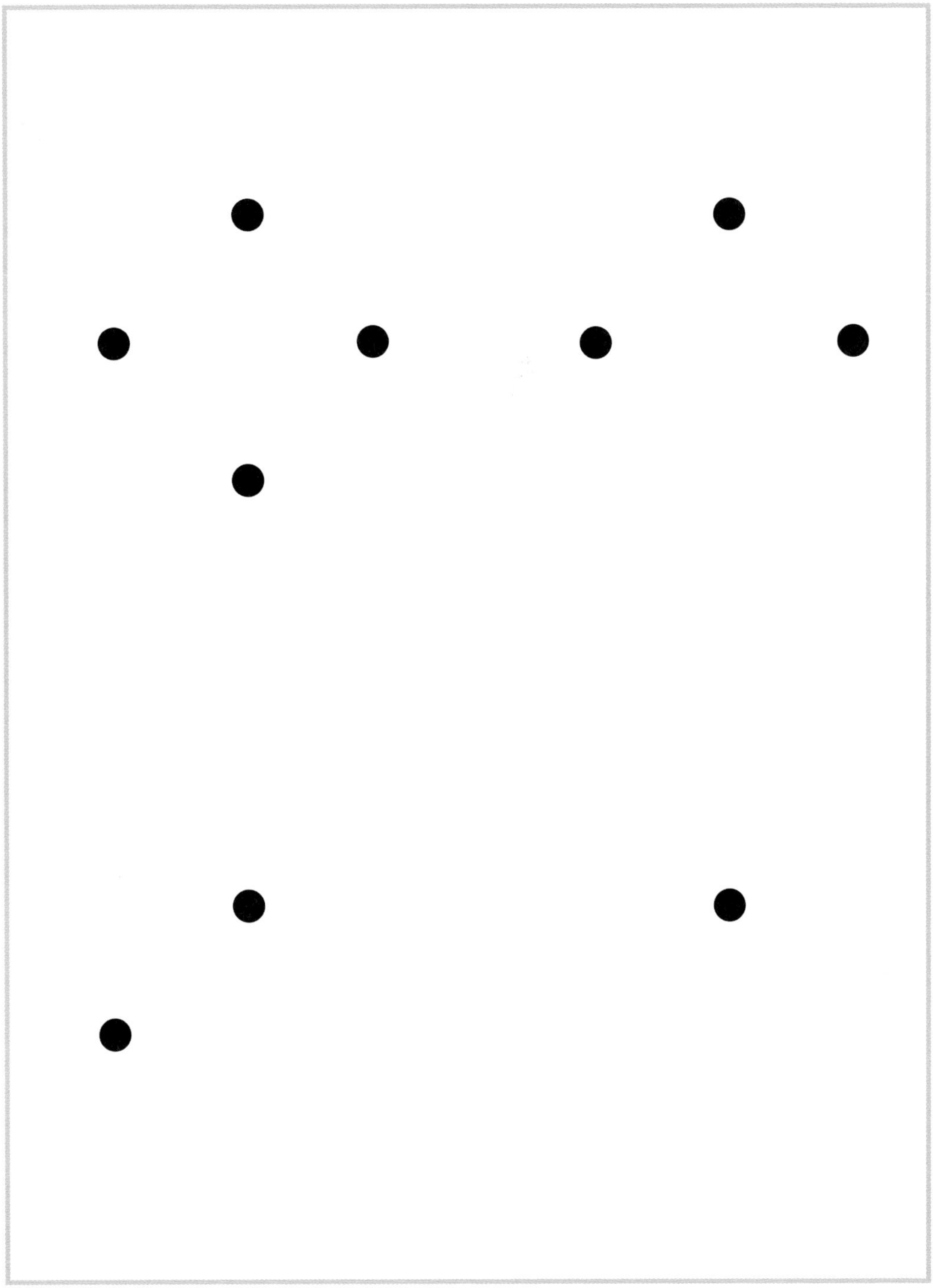

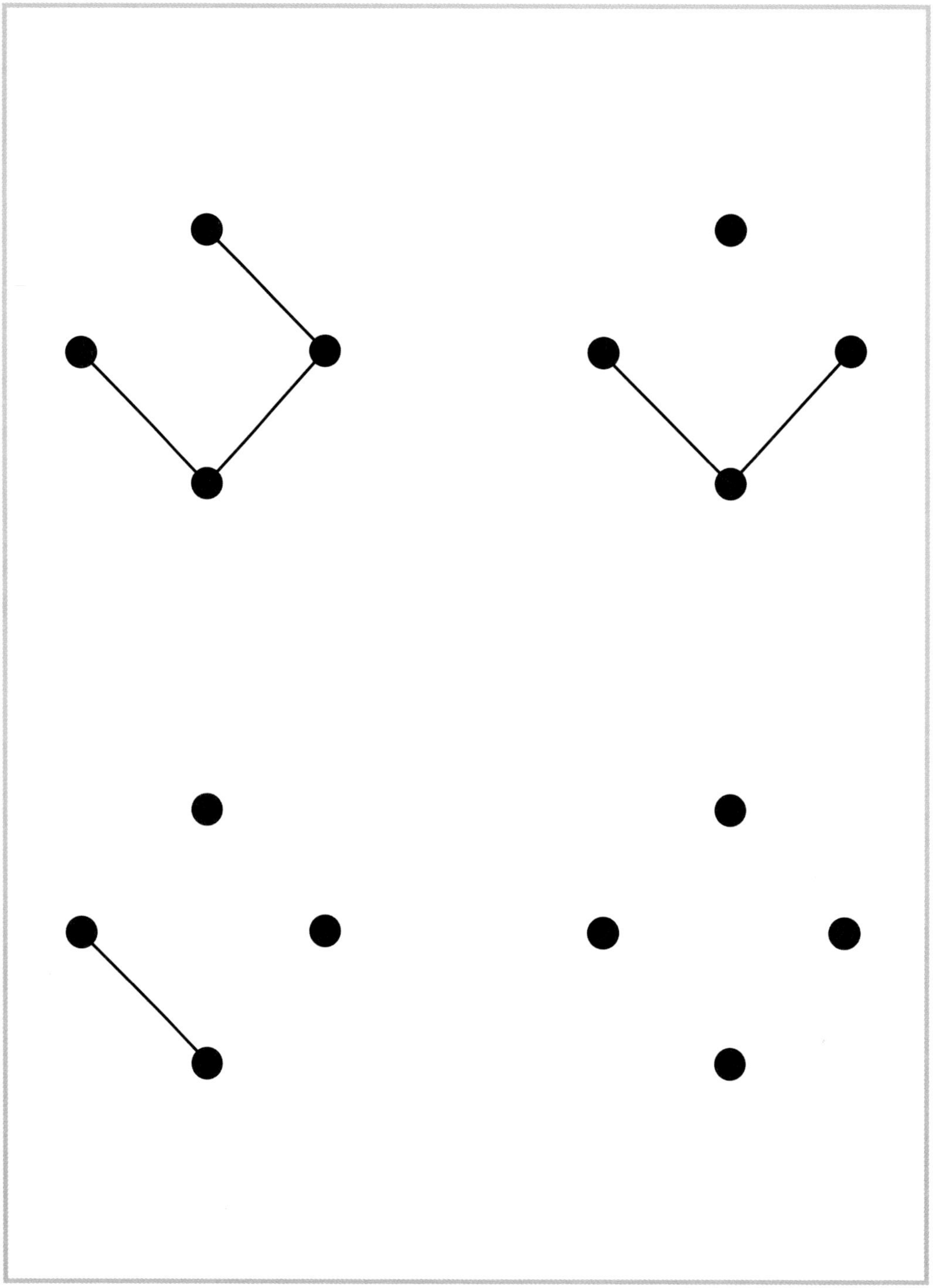

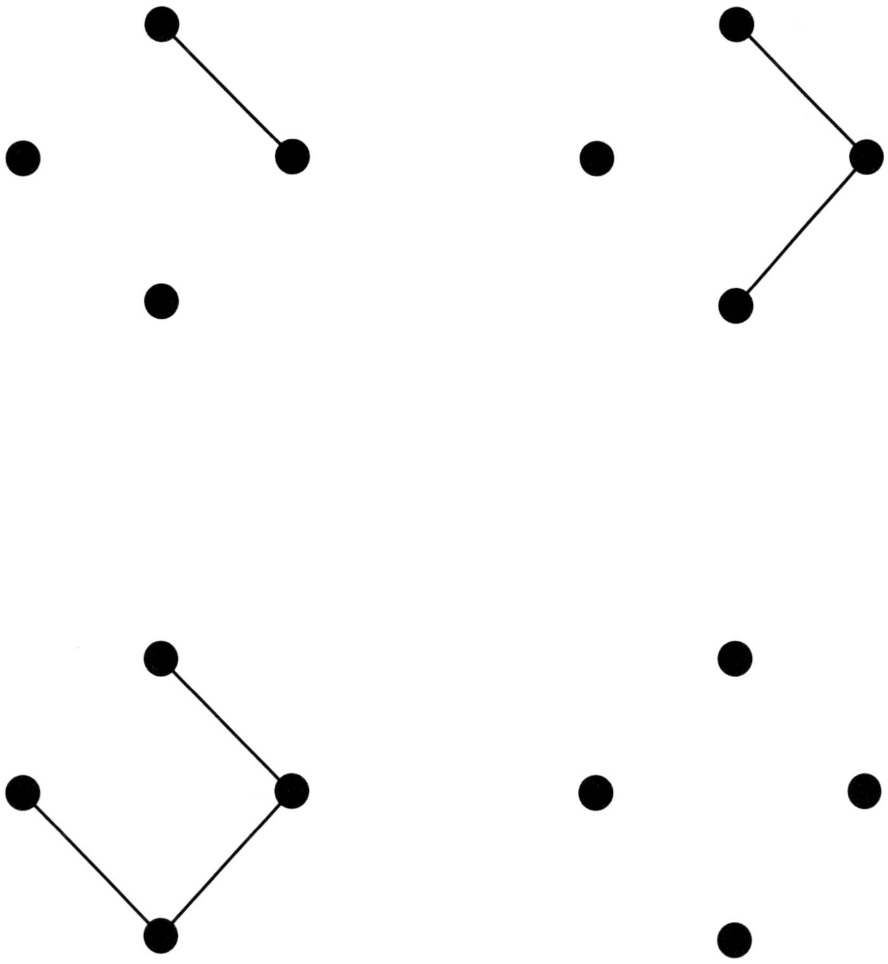

5~6 세

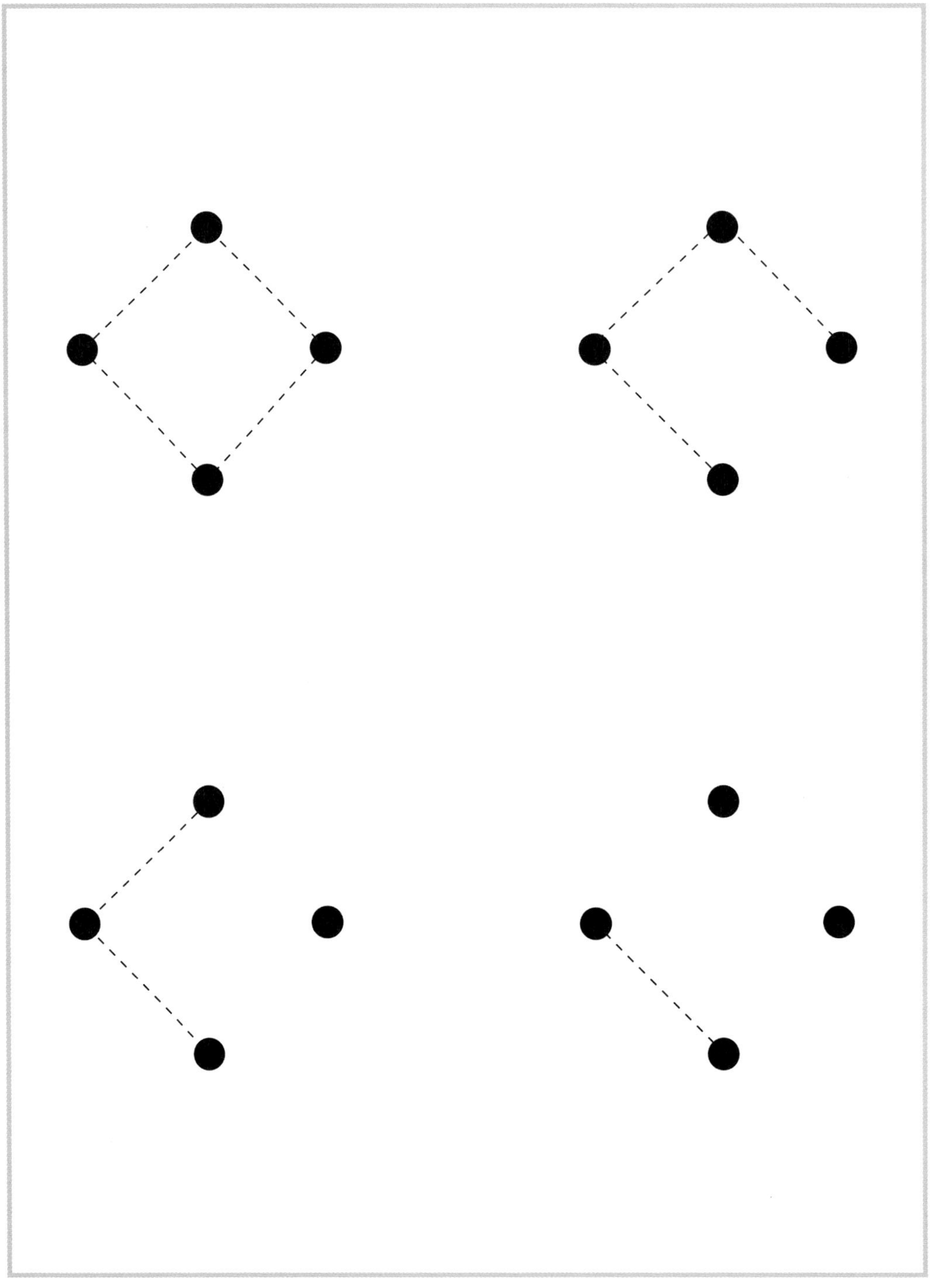

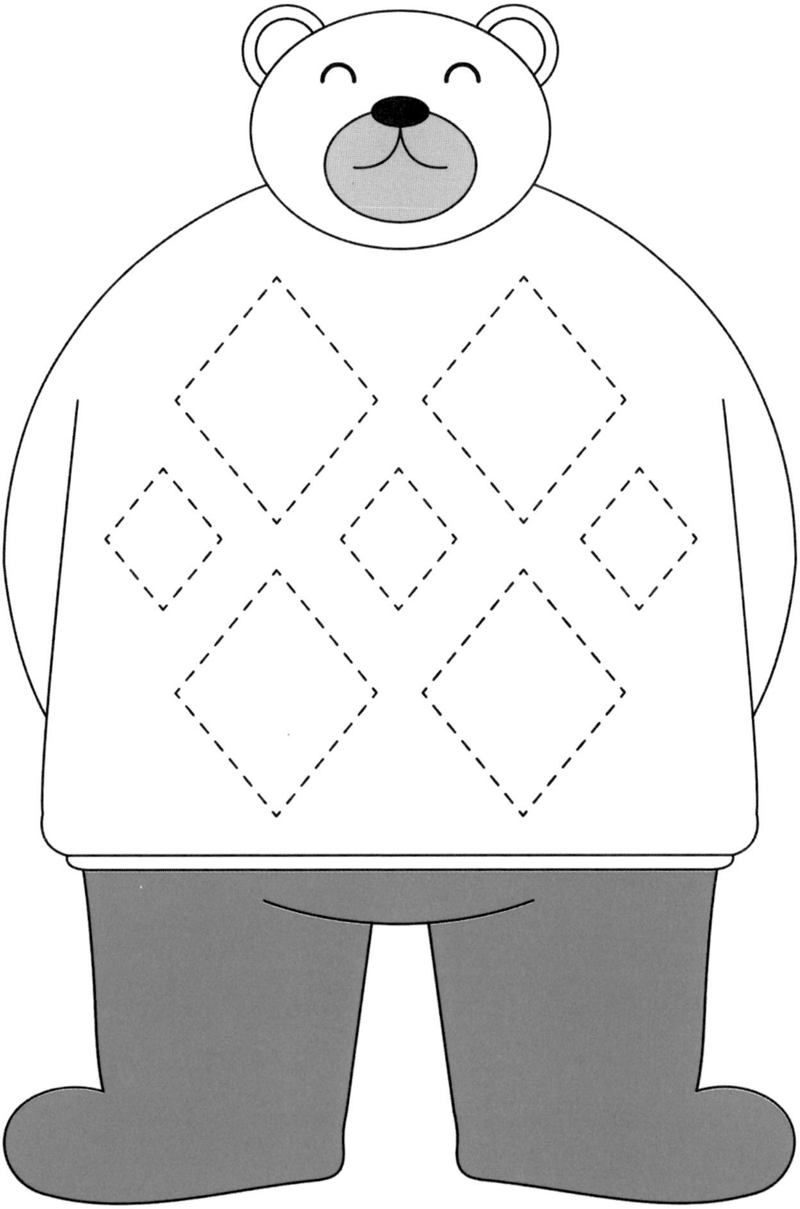

5~6 세

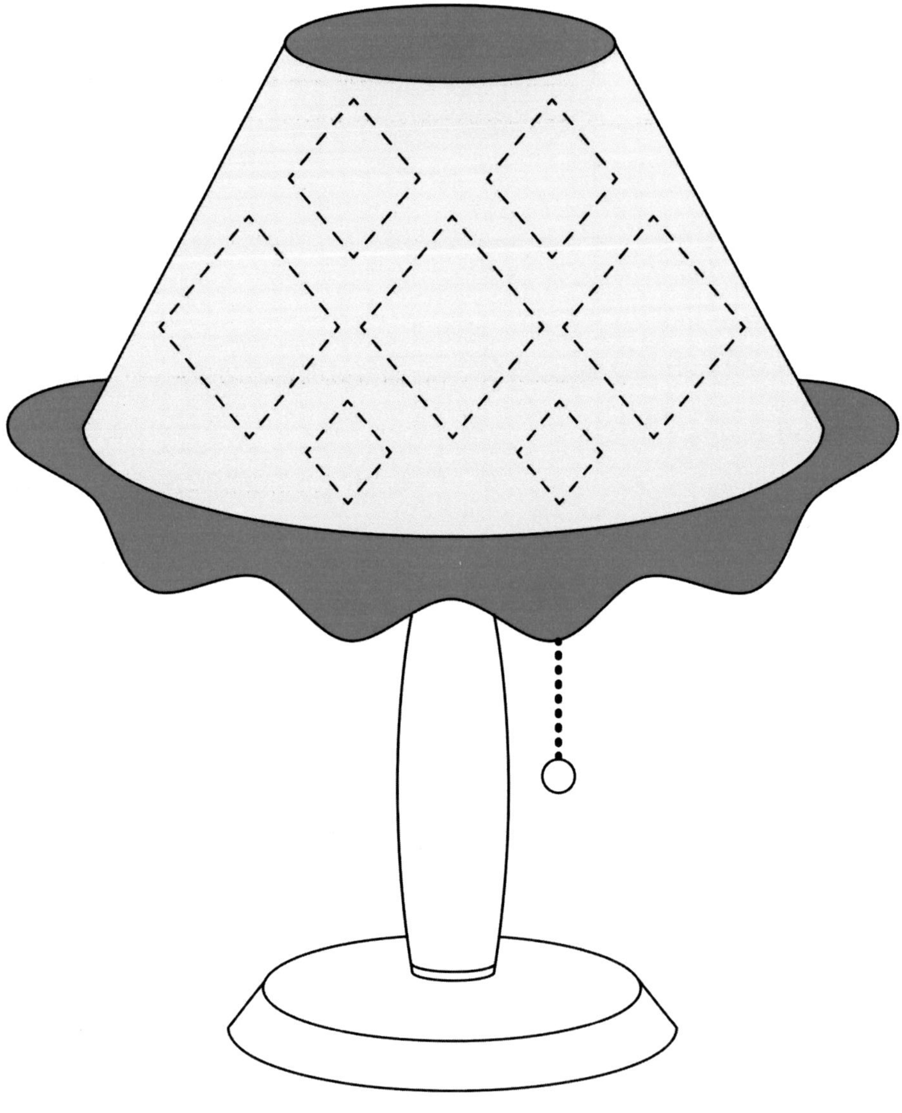

215 칠교로 도형 만들기

5~6세

목표 | 칠교로 도형을 만들 수 있다.

자료 | 칠교 두 세트, 강화제

방법 ❶

- 교사와 유아가 각각 칠교를 한 세트씩 나누어 갖는다.
- 교사가 유아 옆에 앉아 칠교로 각 도형(예: 정삼각형, 정사각형, 직사각형, 마름모, 오각형, 육각형 등)을 만드는 시범을 보인다.
- 유아에게 교사를 모방하여 칠교로 각 도형을 만들어 보라고 한다.
- 수행되면 유아 스스로 칠교로 각 도형을 만들어 보라고 한다.
- 수행되면 유아의 특성에 맞는 적절한 강화제를 제공한다.

방법 ❷

- 교사와 유아가 각각 칠교를 한 세트씩 나누어 갖는다.
- 교사가 유아 옆에 앉아, 예를 들어 정사각형 1개와 작은 삼각형 2개로 큰 정삼각형 한 개(그림 참조)를 만드는 시범을 보인다.
- 유아에게 교사를 모방하여 정사각형 1개와 작은 삼각형 2개로 큰 정삼각형 한 개를 만들어 보라고 한다.
- 모방하지 못하면 교사가 정사각형 1개를 제시한 후 정사각형의 왼쪽에 작은 삼각형 1개를 놓는 시범을 보인다.
- 유아에게 교사를 모방하여 정사각형 1개를 놓은 후 정사각형의 왼쪽에 작은 삼각형 1개를 놓아 보라고 한다.
- 모방하지 못하면 교사가 유아의 손을 잡고 정사각형 1개를 놓은 후 정사각형의 왼쪽에 작은 삼각형 1개를 놓아 준다.

- 교사가 정사각형 1개를 제시한 후 유아에게 정사각형의 왼쪽에 작은 삼각형 1개를 놓아 보라고 한다.
- 놓지 못하면 교사가 유아의 손을 잡고 정사각형의 왼쪽에 작은 삼각형 1개를 놓는 동작을 반복해 준다.
- 교사가 정사각형의 왼쪽을 가리키며 유아에게 정사각형의 왼쪽에 작은 삼각형 1개를 놓아 보라고 한다.
- 도움을 점차 줄여 간다.
- 수행되면 유아 스스로 정사각형 1개를 놓은 후 정사각형의 왼쪽에 작은 삼각형 1개를 놓아 보라고 한다.
- 수행되면 교사가 정사각형의 오른쪽에 작은 삼각형 1개를 놓는 시범을 보인다.
- 유아에게 교사를 모방하여 정사각형의 오른쪽에 작은 삼각형 1개를 놓아 보라고 한다.
- 놓지 못하면 정사각형의 왼쪽에 작은 삼각형 1개를 놓은 것과 같은 방법으로 지도한다.
- 수행되면 유아 스스로 정사각형의 오른쪽에 작은 삼각형 1개를 놓아 보라고 한다.
- 수행되면 유아 스스로 정사각형 1개와 작은 삼각형 2개로 큰 정삼각형 한 개를 만들어 보라고 한다.
- 수행되면 다른 도형들(예: 정사각형, 직사각형, 마름모, 오각형, 육각형 등)을 칠교로 만드는 것도 같은 방법으로 지도한다.
- 수행되면 유아의 특성에 맞는 적절한 강화제를 제공한다.

☞ 유아와 마주 보고 지도할 경우 유아가 바라보는 방향(교사가 왼손을 사용해야 유아가 볼 때 오른손이 됨)에서 손의 사용에 유의하도록 하고, 왼손잡이의 경우 반대로 지도하면 된다.

☞ 집에서 제작하여 사용할 수도 있다. 칠교놀이는 10cm 정사각형을 7조각으로 나눈 것이다. 그러나 집에서 만들 때는 크기를 배로 늘려도 무방하다(하드보드지를 겹쳐서 사용).

- 자료: 가로 세로 10cm의 하드보드지 3장, 자, 연필, 칼
- 제작 방법
  - 가로, 세로 10cm로 자른 뒤 2.5cm 크기의 정사각형 16개를 연필로 그린다.
  - 그 위에 다시 굵은 선을 그어 다음 그림과 같이 그린다.
  - 자를 대고 칼로 굵은 선을 따라 자른다.
  - 큰 삼각형 2개, 중간 삼각형 1개, 작은 삼각형 2개, 마름모꼴(평행사변형) 1개, 정사각형 1개가 나온다.

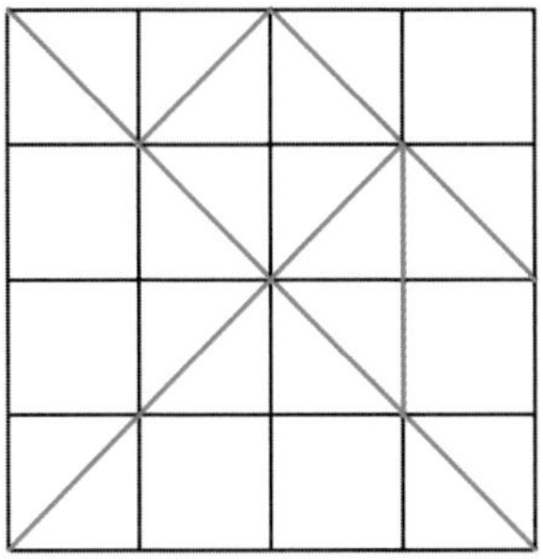

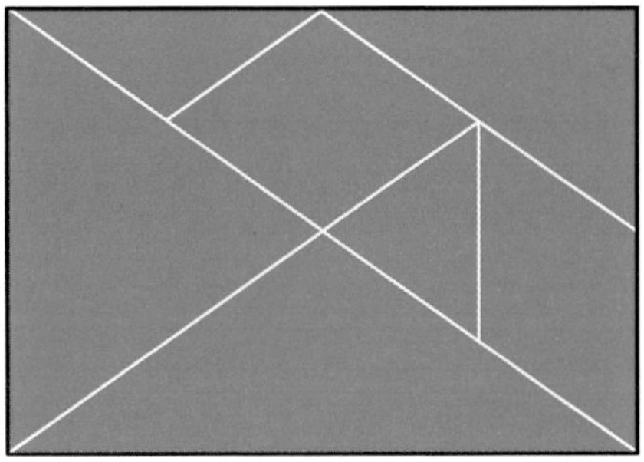

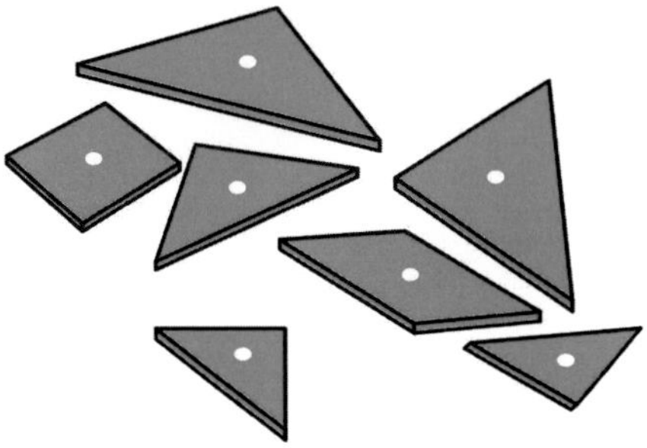

5~6 세

☞ 칠교놀이는 다음 그림처럼 시중에서 시판되고 있어 쉽게 구할 수 있다. 그리고 전통적인 칠교놀이 외에 자석으로 된 칠교놀이도 시판되고 있다.

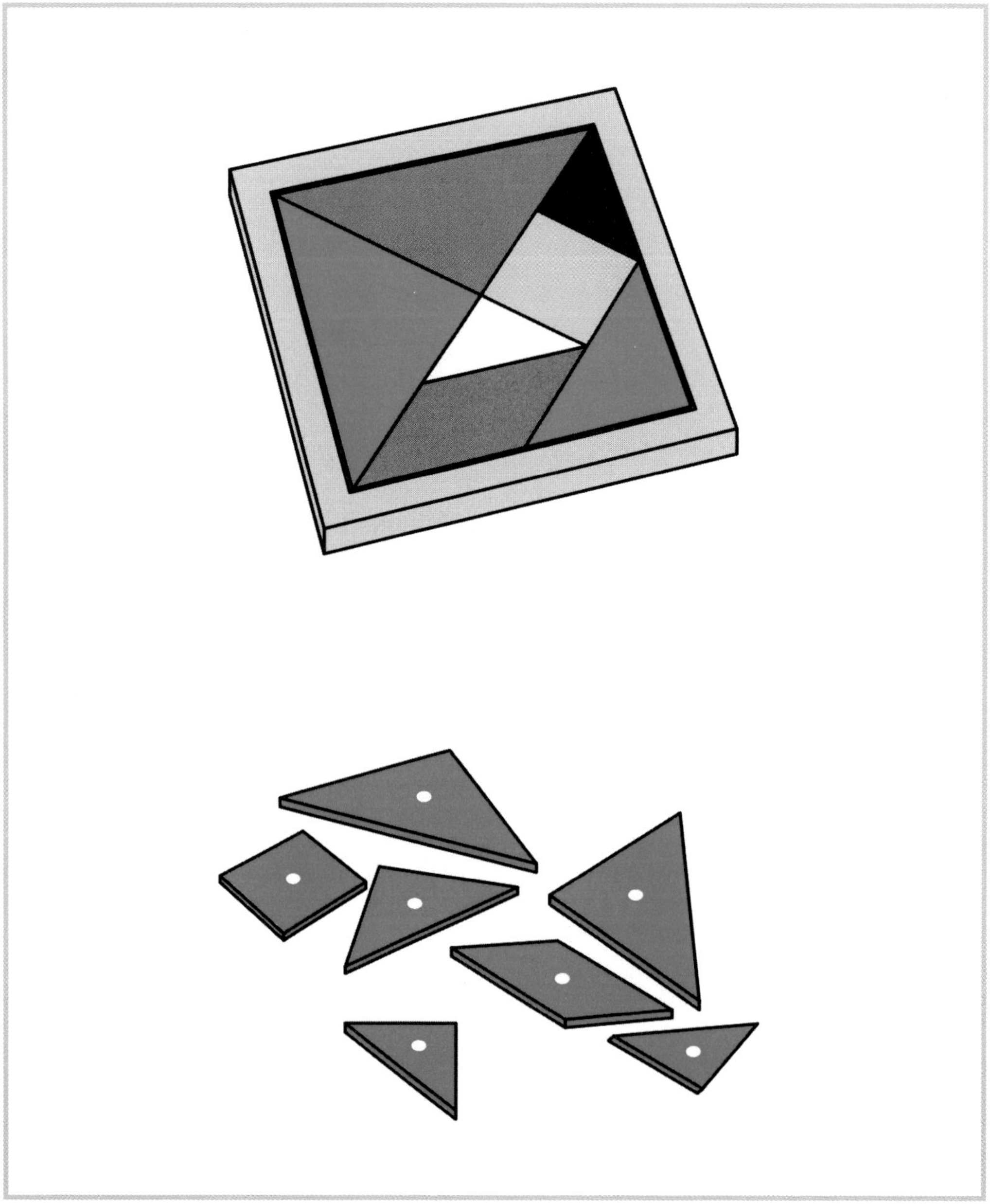

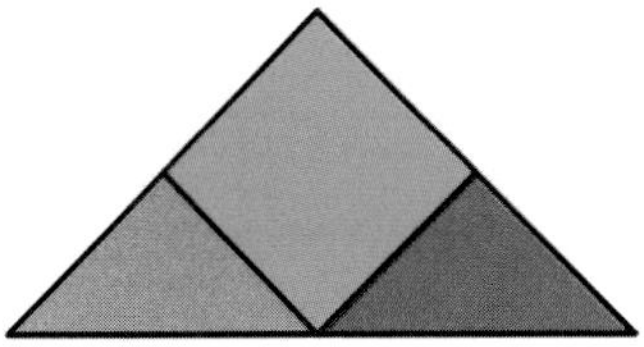

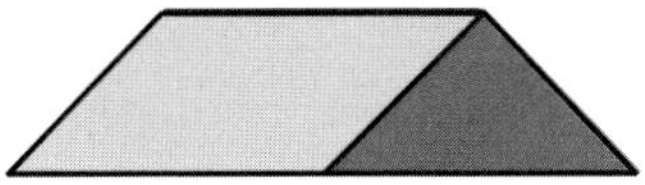

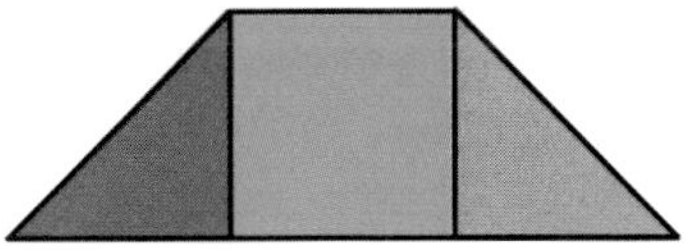

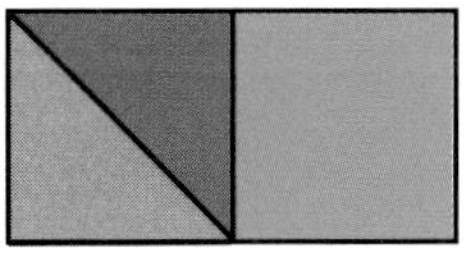

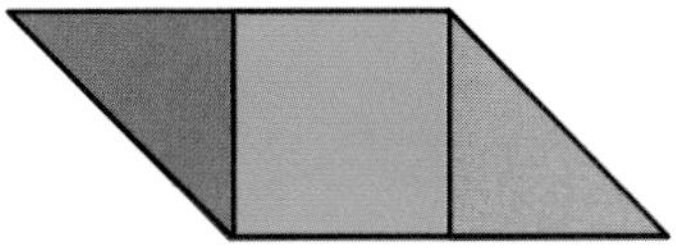

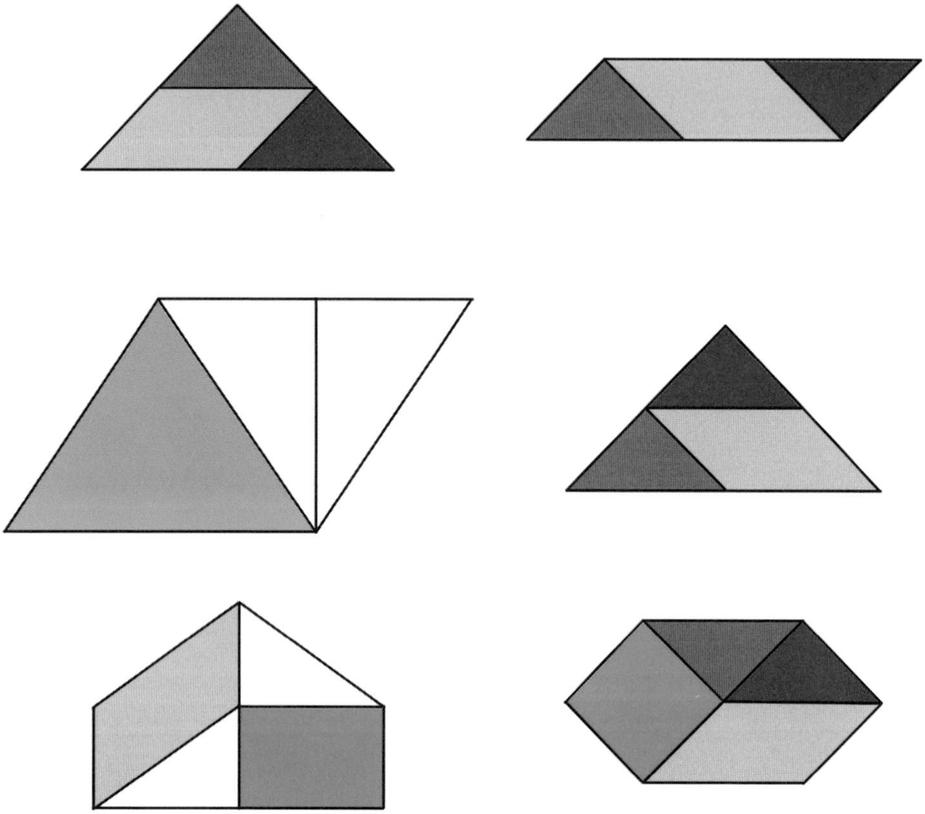

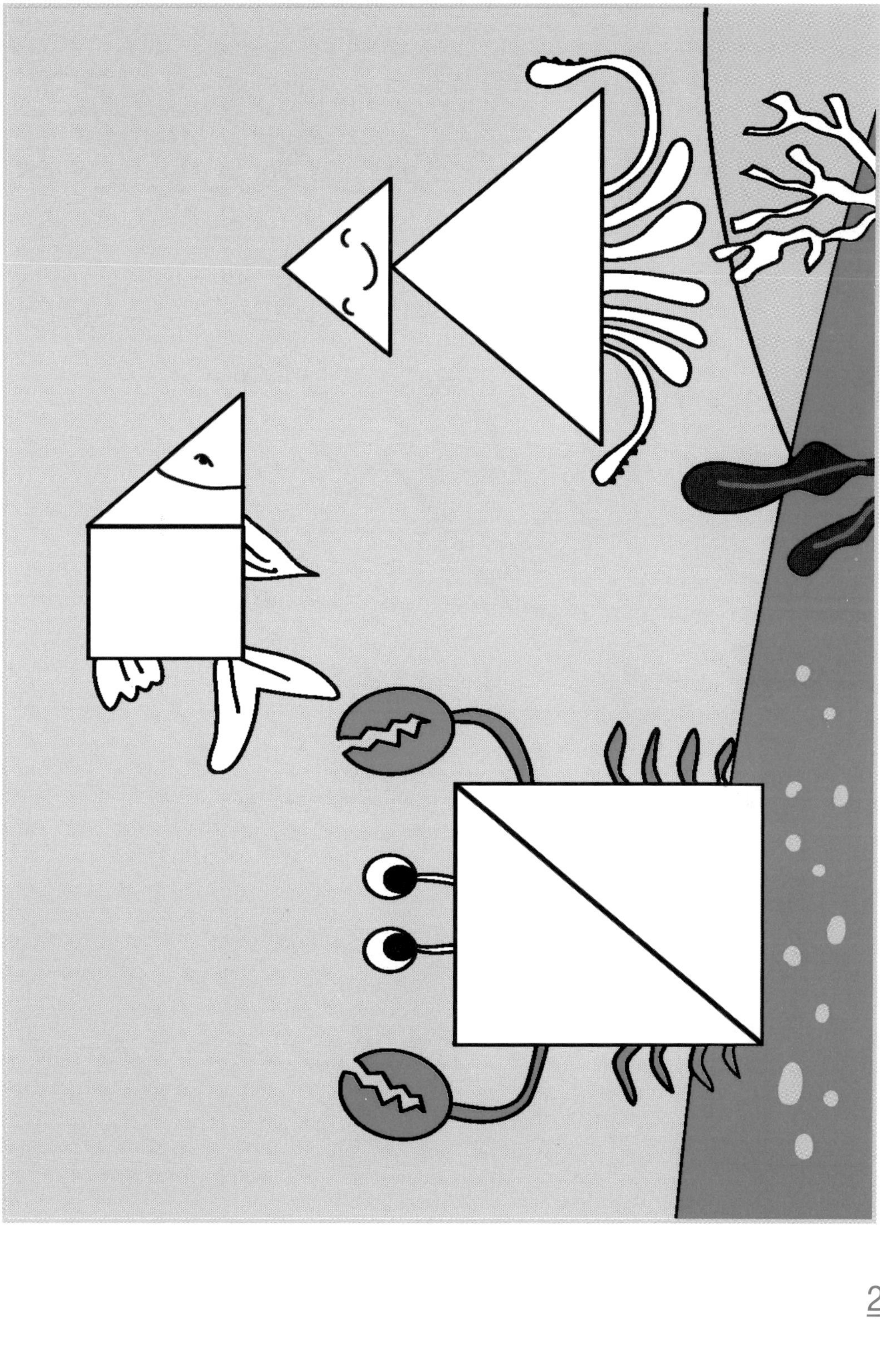

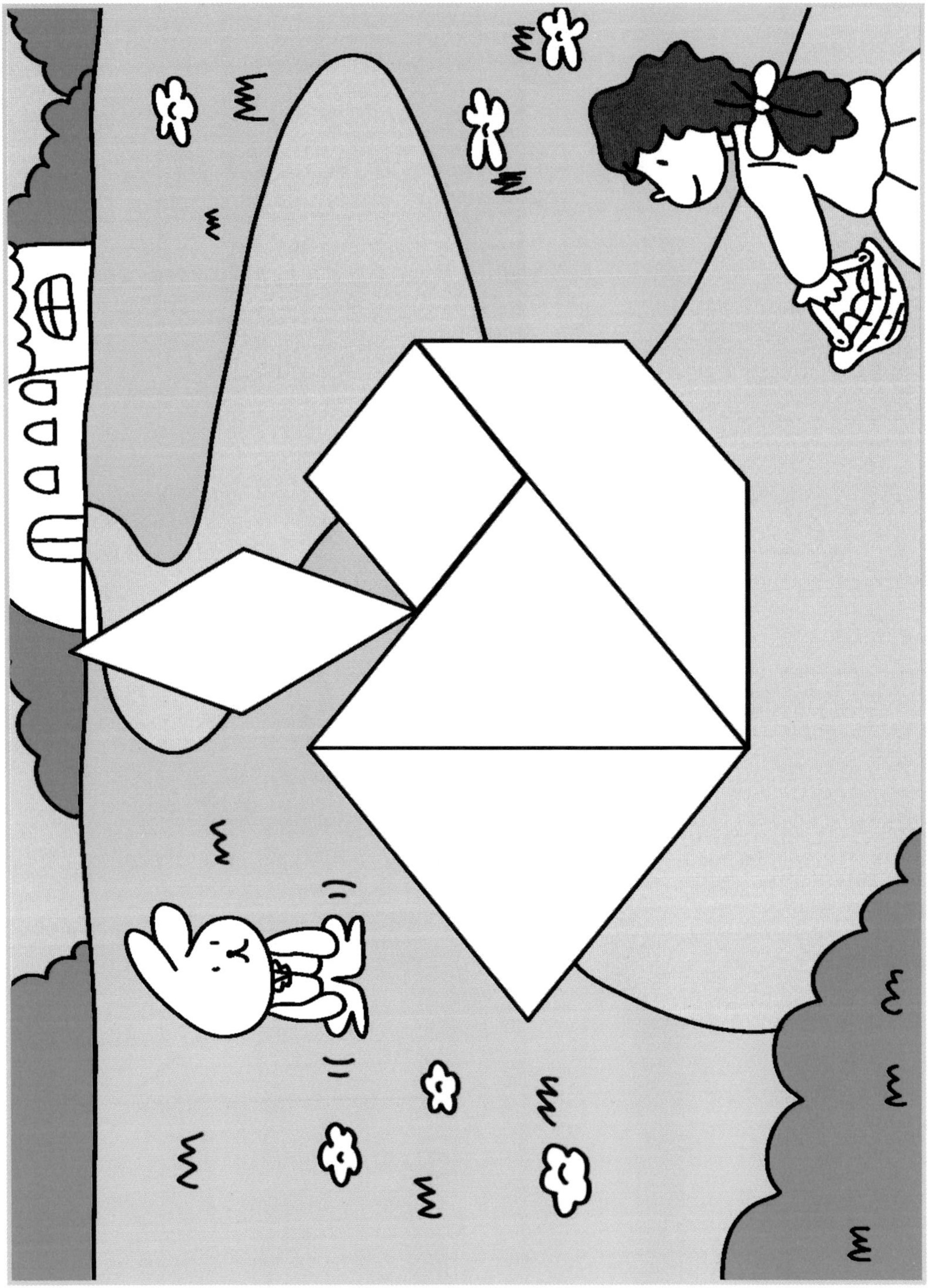

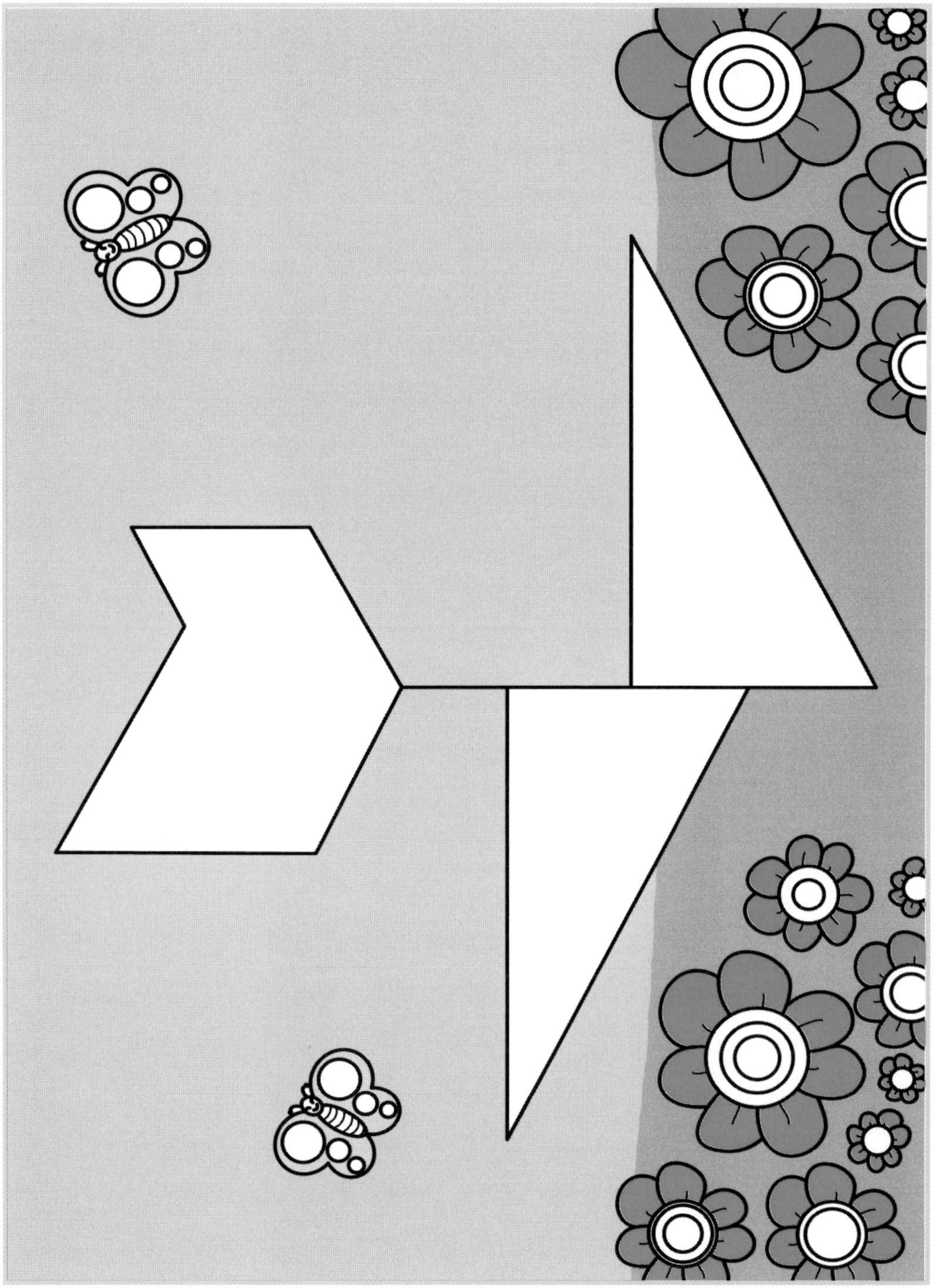

5~6 세

216 장난감의 태엽 감기

5~6세

목표 | 장난감의 태엽을 감을 수 있다.

자료 | 태엽을 감는 장난감 자동차, 강화제

방법 ❶

- 교사가 "장~난감 ♬ 자동차가 ♬ 뛰뛰빵빵 간다 ♬ 과~자와 사탕을 ♬ 싣고~서 ♬"라고 노래를 부르며 장난감 자동차의 태엽을 감는 시범을 보인다.
- 유아에게 교사를 모방하여 장난감 자동차의 태엽을 감아 보라고 한다.
- 수행되면 유아 스스로 장난감 자동차의 태엽을 감아 보라고 한다.
- 수행되면 유아의 특성에 맞는 적절한 강화제를 제공한다.

방법 ❷

- 교사가 "장~난감 ♬ 자동차가 ♬ 뛰뛰빵빵 간다 ♬ 과~자와 사탕을 ♬ 싣고~서 ♬"라고 노래를 부르며 장난감 자동차의 태엽을 감는 시범을 보인다.
- 유아에게 교사를 모방하여 장난감 자동차의 태엽을 감아 보라고 한다.
- 모방하지 못하면 교사가 유아의 손을 잡고 장난감 자동차의 태엽을 감아 준다.
- 교사가 유아의 손을 장난감 자동차의 태엽에 대 준 후 유아의 손을 잡고 태엽을 3/4 돌려 준 다음 나머지 부분을 돌려 보라고 한다.
- 돌리지 못하면 교사가 유아의 손을 잡고 태엽을 돌리는 동작을 반복해 준다.
- 수행되면 교사가 유아의 손을 장난감 자동차의 태엽에 대 준 후 유아의 손을 잡고 태엽을 2/4 돌려 준 다음 나머지 부분을 돌려 보라고 한다.
- 수행되면 교사가 유아의 손을 장난감 자동차의 태엽에 대 준 후 유아의 손을 잡고 태엽을 1/4 돌려 준 다음 나머지 부분을 돌려 보라고 한다.
- 도움을 점차 줄여 간다.

- 수행되면 유아 스스로 장난감 자동차의 태엽을 돌려 보라고 한다.
- 수행되면 유아의 특성에 맞는 적절한 강화제를 제공한다.

217 패턴에 맞추어 구슬 꿰기 5~6세

목표 | 패턴에 맞추어 구슬을 꿸 수 있다.

자료 | 다양한 색깔 및 모양의 구슬, 끈, 구슬 패턴 그림, 강화제

방법 ❶

- 색깔이나 모양 맞추어 구슬 꿰기는 앞 단계에서 수행하였으므로 확인한 후 시행한다.
- 교사가 구슬 패턴 그림(모양이나 색깔이 불규칙하게 정렬되어 있는 그림)과 함께 다양한 색깔 및 모양의 구슬들을 섞어 유아 앞에 제시한다.
- 교사가 유아의 옆에 앉아 구슬 패턴 그림을 보고 순서대로 구슬을 꿰는 시범을 보인다.
- 유아에게 교사를 모방하여 구슬 패턴 그림을 보고 순서대로 구슬을 꿰어 보라고 한다.
- 수행되면 유아 스스로 구슬 패턴 그림을 보고 순서대로 구슬을 꿰어 보라고 한다.
- 수행되면 유아의 특성에 맞는 적절한 강화제를 제공한다.

방법 ❷

- 구슬 꿰기는 앞 단계에서 수행하였으므로 확인한 후 시행한다.
- 교사가 구슬 패턴 그림(모양이나 색깔이 불규칙하게 정렬되어 있는 그림)과 함께 다양한 색깔 및 모양의 구슬들을 섞어 유아 앞에 제시한다.
- 교사가 유아의 옆에 앉아, 예를 들어 빨간 동그라미 구슬, 파란 네모 구슬, 노란 세모 구슬, 초록 타원형 구슬의 패턴 그림을 보고 순서대로 구슬을 꿰는 시범을

보인다.

- 유아에게 교사를 모방하여 구슬 패턴 그림을 보고 순서대로 구슬을 꿰어 보라고 한다.
- 모방하지 못하면 교사가 유아의 손을 잡고 구슬 패턴 그림을 보고 순서대로 구슬을 꿰어 준다.
- 교사가 빨간 동그라미 구슬을 가리키며 유아에게 꿰어 보라고 한다.
- 수행되면 유아 스스로 빨간 동그라미 구슬을 꿰게 한 후 교사가 파란 네모 구슬을 가리키며 꿰어 보라고 한다.
- 수행되면 유아 스스로 빨간 동그라미 구슬과 파란 네모 구슬을 꿰게 한 후 교사가 노란 세모 구슬을 가리키며 꿰어 보라고 한다.
- 수행되면 유아 스스로 빨간 동그라미 구슬과 파란 네모 구슬, 노란 세모 구슬을 꿰게 한 후 교사가 초록 타원형 구슬을 가리키며 꿰어 보라고 한다.
- 도움을 점차 줄여 간다.
- 수행되면 유아 스스로 빨간 동그라미 구슬, 파란 네모 구슬, 노란 세모 구슬, 초록 타원형 구슬의 패턴 그림을 보고 순서대로 구슬을 꿰어 보라고 한다.
- 수행되면 유아 스스로 같은 패턴의 구슬을 순서대로 한 번 더 꿰어 보라고 한다.
- 수행되면 다른 구슬 패턴 그림도 빨간 동그라미 구슬, 파란 네모 구슬, 노란 세모 구슬, 초록 타원형 구슬의 패턴 그림을 보고 순서대로 구슬을 두 번 반복하여 꿴 것과 같은 방법으로 지도한다.
- 수행되면 유아의 특성에 맞는 적절한 강화제를 제공한다.

☞ 유아와 마주 보고 지도할 경우 유아가 바라보는 방향(교사가 왼손을 사용해야 유아가 볼 때 오른손이 됨)에서 손의 사용에 유의하도록 하고, 왼손잡이의 경우 반대로 지도하면 된다.

☞ 구슬 꿰기는 소근육 증진뿐만 아니라 눈과 손의 협응력 및 집중력을 기를 수 있고 색의 구분 능력도 증진시킬 수 있는 유용한 활동이다.

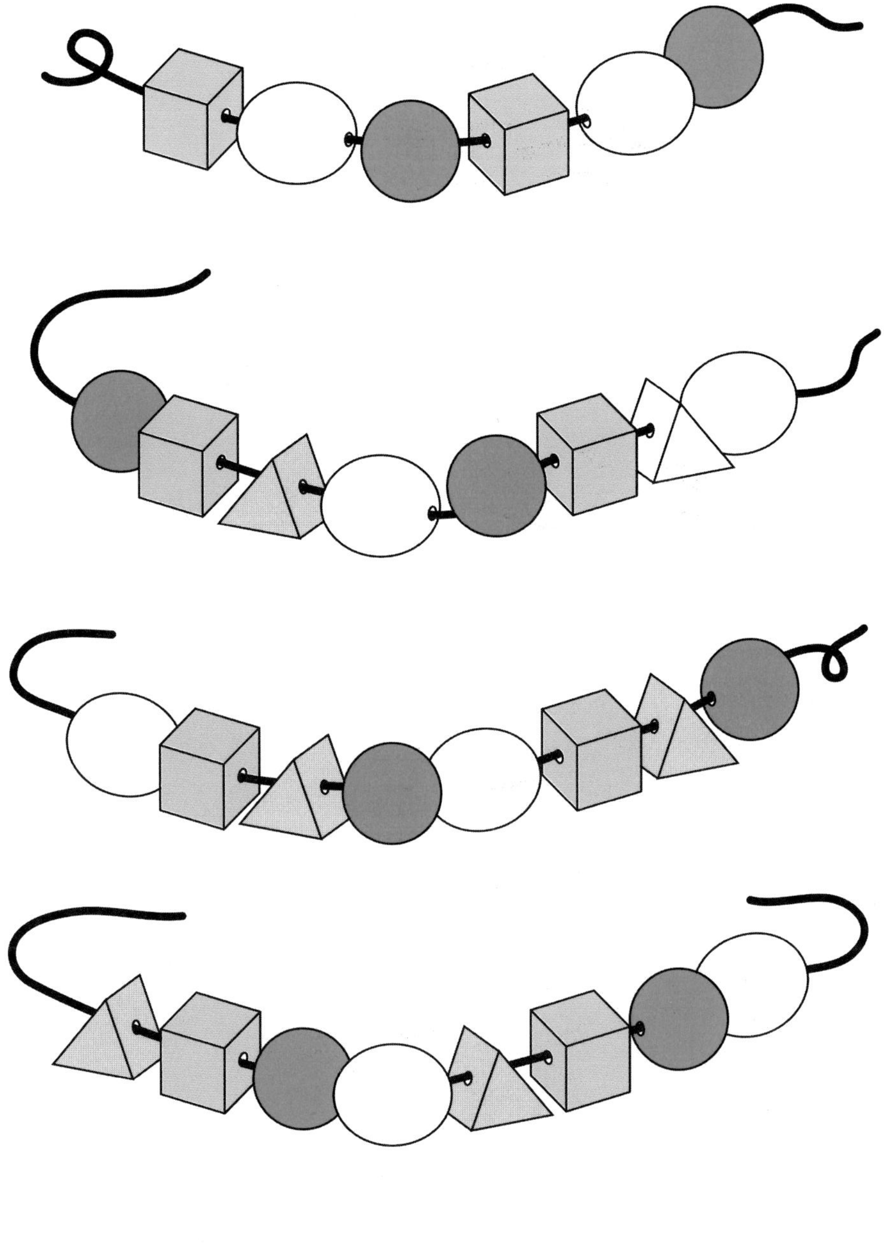

5~6
세

218 점 이어 모양 만들기 II

5~6세

목표 | 점을 이어 모양을 만들 수 있다.

자료 | 그림자료, 연필, 색연필, 강화제

방법 ❶

- 교사가 점을 이어 모양(예: ×자)을 만드는 시범을 보인다.
- 유아에게 교사를 모방하여 점을 이어 모양(예: ×자)을 만들어 보라고 한다.
- 수행되면 유아 스스로 점을 이어 모양을 만들어 보라고 한다.
- 수행되면 유아의 특성에 맞는 적절한 강화제를 제공한다.

방법 ❷

- 교사가 점을 아홉 개 제시한 후, 예를 들어 ×자를 만들기 위해 점을 이어 '/' 모양을 만드는 시범을 보인다.
- 유아에게 교사를 모방하여 점을 이어 '/' 모양을 만들어 보라고 한다.
- 모방하지 못하면 교사가 유아의 손을 잡고 점을 이어 '/' 모양을 만들어 준다.
- 교사가 '/' 모양이 되도록 점과 점 사이에 점선을 찍어 준 후 유아에게 '/' 모양을 만들어 보라고 한다.
- 수행되면 교사가 '/' 모양이 되도록, 예를 들어 윗점과 아랫점에 빨간색을 칠해 준 후 유아에게 '/' 모양을 만들어 보라고 한다.
- 수행되면 교사가 '/' 모양이 되도록 점과 점을 가리키며 유아에게 '/' 모양을 만들어 보라고 한다.
- 도움을 점차 줄여 간다.
- 수행되면 유아 스스로 점을 이어 '/' 모양을 만들어 보라고 한다.
- 수행되면 교사가 점을 이어 '\' 모양을 만드는 시범을 보인다.

- 유아에게 교사를 모방하여 점을 이어 '\' 모양을 만들어 보라고 한다.
- 모방하지 못하면 '/' 모양을 만든 것과 같은 방법으로 지도한다.
- 수행되면 교사가 점을 이어 ×자를 만드는 시범을 보인다.
- 유아에게 교사를 모방하여 점을 이어 ×자를 만들어 보라고 한다.
- 수행되면 유아 스스로 점을 이어 ×자를 만들어 보라고 한다.
- 수행되면 교사가 점을 아홉 개 제시한 후, 예를 들어 점을 이어 네모 모양 두 개를 만드는 시범을 보인다.
- 유아에게 교사를 모방하여 점을 이어 네모 모양 두 개를 만들어 보라고 한다.
- 모방하지 못하면 교사가 유아의 손을 잡고 점을 이어 네모 모양 두 개를 만들어 준다.
- 교사가 점을 이어 네모 모양 한 개를 만들어 준 후 연결하여 유아에게 점을 이어 네모 모양 한 개를 만들어 보라고 한다.
- 수행되면 교사가 점 일곱 개를 빨간색으로 표시해 준 후 유아에게 점을 이어 네모 모양 두 개를 만들어 보라고 한다.
- 도움을 점차 줄여 간다.
- 수행되면 유아 스스로 점을 이어 네모 모양 두 개를 만들어 보라고 한다.
- 수행되면 다른 모양도 네모 모양 두 개를 만든 것과 같은 방법으로 지도한다.
- 수행되면 유아의 특성에 맞는 적절한 강화제를 제공한다.

☞ 점을 이어 그림을 완성한 후 색칠 놀이를 시켜도 효과적이다.

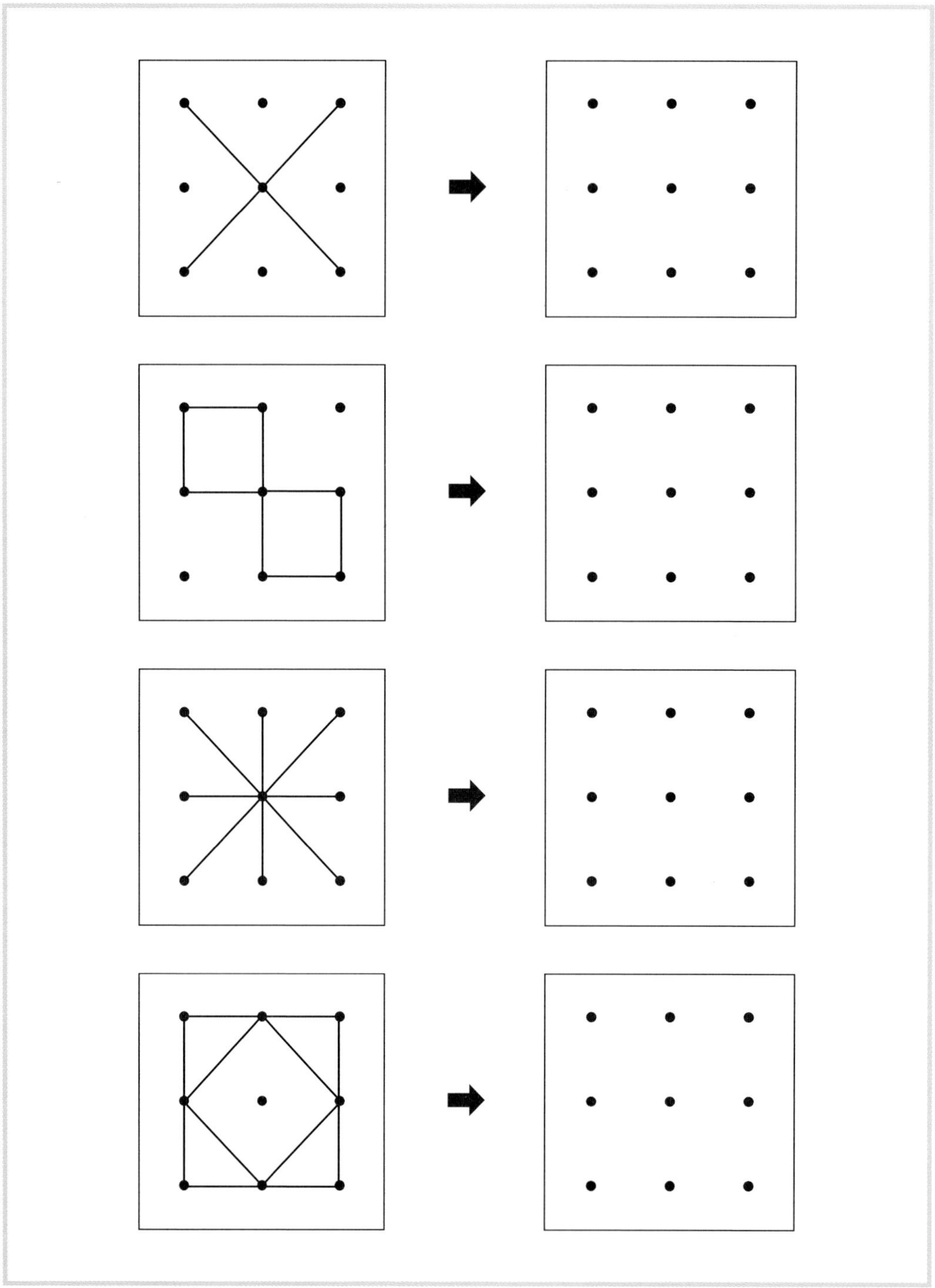

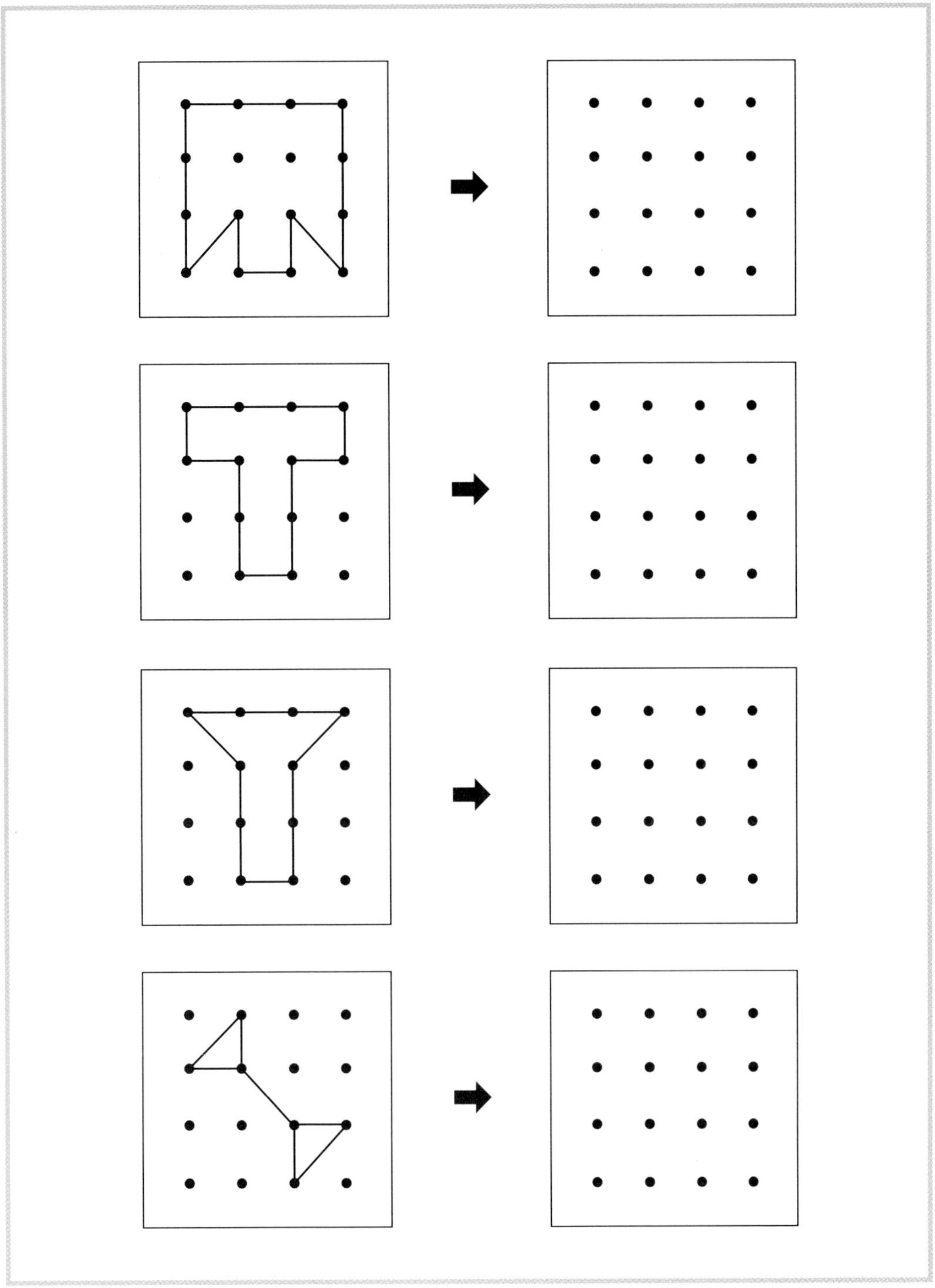

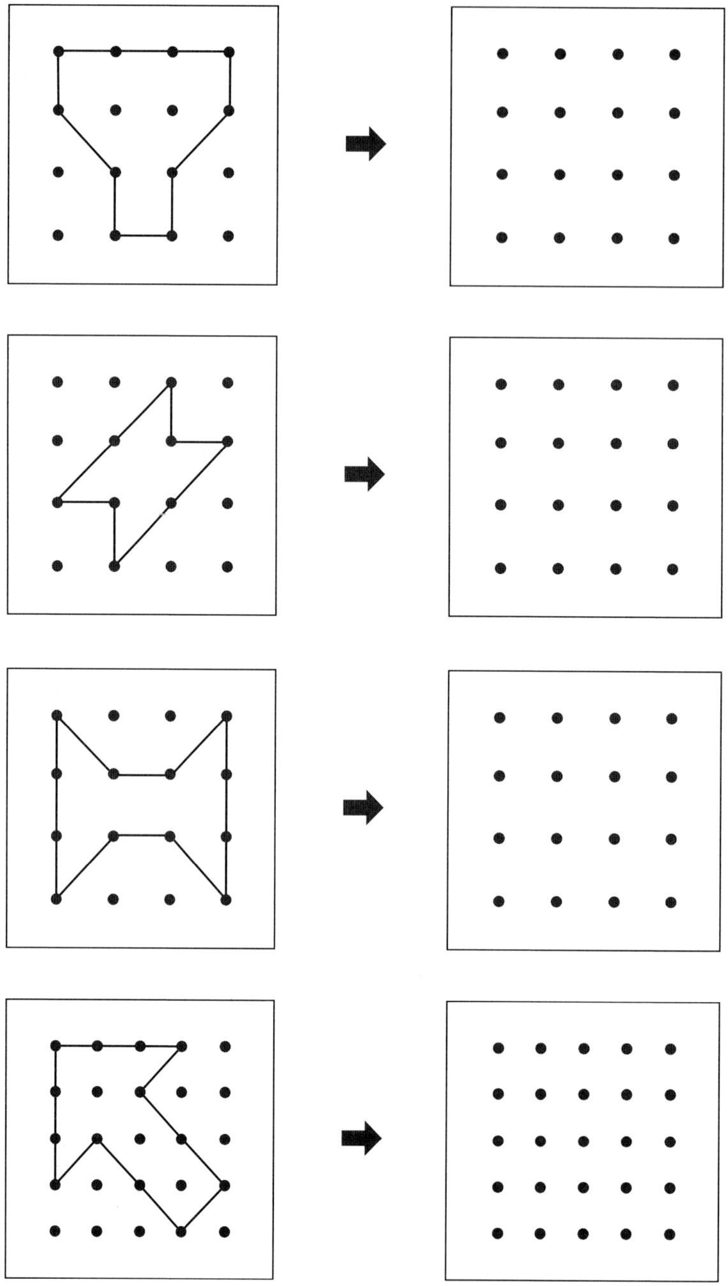

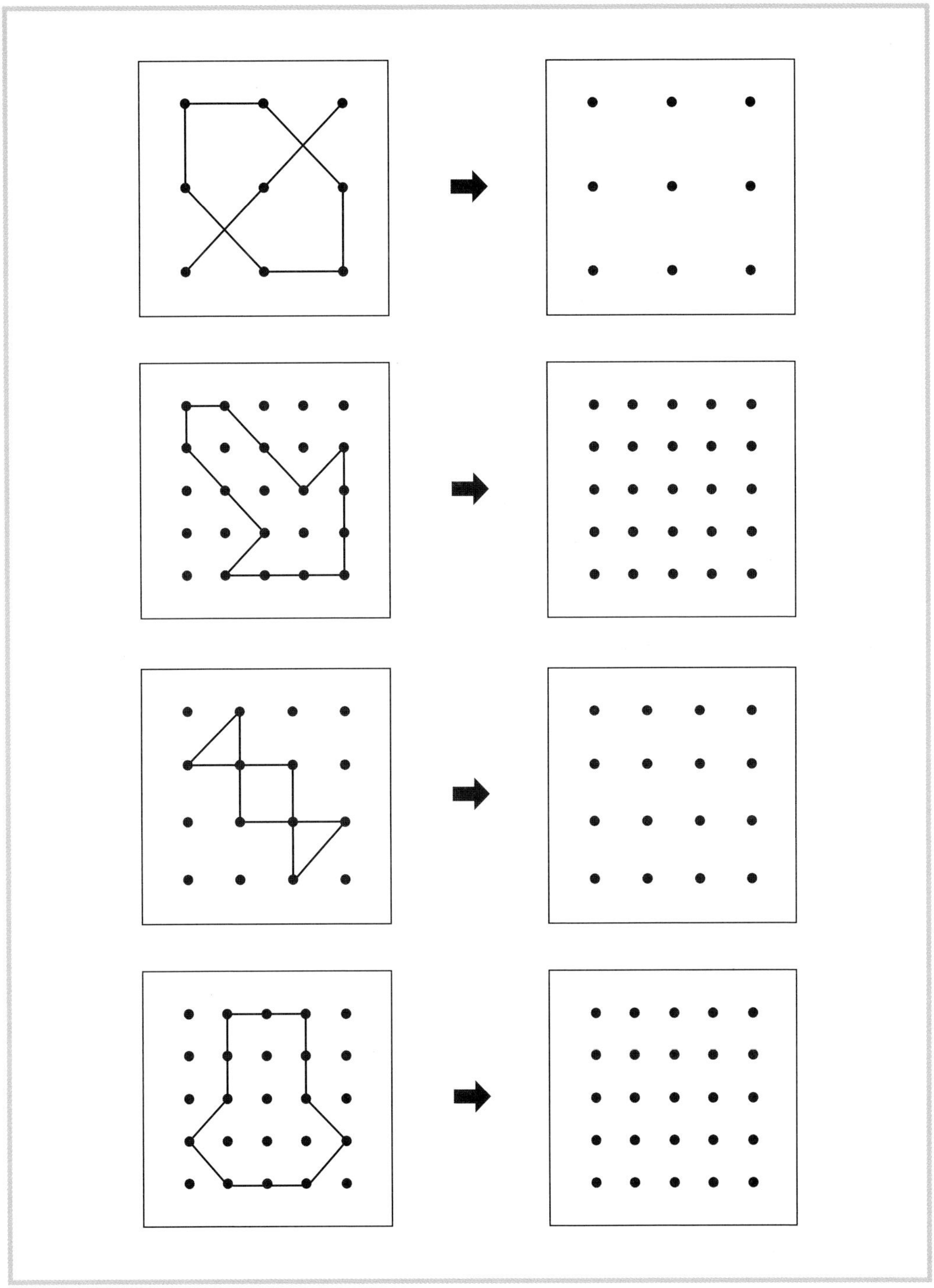

219 장난감 용구 사용하여 나사 조이기 5~6세

목표 | 장난감 용구를 사용하여 나사를 조일 수 있다.

자료 | 나사가 있는 장난감, 장난감 드라이버, 강화제

방법 ❶

- 교사가 장난감 드라이버로 나사를 돌려서 조이는 시범을 보인다.
- 유아에게 교사를 모방하여 장난감 드라이버로 나사를 돌려서 조여 보라고 한다.
- 수행되면 유아 스스로 장난감 드라이버로 나사를 돌려서 조여 보라고 한다.
- 수행되면 유아의 특성에 맞는 적절한 강화제를 제공한다.

방법❷

- 교사가 장난감 드라이버로 나사를 돌려서 조이는 시범을 보인다.
- 유아에게 교사를 모방하여 장난감 드라이버로 나사를 돌려서 조여 보라고 한다.
- 모방하지 못하면 교사가 유아의 손을 잡고 장난감 드라이버로 나사를 돌려서 조여 준다.
- 교사가 유아의 손에 장난감 드라이버를 쥐어 준 후 유아의 손을 잡아 나사를 3/4 조여 준 다음 유아에게 나머지 부분을 돌려서 조여 보라고 한다.
- 조이지 못하면 교사가 유아의 손을 잡고 나사를 조이는 동작을 반복해 준다.
- 수행되면 교사가 유아의 손에 장난감 드라이버를 쥐어 준 후 유아의 손을 잡아 나사를 2/4 조여 준 다음 유아에게 나머지 부분을 돌려서 조여 보라고 한다.
- 수행되면 교사가 유아의 손에 장난감 드라이버를 쥐어 준 후 유아의 손을 잡아 나사를 1/4 조여 준 다음 유아에게 나머지 부분을 돌려서 조여 보라고 한다.
- 도움을 점차 줄여 간다.
- 수행되면 유아 스스로 장난감 드라이버로 나사를 돌려서 조여 보라고 한다.

- 수행되면 유아의 특성에 맞는 적절한 강화제를 제공한다.

220 모빌 만들기

5~6세

목표 | 모빌을 만들 수 있다.

자료 | 도화지, 크레파스, 물감, 물통, 팔레트, 붓, 낚싯줄, 가위, 강화제

방법 ❶

- 교사가 "우리 모두 다~같이 색칠을 ♬ 동글동글(길쭉길쭉) 예쁘게 ♬"라고 노래를 부르며 각 도형(예: ○, ■, △)을 그린 다음 붓으로 물감을 칠한 후 가위로 오려서 낚싯줄로 이어 모빌을 만드는 시범을 보인다.
- 유아에게 교사를 모방하여 각 도형을 그린 다음 붓으로 물감을 칠한 후 가위로 오려서 낚싯줄로 이어 모빌을 만들어 보라고 한다.
- 수행되면 유아 스스로 각 도형을 그린 다음 붓으로 물감을 칠한 후 각 도형을 가위로 오려서 낚싯줄로 이어 모빌을 만들어 보라고 한다.
- 수행되면 유아의 특성에 맞는 적절한 강화제를 제공한다.

방법❷

- 교사가 "우리 모두 다~같이 색칠을 ♬ 동글동글(길쭉길쭉) 예쁘게 ♬"라고 노래를 부르며 각 도형(예: ○, ■, △)을 그린 후 붓으로 물감을 칠하는 시범을 보인다.
- 유아에게 교사를 모방하여 각 도형을 그린 후 붓으로 물감을 칠해 보라고 한다.
- 모방하지 못하면 교사가 유아에게 각 도형을 그리라고 한 후 유아의 손을 잡고 붓으로 물감을 칠해 준다.
- 물감을 칠하지 못하면 교사가 유아의 손을 잡고 각 도형에 물감을 칠하는 동작을 반복해 준다.

- 도움을 점차 줄여 간다.
- 수행되면 유아 스스로 각 도형을 그린 후 붓으로 물감을 칠해 보라고 한다.
- 수행되면 교사가 물감을 칠한 도형을 가위로 오린 후, 예를 들어 동그라미와 네모를 낚싯줄로 이어 모빌을 만드는 시범을 보인다.
- 유아에게 교사를 모방하여 물감을 칠한 도형을 가위로 오린 후 동그라미와 네모를 낚싯줄로 이어 모빌을 만들어 보라고 한다.
- 모방하지 못하면 교사가 유아에게 물감을 칠한 도형을 가위로 오리라고 한 후 유아의 손을 잡고 동그라미와 네모를 낚싯줄로 이어 모빌을 만들어 준다.
- 모빌을 만들지 못하면 교사가 유아의 손을 잡고 동그라미와 네모를 낚싯줄로 이어 모빌을 만드는 동작을 반복해 준다.
- 도움을 점차 줄어 간다.
- 수행되면 유아 스스로 물감을 칠한 도형을 가위로 오린 후 동그라미와 네모를 낚싯줄로 이어 모빌을 만들어 보라고 한다.
- 수행되면 교사가 동그라미와 네모, 세모를 낚싯줄로 이어 모빌을 만드는 시범을 보인다.
- 유아에게 교사를 모방하여 동그라미와 네모, 세모를 낚싯줄로 이어 모빌을 만들어 보라고 한다.
- 모방하지 못하면 동그라미와 네모를 낚싯줄로 이어 모빌을 만든 것과 같은 방법으로 지도한다.
- 수행되면 유아의 특성에 맞는 적절한 강화제를 제공한다.

☞ 모빌 만들기는 소근육 증진뿐만 아니라 미적 감각을 키울 수 있고 성취감을 향상시킬 수 있는 활동이다.

221 글자 따라 쓰기

5~6세

목표 | 글자를 따라 쓸 수 있다.

자료 | 글자자료, 연필, 강화제

방법 ❶

- 글자 덧쓰기는 앞 단계에서 수행하였으므로 확인한 후 시행한다.
- 교사가 유아 옆에 앉아 쉬운 글자를 따라 쓰는 시범을 보인다.
- 유아에게 교사를 모방하여 쉬운 글자를 따라 써 보라고 한다.
- 수행되면 유아 스스로 쉬운 글자를 따라 써 보라고 한다.
- 수행되면 유아의 특성에 맞는 적절한 강화제를 제공한다.

방법 ❷

- 글자 덧쓰기는 앞 단계에서 수행하였으므로 확인한 후 시행한다.
- 교사가 유아 옆에 앉아, 예를 들어 '아기'라는 글자를 따라 쓰는 시범을 보인다.
- 유아에게 교사를 모방하여 '아기'라는 글자를 따라 써 보라고 한다.
- 쓰지 못하면 교사가 '아'라는 글자를 따라 쓰는 시범을 보인다.
- 유아에게 교사를 모방하여 '아'라는 글자를 따라 써 보라고 한다.
- 모방하지 못하면 교사가 유아의 손을 잡고 '아'라는 글자를 써 준다.
- 교사가 '아'를 써 준 후 유아에게 '아'라는 글자에 덧쓰기를 해 보라고 한다.
- 도움을 점차 줄여 간다.
- 수행되면 교사가 '아'를 써 준 후 유아에게 '아'를 따라 써 보라고 한다.
- 수행되면 교사가 '기'라는 글자를 쓰는 시범을 보인다.
- 유아에게 교사를 모방하여 '기'라는 글자를 써 보라고 한다.
- 쓰지 못하면 '아'를 지도한 것과 같은 방법으로 지도한다.

- 수행되면 다른 글자를 따라 쓰는 것도 '아기'와 같은 방법으로 지도한다.
- 수행되면 유아의 특성에 맞는 적절한 강화제를 제공한다.

222 모루로 네모 만들기 5~6세

목표 | 모루로 네모를 만들 수 있다.

자료 | 모루, 강화제

방법 ❶

- 모루를 구부려 세모를 만드는 것은 앞 단계에서 수행하였으므로 확인한 후 시행한다.
- 교사가 손으로 모루를 구부려 네모(■)를 만드는 시범을 보인다.
- 유아에게 교사를 모방하여 모루를 손으로 구부려 네모를 만들어 보라고 한다.
- 수행되면 유아 스스로 모루를 손으로 구부려 네모를 만들어 보라고 한다.
- 수행되면 유아의 특성에 맞는 적절한 강화제를 제공한다.

방법 ❷

- 모루를 구부려 세모를 만드는 것은 앞 단계에서 수행하였으므로 확인한 후 시행한다.
- 교사가 모루를 유아에게 제시한 후 모루를 '┌' 모양으로 구부리는 시범을 보인다.
- 유아에게 교사를 모방하여 모루를 '┌' 모양으로 구부려 보라고 한다.
- 모방하지 못하면 교사가 유아의 손을 잡고 모루를 구부려 준다.
- 교사가 모루의 처음 부분(—)만 구부려 준 후 유아에게 '┌' 모양으로 구부려 보라고 한다.
- 구부리지 못하면 교사가 유아의 손을 잡고 모루를 '┌' 모양으로 구부리는 동작을

반복해 준다.

- 도움을 점차 줄여 간다.
- 수행되면 유아 스스로 모루를 '┌' 모양으로 구부려 보라고 한다.
- 수행되면 교사가 모루를 '⊏' 모양으로 구부리는 시범을 보인다.
- 유아에게 교사를 모방하여 모루를 '⊏' 모양으로 구부려 보라고 한다.
- 모방하지 못하면 교사가 유아의 손을 잡고 모루를 '⊏' 모양으로 구부려 준다.
- 교사가 '┌' 모양으로 구부린 모루를 잡아 준 후 유아에게 '―' 부분을 구부려 '⊏' 모양을 만들어 보라고 한다.
- 만들지 못하면 교사가 유아의 손을 잡고 모루로 '⊏' 모양을 만드는 동작을 반복해 준다.
- 도움을 점차 줄여 간다.
- 수행되면 유아 스스로 모루를 '⊏' 모양으로 구부려 보라고 한다.
- 수행되면 교사가 모루를 '■' 모양으로 구부리는 시범을 보인다.
- 유아에게 교사를 모방하여 모루를 '■' 모양으로 구부려 보라고 한다.
- 모방하지 못하면 교사가 유아의 손을 잡고 모루를 '■' 모양으로 구부려 준다.
- 교사가 '⊏' 모양으로 구부린 모루를 잡아준 후 유아에게 'ㅣ' 부분을 구부려 '■' 모양을 만들어 보라고 한다.
- 만들지 못하면 교사가 유아의 손을 잡고 모루로 '■' 모양을 만드는 동작을 반복해 준다.
- 도움을 점차 줄여 간다.
- 수행되면 유아 스스로 모루를 '■' 모양으로 만들어 보라고 한다.
- 수행되면 유아의 특성에 맞는 적절한 강화제를 제공한다.

☞ 유아의 상태에 따라 모루를 'ㄴ' 모양으로 구부리는 것부터 시작하여 '■' 모양 만들기를 지도해도 무방하다.

223 색종이 목걸이 만들기 5~6세

목표 | 색종이 목걸이를 만들 수 있다.

자료 | 색종이, 풀, 가위, 강화제

방법 ❶

- 직선으로 오리기는 앞 단계에서 수행하였으므로 확인한 후 시행한다.
- 교사가 색종이를 직선으로 여러 장 오려 놓는다.
- 교사가 오린 색종이 한쪽 끝에 풀칠을 한 후 다른 한쪽 끝을 붙여 동그랗게 만든 다음 다른 오린 색종이 한쪽 끝에 풀칠을 하여 동그란 색종이 고리에 넣고 한쪽 끝을 붙여 동그랗게 계속 같은 방법으로 연결하여 목걸이를 만드는 시범을 보인다.
- 유아에게 교사를 모방하여 오린 색종이 한쪽 끝에 풀칠을 한 후 다른 한쪽 끝을 붙여 동그랗게 만든 다음 다른 오린 색종이 한쪽 끝에 풀칠을 하여 동그란 색종이 고리에 넣고 한쪽 끝을 붙여 동그랗게 계속 같은 방법으로 연결하여 목걸이를 만들어 보라고 한다.
- 수행되면 유아 스스로 오린 색종이 한쪽 끝에 풀칠을 한 후 다른 한쪽 끝을 붙여 동그랗게 만든 다음 다른 오린 색종이 한쪽 끝에 풀칠을 하여 동그란 색종이 고리에 넣고 한쪽 끝을 붙여 동그랗게 계속 같은 방법으로 연결하여 목걸이를 만들어 보라고 한다.
- 수행되면 유아의 특성에 맞는 적절한 강화제를 제공한다.

방법 ❷

- 직선으로 오리기는 앞 단계에서 수행하였으므로 확인한 후 시행한다.
- 교사가 색종이를 직선으로 여러 장 오려 놓고 오린 색종이 한쪽 끝에 풀칠을 한

후 다른 한쪽 끝을 붙여 동그랗게 만드는 시범을 보인다.

- 유아에게 교사를 모방하여 색종이를 직선으로 여러 장 오려 놓고 오린 색종이 한쪽 끝에 풀칠을 한 후 다른 한쪽 끝을 붙여 동그랗게 만들어 보라고 한다.
- 만들지 못하면 교사가 유아의 손을 잡고 오린 색종이 한쪽 끝에 풀칠을 한 후 다른 한쪽 끝을 붙여 동그랗게 만들어 준다.
- 교사가 풀칠한 색종이 끝을 잡아 준 후 유아에게 한쪽 끝을 붙여 동그랗게 만들어 보라고 한다.
- 도움을 점차 줄여 간다.
- 수행되면 유아 스스로 색종이 한쪽 끝에 풀칠을 한 후 다른 한쪽 끝을 붙여 동그랗게 만들어 보라고 한다.
- 수행되면 교사가 직선으로 오린 색종이 한쪽 끝에 풀칠을 하여 동그란 색종이 고리에 넣은 후 다른 한쪽 끝을 붙여 동그랗게 만들어 연결하는 시범을 보인다.
- 유아에게 교사를 모방하여 직선으로 오린 색종이 한쪽 끝에 풀칠을 하여 동그란 색종이 고리에 넣은 후 다른 한쪽 끝을 붙여 동그랗게 만들어 연결해 보라고 한다.
- 연결하지 못하면 교사가 유아의 손을 잡고 직선으로 오린 색종이 한쪽 끝에 풀칠을 하여 동그란 색종이 고리에 넣은 후 다른 한쪽 끝을 붙여 동그랗게 만들어 연결해 준다.
- 교사가 유아에게 직선으로 오린 색종이 한쪽 끝에 풀칠을 하라고 한 후 풀칠한 색종이를 동그란 색종이 고리에 넣어 보라고 한다.
- 수행되면 교사가 유아에게 풀칠한 곳에 다른 한쪽 끝을 붙여 동그랗게 만들어 연결해 보라고 한다.
- 도움을 점차 줄여 간다.
- 수행되면 유아 스스로 직선으로 오린 색종이 한쪽 끝에 풀칠을 하여 동그란 색종이 고리에 넣은 후 다른 한쪽 끝을 붙여 동그랗게 만들어 연결해 보라고 한다.
- 수행되면 교사가 직선으로 오린 색종이 한쪽 끝에 풀칠을 하여 동그란 색종이 고리에 넣고 다른 한쪽 끝을 붙여 동그랗게 만든 후 계속 같은 방법으로 연결하여

목걸이를 만드는 시범을 보인다.

- 유아에게 교사를 모방하여 직선으로 오린 색종이 한쪽 끝에 풀칠을 하여 동그란 색종이 고리에 넣고 다른 한쪽 끝을 붙여 동그랗게 만든 후 계속 같은 방법으로 연결하여 목걸이를 만들어 보라고 한다.
- 수행되면 유아 스스로 오린 색종이의 한쪽 끝에 풀칠을 한 후 다른 한쪽 끝을 붙여 동그랗게 만든 후 동그란 고리에 색종이를 넣고 계속 같은 방법으로 연결하여 목걸이를 만들어 보라고 한다.
- 수행되면 유아의 특성에 맞는 적절한 강화제를 제공한다.

☞ 목걸이를 만들기 전 짧게 연결하여 팔찌나 발찌를 만든 후 목걸이를 지도하는 것도 하나의 방법이다. 그리고 만들어진 팔찌나 발찌, 목걸이를 유아에게 착용하게 하거나 다른 유아에게 선물을 주게 하면 유아가 쉽게 성취감을 느낄 수 있다. 짧게 만든 것을 유아의 가방에 걸어 주어도 무척 흥미로워한다.

☞ 유아의 상태에 따라 직선으로 자르는 색종이의 넓이는 조절하도록 한다. 처음에는 넓게 자르다가 점점 좁게 자르는 방법 및 색종이의 길이를 조절하는 방법 등이 있다.

224 숫자 연결하여 그림 그리기 I

5~6세

목표 | 숫자를 연결하여 그림을 그릴 수 있다.

자료 | 그림자료, 연필, 색연필, 강화제

방법 ❶

- 교사가 "1은 ♬ 어디 있나? ♬ 여기 ♬"라고 노래를 부르며 숫자를 연결하여 그림(예: 곰 얼굴)을 그리는 시범을 보인다.

• 유아에게 교사를 모방하여 숫자를 연결하여 그림(예: 곰 얼굴)을 그려 보라고 한다.
• 수행되면 유아 스스로 숫자를 연결하여 그림을 그려 보라고 한다.
• 수행되면 유아의 특성에 맞는 적절한 강화제를 제공한다.

방법 ❷

• 교사가 "1은 ♬ 어디 있나? ♬ 여기 ♬"라고 노래를 부르며, 예를 들어 숫자를 연결하여 곰 얼굴을 그리는 시범을 보인다.
• 유아에게 교사를 모방하여 숫자를 연결하여 곰 얼굴을 그려 보라고 한다.
• 모방하지 못하면 교사가 유아의 손을 잡고 숫자를 연결하여 곰 얼굴을 그려 준다.
• 교사가 숫자를 순서대로 가리키며 유아에게 숫자를 연결하여 곰 얼굴을 그려 보라고 한다.
• 교사가 곰 얼굴의 3/4까지 숫자를 연결하여 준 후 유아에게 나머지를 연결하여 곰 얼굴을 그려 보라고 한다.
• 수행되면 교사가 곰 얼굴의 2/4까지 숫자를 연결하여 준 후 유아에게 나머지를 연결하여 곰 얼굴을 그려 보라고 한다.
• 수행되면 교사가 곰 얼굴의 1/4까지 숫자를 연결하여 준 후 유아에게 나머지를 연결하여 곰 얼굴을 그려 보라고 한다.
• 도움을 점차 줄여 간다.
• 수행되면 유아 스스로 숫자를 연결하여 곰 얼굴을 그려 보라고 한다.
• 수행되면 교사가 예를 들어 숫자를 연결하여 코끼리를 그리는 시범을 보인다.
• 유아에게 교사를 모방하여 숫자를 연결하여 코끼리를 그려 보라고 한다.
• 모방하지 못하면 숫자로 곰 얼굴을 그린 것과 같은 방법으로 지도한다.
• 수행되면 다른 그림들도 같은 방법으로 지도한다.
• 수행되면 유아의 특성에 맞는 적절한 강화제를 제공한다.

☞ 주목적이 소근육 지도이므로 숫자를 모르는 경우 순서대로 점을 연결하도록 하거나 숫자를

읽어 주면서 지도하도록 한다.

☞ 숫자를 연결하여 그림을 완성한 후 색칠 놀이를 시켜도 효과적이다.

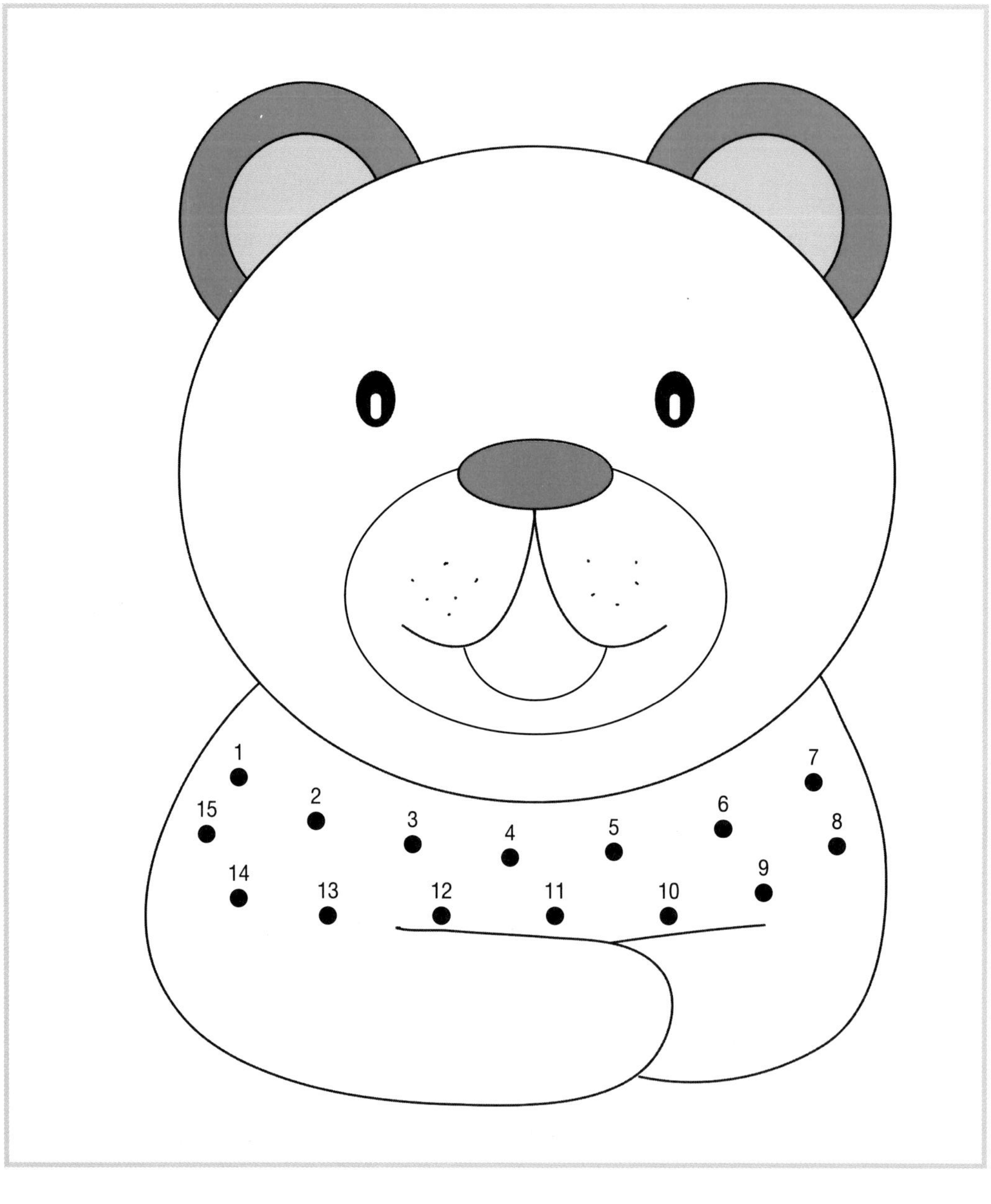

1
2
3
4
5
6
7
8

1
2
3
4
5
6
7
8
9

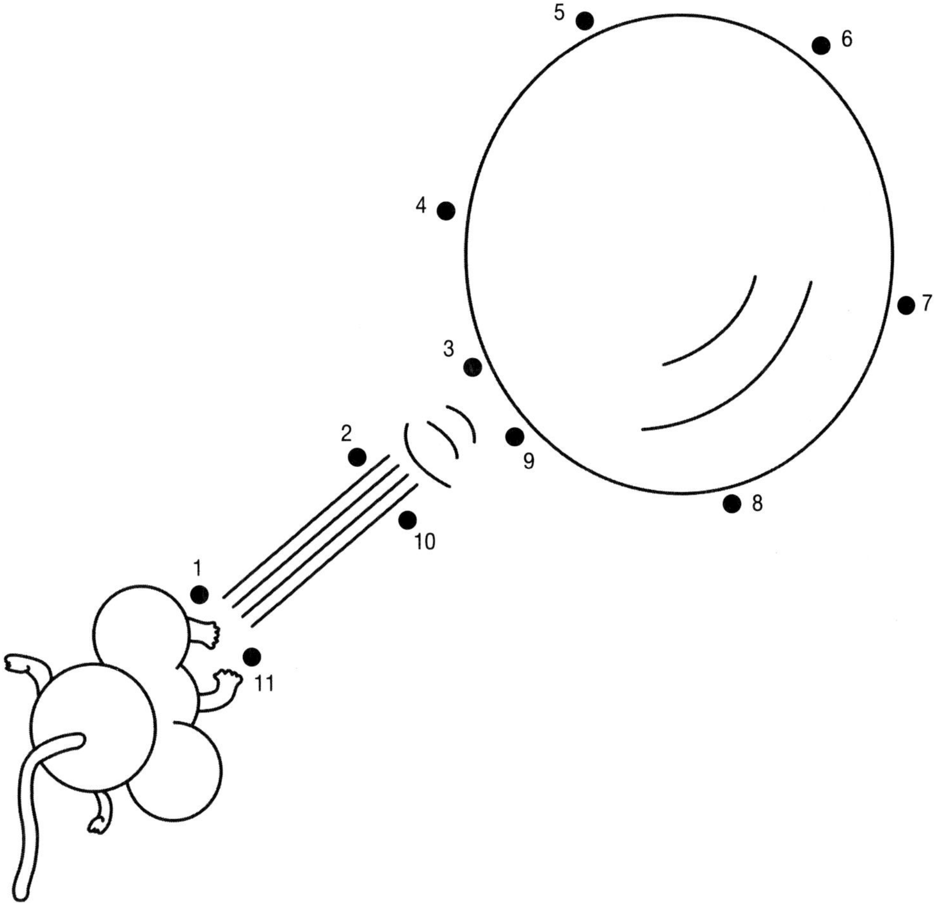

5~6
세

225 계란 껍질 그림 완성하기

5~6세

목표 | 그림에 계란 껍질을 붙일 수 있다.

자료 | 계란 껍질, 장난감 망치, 비닐, 그림자료, 본드(오공본드 또는 양면테이프), 강화제

방법 ❶

- 장난감 망치로 계란 껍질을 깨뜨리는 것은 앞 단계에서 수행하였으므로 확인한 후 시행한다.
- 교사가 그림에 본드를 칠한 후 장난감 망치로 계란 껍질을 깨뜨려 붙이는 시범을 보인다.
- 유아에게 교사를 모방하여 그림에 본드를 칠한 후 장난감 망치로 계란 껍질을 깨뜨려 붙여 보라고 한다.
- 수행되면 유아 스스로 그림에 본드를 칠한 후 장난감 망치로 계란 껍질을 깨뜨려 붙여 보라고 한다.
- 수행되면 유아의 특성에 맞는 적절한 강화제를 제공한다.

방법 ❷

- 장난감 망치로 계란 껍질을 깨뜨리는 것은 앞 단계에서 수행하였으므로 확인한 후 시행한다.
- 교사가 그림에 본드를 칠한 후 장난감 망치로 계란 껍질을 깨뜨려 붙이는 시범을 보인다.
- 유아에게 교사를 모방하여 그림에 본드를 칠한 후 장난감 망치로 계란 껍질을 깨뜨려 붙여 보라고 한다.
- 모방하지 못하면 교사가 유아에게 그림에 본드를 칠한 후 장난감 망치로 계란 껍질을 깨뜨리라고 한 다음 교사가 유아의 손을 잡고 계란 껍질을 붙여 준다.

• 붙이지 못하면 교사가 유아의 손을 잡고 그림에 계란 껍질을 붙여 주는 동작을 반복해 준다.
• 도움을 점차 줄여 간다.
• 수행되면 유아 스스로 그림에 본드를 칠한 후 장난감 망치로 계란 껍질을 깨뜨려 붙여 보라고 한다.
• 수행되면 유아의 특성에 맞는 적절한 강화제를 제공한다.

☞ 교사가 그림에 양면테이프를 미리 붙여 놓은 후 양면테이프에 계란 껍질 붙이기를 지도해도 무방하다.

☞ 계란 껍질을 붙인 그림의 빈 곳에 물감 칠하는 놀이를 유도하면 효과적이다.

☞ 유아가 숫자를 알고 있는 경우에는 계란 껍질에 숫자를 써 놓은 후 교사가 불러 주는 숫자를 찾아 깨뜨려 붙이게 하거나 한글을 알면(자폐스펙트럼의 경우 한글을 알고 있는 경우가 많음) 한글을 찾아서 깨뜨리게 한 다음 그림에 붙이도록 지도할 수도 있다. 숫자나 한글을 잘 모르는 경우에도 계란 껍질에 지도하고 싶은 숫자나 글자를 반복해서 써 놓으면 깨뜨리는 과정 속에서 자연스럽게 반복 학습이 가능하여 인지와 소근육을 효율적으로 지도할 수 있다.

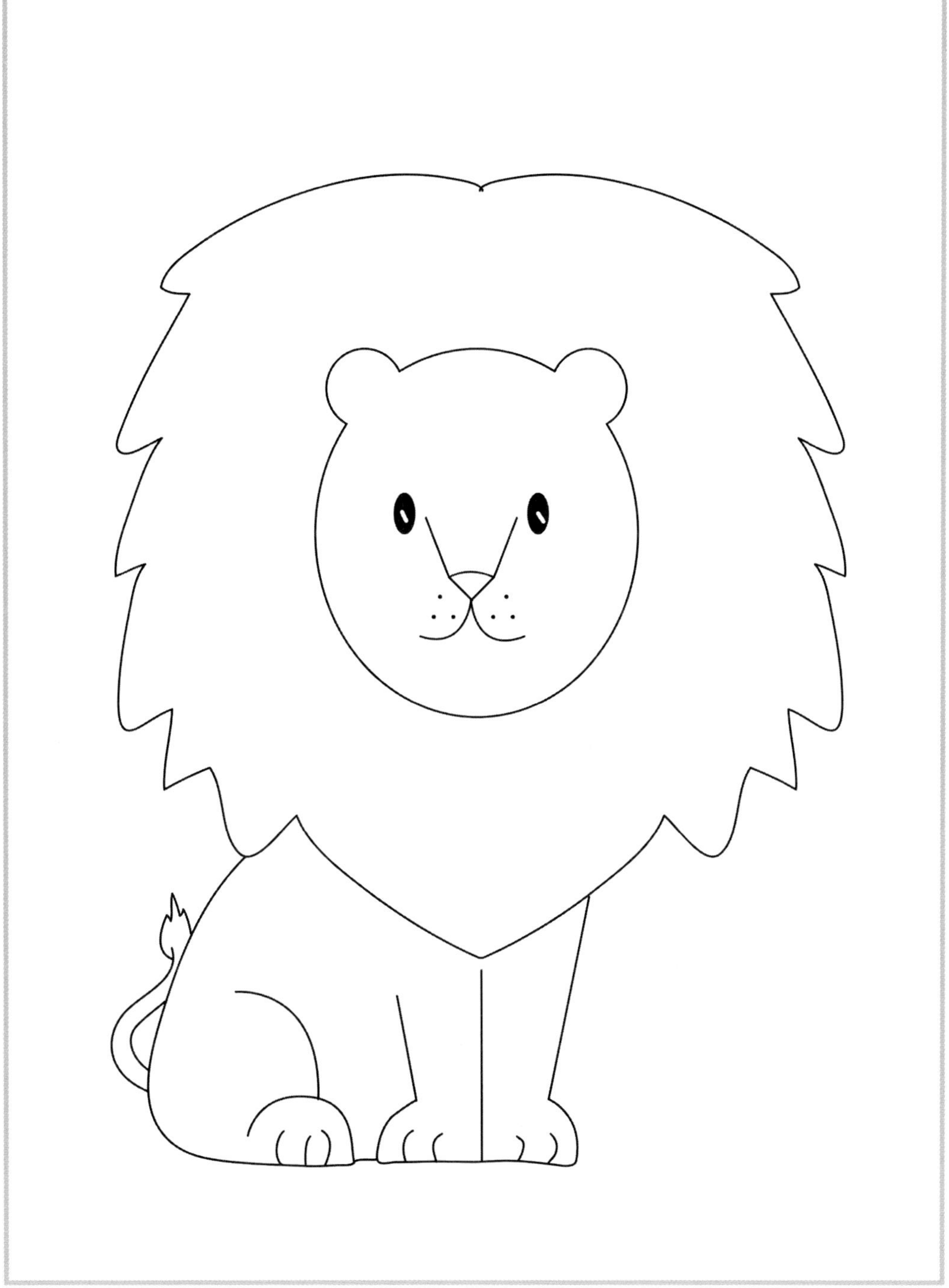

226 휴지 심으로 문어 찍기

5~6세

목표 | 휴지 심으로 문어를 찍을 수 있다.

자료 | 휴지 심, 가위, 연필, 다양한 색상의 물감, 물, 접시, 키친타월, 그림자료, 강화제

방법 ❶

- 교사가 다양한 색깔의 물감을 담은 접시와 다음 사진처럼 휴지 심의 1/2을 일정한 간격으로 자른 휴지 심을 제시한다.
- 교사가 접시에 담긴 물감을 문어발처럼 자른 휴지 심에 묻힌 후 바다 풍경에 문어를 찍는 시범을 보인다.
- 유아에게 교사를 모방하여 접시에 담긴 물감을 문어발처럼 자른 휴지 심에 묻힌 후 바다 풍경에 문어를 찍어 보라고 한다.
- 수행되면 유아 스스로 접시에 담긴 물감을 문어발처럼 자른 휴지 심에 묻힌 후 바다 풍경에 문어를 찍어 보라고 한다.
- 수행되면 유아의 특성에 맞는 적절한 강화제를 제공한다.

방법 ❷

- 교사가 다양한 색깔의 물감을 담은 접시와 다음 사진처럼 휴지 심의 1/2을 일정한 간격으로 자른 휴지 심을 제시한다.
- 교사가 접시에 담긴 물감을 문어발처럼 자른 휴지 심에 묻힌 후 바다 풍경에 문어를 찍는 시범을 보인다.
- 유아에게 교사를 모방하여 접시에 담긴 물감을 문어발처럼 자른 휴지 심에 묻힌 후 바다 풍경에 문어를 찍어 보라고 한다.
- 모방하지 못하면 교사가 유아의 손을 잡고 접시에 담긴 물감을 문어발처럼 자른 휴지 심에 묻힌 후 바다 풍경에 문어를 찍어 준다.

- 교사가 유아에게 스스로 접시에 담긴 물감을 문어발처럼 자른 휴지 심에 묻히라고 한 후 유아의 손을 바다 풍경에 대 준 다음 문어를 찍어 보라고 한다.
- 찍지 못하면 교사가 유아의 손을 잡고 접시에 담긴 물감을 문어발처럼 자른 휴지 심에 묻힌 후 바다 풍경에 문어를 찍어 주는 동작을 반복해 준다.
- 교사가 유아에게 스스로 문어발처럼 자른 휴지 심에 물감을 찍으라고 한 후 문어 찍을 위치를 가리키며 찍어 보라고 한다.
- 도움을 점차 줄여 간다.
- 수행되면 유아 스스로 접시에 담긴 물감을 문어발처럼 자른 휴지 심에 묻힌 후 바다 풍경에 문어를 찍어 보라고 한다.
- 수행되면 유아의 특성에 맞는 적절한 강화제를 제공한다.

☞ 휴지 심에 물감을 묻히면 쉽게 망가지므로 휴지 심을 여러 개 준비해 놓아야 한다.

☞ 휴지 심에 물감을 묻힐 때 키친타월을 물감 위에 올려놓은 후 젖은 상태에서 물감을 묻히면 편리하다.

5～6
세

227 곡선 오리기

5~6세

목표 | 가위로 곡선을 오릴 수 있다.

자료 | 가위, 색종이, 그림자료, 강화제

방법 ❶

- 가위로 동그라미 오리기는 앞 단계에서 수행하였으므로 확인한 후 시행한다.
- 교사가 곡선이 그려져 있는 색종이를 제시한 후 유아의 옆에 앉아 가위로 곡선을 오리는 시범을 보인다.
- 유아에게 교사를 모방하여 가위로 곡선을 오려 보라고 한다.
- 수행되면 유아 스스로 곡선을 가위로 오려 보라고 한다.
- 수행되면 유아의 특성에 맞는 적절한 강화제를 제공한다.

방법 ❷

- 가위로 동그라미 오리기는 앞 단계에서 수행하였으므로 확인한 후 시행한다.
- 교사가 곡선이 그려져 있는 색종이를 제시한 후 유아의 옆에 앉아 가위로 곡선을 오리는 시범을 보인다.
- 유아에게 교사를 모방하여 가위로 곡선을 따라 오려 보라고 한다.
- 모방하지 못하면 교사가 유아의 손을 잡고 가위로 곡선을 따라 오려 준다.
- 교사가 곡선의 선을 손으로 따라 그어 주며 유아에게 가위로 곡선을 따라 오려 보라고 한다.
- 오리지 못하면 교사가 유아의 손을 잡고 가위로 곡선을 따라 오리는 동작을 반복해 준다.
- 교사가 곡선의 3/4을 가위로 오려 준 후 유아에게 나머지 부분을 오려 보라고 한다.

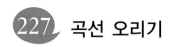

- 수행되면 교사가 곡선의 2/4를 가위로 오려 준 후 유아에게 나머지 부분을 오려 보라고 한다.
- 수행되면 교사가 곡선의 1/4을 가위로 오려 준 후 유아에게 나머지 부분을 오려 보라고 한다.
- 수행되면 유아가 가위로 곡선을 자를 때 교사가 "선을 따라 잘라요." "색종이를 돌려요." 등 언어적인 도움을 주며 유아에게 곡선을 오려 보라고 한다.
- 도움을 점차 줄여 간다.
- 수행되면 유아 스스로 가위로 곡선을 오려 보라고 한다.
- 수행되면 유아의 특성에 맞는 적절한 강화제를 제공한다.

- 유아와 마주 보고 지도할 경우 유아가 바라보는 방향(교사가 왼손을 사용해야 유아가 볼 때 오른손이 됨)에서 손의 사용에 유의하도록 하고, 왼손잡이의 경우 반대로 지도하면 된다.

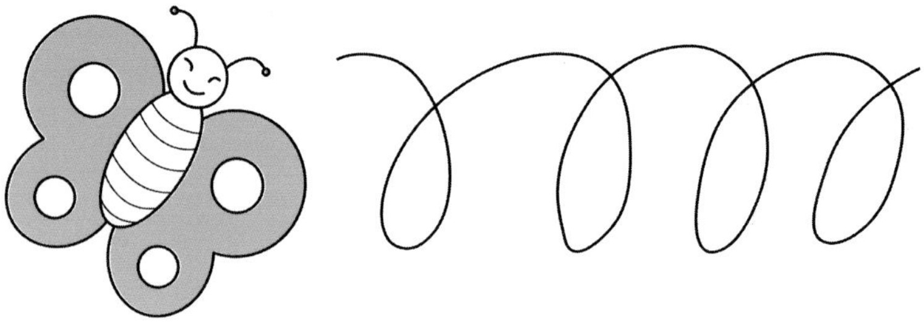

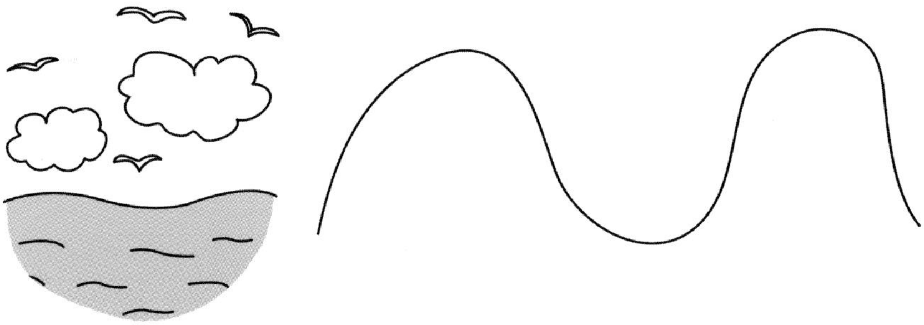

5~6
세

228 크레파스 색칠 위에 풀 그림 그리기

5~6세

목표 | 크레파스 색칠 위에 풀 그림을 그릴 수 있다.

자료 | 마분지, 크레파스, 밀가루 풀, 물감, 신문지(비닐), 강화제

방법 ❶

- 교사가 책상 위에 신문지(비닐)를 깐 다음 마분지와 크레파스 등의 자료들을 제시한다.
- 교사가 "아빠 손가락 ♬ 어디 있나? 아빠 손가락 ♬ 여기요, 여기요 ♬ 안녕하세요~♬"라고 노래를 부르며 마분지에 크레파스로 색칠을 한 후 그 위에 풀을 올려놓은 다음 물감을 떨어뜨려 손으로 풀과 물감을 섞어 손가락으로 마음대로 그림을 그리는 시범을 보인다.
- 유아에게 교사를 모방하여 마분지에 크레파스로 색칠을 한 후 그 위에 풀을 올려놓은 다음 물감을 떨어뜨려 손으로 풀과 물감을 섞어 손가락으로 마음대로 그림을 그려 보라고 한다.
- 수행되면 유아 스스로 마분지에 크레파스로 색칠을 한 후 그 위에 풀을 올려놓은 다음 물감을 떨어뜨려 손으로 풀과 물감을 섞어 손가락으로 마음대로 그림을 그려 보라고 한다.
- 수행되면 유아의 특성에 맞는 적절한 강화제를 제공한다.

방법 ❷

- 교사가 책상 위에 신문지(비닐)를 깐 다음 마분지와 크레파스 등의 자료들을 제시한다.
- 교사가 "아빠 손가락 ♬ 어디 있나? 아빠 손가락 ♬ 여기요, 여기요 ♬ 안녕하세요~♬"라고 노래를 부르며 마분지에 크레파스로 색칠을 한 후 그 위에 풀을 올려놓

은 다음 물감을 떨어뜨리는 시범을 보인다.

- 유아에게 교사를 모방하여 마분지에 크레파스로 색칠을 한 후 그 위에 풀을 올려놓은 다음 물감을 떨어뜨려 보라고 한다.
- 모방하지 못하면 교사가 유아의 손을 잡고 마분지에 풀을 올려놓은 다음 물감을 떨어뜨려 준다.
- 교사가 풀과 물감을 가리키며 유아에게 마분지에 풀을 올려놓은 다음 물감을 떨어뜨려 보라고 한다.
- 떨어뜨리지 못하면 교사가 유아의 손을 잡고 풀을 올려놓은 다음 물감을 떨어뜨리는 동작을 반복해 준다.
- 도움을 점차 줄여 간다.
- 수행되면 유아 스스로 마분지에 크레파스로 색칠을 한 후 그 위에 풀을 올려놓은 다음 물감을 떨어뜨려 보라고 한다.
- 수행되면 교사가 손으로 풀과 물감을 섞어 손가락으로 마음대로 그림을 그리는 시범을 보인다.
- 유아에게 교사를 모방하여 손으로 풀과 물감을 섞어 손가락으로 마음대로 그림을 그려 보라고 한다.
- 모방하지 못하면 교사가 유아의 손을 잡고 풀과 물감을 섞어 손가락으로 마음대로 그림을 그려 준다.
- 교사가 풀과 물감을 가리키며 유아에게 두 개를 섞어 손가락으로 마음대로 그림을 그려 보라고 한다.
- 그리지 못하면 교사가 유아의 손을 잡고 풀과 물감을 섞어 손가락으로 마음대로 그림을 그리는 동작을 반복해 준다.
- 도움을 점차 줄여 간다.
- 수행되면 유아 스스로 마분지에 크레파스로 색칠을 한 후 그 위에 풀을 올려놓은 다음 물감을 떨어뜨려 손으로 풀과 물감을 섞어 손가락으로 마음대로 그림을 그려 보라고 한다.

- 수행되면 유아의 특성에 맞는 적절한 강화제를 제공한다.

229 요술안경 만들기

5~6세

목표 | 셀로판지로 요술안경을 만들 수 있다.

자료 | 마분지(골판지), 다양한 색상의 셀로판지, 마커 세트(사인펜 세트), 연필, 딱풀(테이프), 가위, 다양한 스티커, 강화제

방법 ❶

- 교사가 마분지(골판지)에 다양한 안경 그림(예: 네모 모양, 나비 모양 등)을 그린 후 각 모양을 오려서 제시한다.
- 교사가 안경 모양의 눈 부분에 딱풀(테이프)로 셀로판지를 붙인 후 안경테 부분을 마커 세트(사인펜 세트)나 스티커로 꾸며서 요술안경을 만드는 시범을 보인다.
- 유아에게 교사를 모방하여 안경 모양의 눈 부분에 딱풀로 셀로판지를 붙인 후 안경테 부분을 마커 세트나 스티커로 꾸며서 요술안경을 만들어 보라고 한다.
- 수행되면 유아 스스로 안경 모양의 눈 부분에 딱풀로 셀로판지를 붙인 후 안경테 부분을 마커 세트나 스티커로 꾸며서 요술안경을 만들어 보라고 한다.
- 수행되면 유아의 특성에 맞는 적절한 강화제를 제공한다.

방법 ❷

- 교사가 마분지(골판지)에 다양한 안경 그림(예: 네모 모양, 나비 모양 등)을 그린 후 각 모양을 오려서 제시한다.
- 교사가 안경 모양의 눈 부분에 딱풀(테이프)로 셀로판지를 붙이는 시범을 보인다.
- 유아에게 교사를 모방하여 안경 모양의 눈 부분에 딱풀로 셀로판지를 붙여 보라고 한다.

- 모방하지 못하면 교사가 유아의 손을 잡고 안경 모양의 눈 부분에 딱풀로 셀로판지를 붙여 준다.
- 교사가 셀로판지를 안경 모양의 눈 뒷부분에 대 준 후 유아에게 딱풀로 셀로판지를 붙여 보라고 한다.
- 붙이지 못하면 교사가 유아의 손을 잡고 안경 모양의 눈 뒷부분에 딱풀로 셀로판지를 붙여 주는 동작을 반복해 준다.
- 도움을 점차 줄여 간다.
- 수행되면 유아 스스로 안경 모양의 눈 부분에 딱풀로 셀로판지를 붙여 보라고 한다.
- 수행되면 교사가 안경테 부분을 마커 세트(사인펜 세트)나 스티커로 꾸며서 요술안경을 만드는 시범을 보인다.
- 유아에게 교사를 모방하여 안경테 부분을 마커 세트(사인펜 세트)나 스티커로 꾸며서 요술안경을 만들어 보라고 한다.
- 모방하지 못하면 교사가 유아의 손을 잡고 안경테 부분을 마커 세트나 스티커로 꾸며서 요술안경을 만들어 준다.
- 교사가 안경테 부분을 가리키며 유아에게 마커 세트나 스티커로 꾸며서 요술안경을 만들어 보라고 한다.
- 꾸미지 못하면 교사가 유아의 손을 잡고 안경테 부분을 마커 세트나 스티커로 꾸며서 요술안경을 만드는 동작을 반복해 준다.
- 도움을 점차 줄여 간다.
- 수행되면 유아 스스로 안경 모양의 눈 부분에 딱풀로 셀로판지를 붙인 후 안경테 부분을 마커 세트나 스티커로 꾸며서 요술안경을 만들어 보라고 한다.
- 수행되면 유아의 특성에 맞는 적절한 강화제를 제공한다.

☞ 셀로판지로 안경을 만들 수 있는 반제품을 시중에서 판매하므로, 이를 활용하면 좀 더 쉽게 지도할 수 있다.

☞ 테이프를 이용해서 휴지 심의 한쪽에 각각 다른 색깔의 셀로판지를 붙여 테이프로 고정한 후 두 개의 휴지 심을 테이프로 붙여서 마치 망원경처럼 보이게 안경 만들기를 지도할 수도 있다.

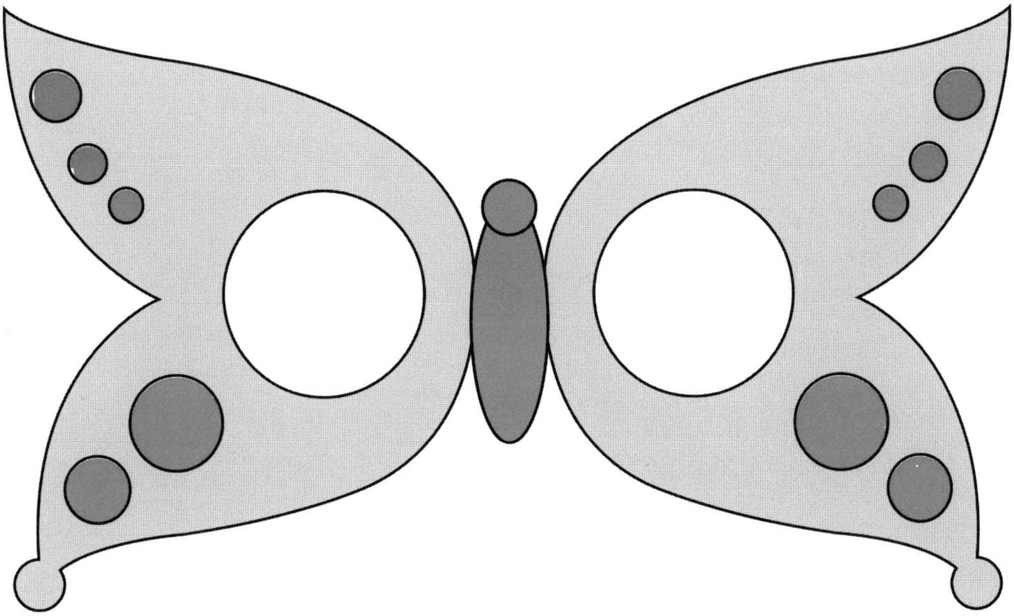

5~6
세

230 수수깡으로 물고기 비닐 붙이기

5~6세

목표 | 수수깡으로 물고기에 비닐을 붙일 수 있다.

자료 | 수수깡, 양면테이프, 칼, 가위, 그림자료, 강화제

방법 ❶

- 교사가 마분지나 두꺼운 종이에 물고기가 그려져 있는 그림을 제시한다.
- 교사가 물고기 그림에 양면테이프를 붙인 후 수수깡을 잘라서 비닐을 붙이는 시범을 보인다.
- 유아에게 교사를 모방하여 물고기 그림에 양면테이프를 붙인 후 수수깡을 잘라서 비닐을 붙여 보라고 한다.
- 수행되면 유아 스스로 물고기 그림에 양면테이프를 붙인 후 수수깡을 잘라서 비닐을 붙여 보라고 한다.
- 수행되면 유아의 특성에 맞는 적절한 강화제를 제공한다.

방법 ❷

- 교사가 마분지나 두꺼운 종이에 물고기가 그려져 있는 그림을 제시한다.
- 교사가 물고기 그림에 양면테이프를 붙이는 시범을 보인다.
- 유아에게 교사를 모방하여 물고기 그림에 양면테이프를 붙여 보라고 한다.
- 모방하지 못하면 교사가 유아의 손을 잡고 물고기 그림에 양면테이프를 붙여 준다.
- 도움을 점차 줄여 간다.
- 수행되면 유아 스스로 물고기 그림에 양면테이프를 붙여 보라고 한다.
- 수행되면 교사가 수수깡을 잘라서 물고기 비닐을 붙이는 시범을 보인다.
- 유아에게 교사를 모방하여 수수깡을 잘라서 물고기 비닐을 붙여 보라고 한다.

- 모방하지 못하면 교사가 유아의 손을 잡고 수수깡을 잘라서 물고기 비닐을 붙여 준다.
- 교사가 물고기 그림에 붙여져 있는 양면테이프를 가리키며 수수깡을 잘라서 물고기 비닐을 붙여 보라고 한다.
- 붙이지 못하면 교사가 유아의 손을 잡고 수수깡을 잘라서 물고기 비닐을 붙여 주는 동작을 반복해 준다.
- 도움을 점차 줄여 간다.
- 수행되면 유아 스스로 물고기 그림에 양면테이프를 붙인 후 수수깡을 잘라서 비닐을 붙여 보라고 한다.
- 수행되면 유아의 특성에 맞는 적절한 강화제를 제공한다.

231 동전 문질러 자동차 바퀴 만들기 5~6세

목표 | 동전을 문질러 자동차 바퀴를 만들 수 있다.

자료 | 도화지(습자지), 100원짜리 동전, 색연필(연필), 크레파스, 그림자료, 가위, 풀, 강화제

방법 ❶

- 교사가 자동차 바퀴가 없는 그림을 제시한다.
- 교사가 동전 위에 도화지(습자지)를 놓고 색연필로 문질러 나온 모양을 가위로 오려서 자동차 바퀴에 붙이는 시범을 보인다.
- 유아에게 교사를 모방하여 동전 위에 도화지(습자지)를 놓고 색연필로 문질러 나온 모양을 가위로 오려서 자동차 바퀴에 붙여 보라고 한다.
- 수행되면 유아 스스로 동전 위에 도화지를 놓고 색연필로 문질러 나온 모양을 가위로 오려서 자동차 바퀴에 붙여 보라고 한다.
- 수행되면 유아의 특성에 맞는 적절한 강화제를 제공한다.

방법 ❷

- 교사가 자동차 바퀴가 없는 그림을 제시한다.
- 교사가 동전 위에 도화지(습자지)를 놓은 후 색연필로 문지르는 시범을 보인다.
- 유아에게 교사를 모방하여 동전 위에 도화지를 놓은 후 색연필로 문질러 보라고 한다.
- 모방하지 못하면 교사가 유아의 손을 잡고 동전 위에 도화지를 놓은 후 색연필로 문질러 준다.
- 교사가 동전 위에 도화지를 놓아 준 후 유아에게 색연필로 문질러 보라고 한다.
- 문지르지 못하면 교사가 유아의 손을 잡고 동전 위에 도화지를 놓은 후 색연필로

문지르는 동작을 반복해 준다.

- 도움을 점차 줄여 간다.
- 수행되면 유아 스스로 동전 위에 도화지를 놓은 후 색연필로 문질러 보라고 한다.
- 수행되면 교사가 동전 모양을 가위로 오려서 자동차 바퀴에 붙이는 시범을 보인다.
- 유아에게 교사를 모방하여 동전 모양을 가위로 오려서 자동차 바퀴에 붙여 보라고 한다.
- 모방하지 못하면 교사가 유아의 손을 잡고 동전 모양을 가위로 오려서 자동차 바퀴에 붙여 준다.
- 교사가 유아에게 동전 모양을 가위로 오리라고 한 후 자동차 바퀴 자리를 가리키며 붙여 보라고 한다.
- 도움을 점차 줄여 간다.
- 수행되면 유아 스스로 동전 위에 도화지를 놓고 색연필로 문질러 나온 모양을 가위로 오려서 자동차 바퀴에 붙여 보라고 한다.
- 수행되면 유아의 특성에 맞는 적절한 강화제를 제공한다.

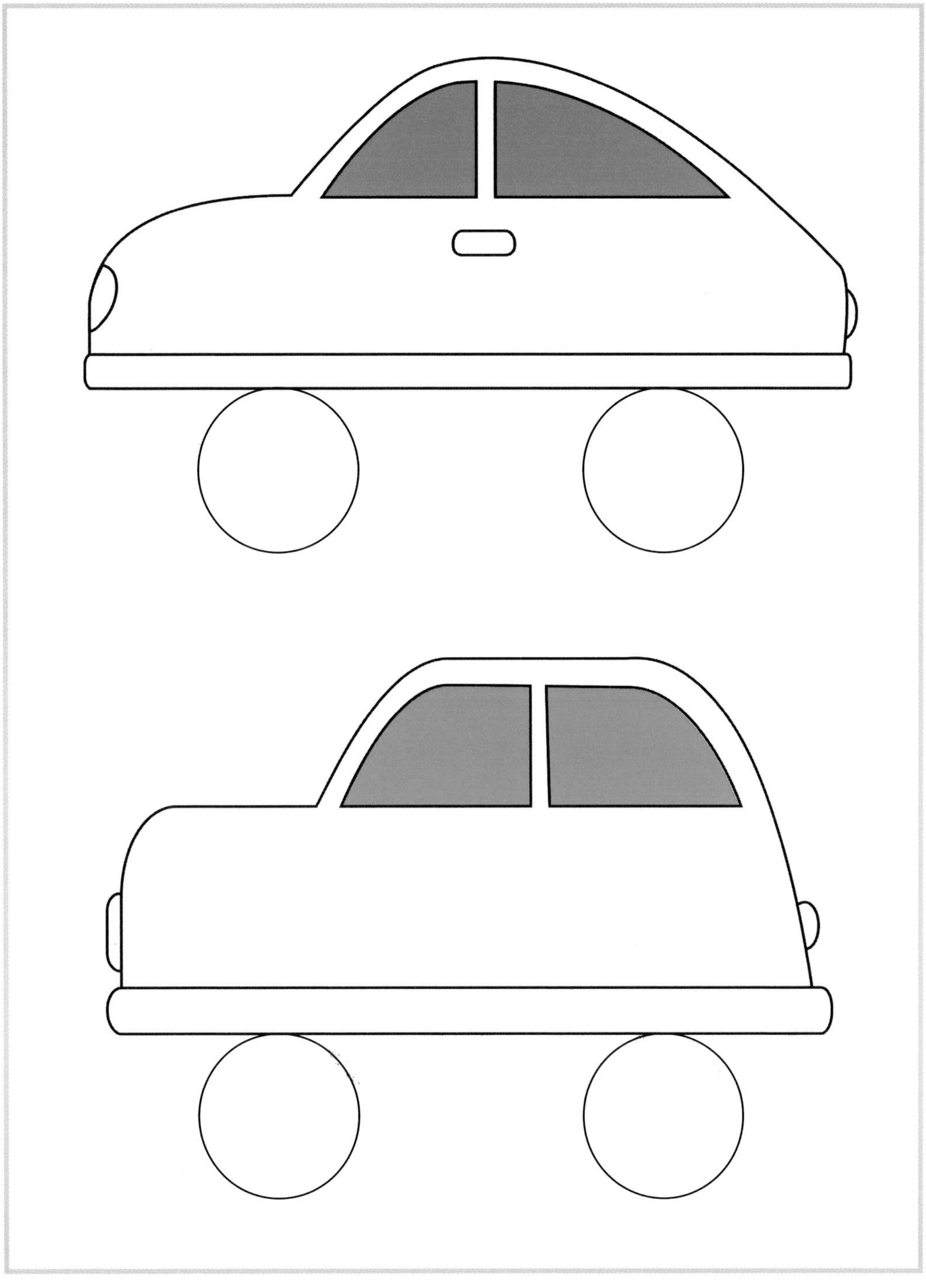

232 가위로 육각형 모양 오리기 5~6세

목표 | 가위로 육각형 모양을 오릴 수 있다.

자료 | 가위, 종이(색종이), 그림자료, 강화제

방법 ❶

- 가위로 직선 오리기는 앞 단계에서 수행하였으므로 확인한 후 시행한다.
- 교사가 육각형이 그려져 있는 종이를 제시한다.
- 교사가 유아의 옆에 앉아 가위로 육각형을 오리는 시범을 보인다.
- 유아에게 교사를 모방하여 가위로 육각형을 오려 보라고 한다.
- 수행되면 유아 스스로 육각형을 가위로 오려 보라고 한다.
- 수행되면 유아의 특성에 맞는 적절한 강화제를 제공한다.

방법 ❷

- 가위로 직선 오리기는 앞 단계에서 수행하였으므로 확인한 후 시행한다.
- 교사가 육각형이 그려져 있는 종이를 제시한다.
- 교사가 유아의 옆에 앉아 왼손으로 종이를 잡고 오른손으로 직선을 따라 육각형을 오리는 시범을 보인다.
- 유아에게 교사를 모방하여 왼손으로 종이를 잡고 오른손으로 직선을 따라 육각형을 오려 보라고 한다.
- 모방하지 못하면 교사가 유아의 오른손을 잡고 직선을 따라 육각형을 오려 준다.
- 교사가 육각형을 손으로 따라 그어 주며 유아에게 직선을 따라 육각형을 오려 보라고 한다.
- 오리지 못하면 교사가 유아의 손을 잡고 직선을 따라 가위로 육각형을 반복해서 오려 준다.

- 교사가 가위로 육각형의 네 면을 오려 준 후 유아에게 나머지 두 면을 오려 보라고 한다.
- 수행되면 교사가 가위로 육각형의 세 면을 오려 준 후 유아에게 나머지 세 면을 오려 보라고 한다.
- 수행되면 교사가 가위로 육각형의 두 면을 오려 준 후 유아에게 나머지 네 면을 오려 보라고 한다.
- 수행되면 교사가 가위로 육각형의 한 면을 오려 준 후 유아에게 나머지 부분을 오려 보라고 한다.
- 도움을 점차 줄여 간다.
- 수행되면 유아 스스로 육각형을 가위로 오려 보라고 한다.
- 수행되면 유아의 특성에 맞는 적절한 강화제를 제공한다.

☞ 유아와 마주 보고 지도할 경우 유아가 바라보는 방향(교사가 왼손을 사용해야 유아가 볼 때 오른손이 됨)에서 손의 사용에 유의하도록 하고, 왼손잡이의 경우 반대로 지도하면 된다.

※ 하단의 육각형을 오려서 그림에 붙여 주세요.

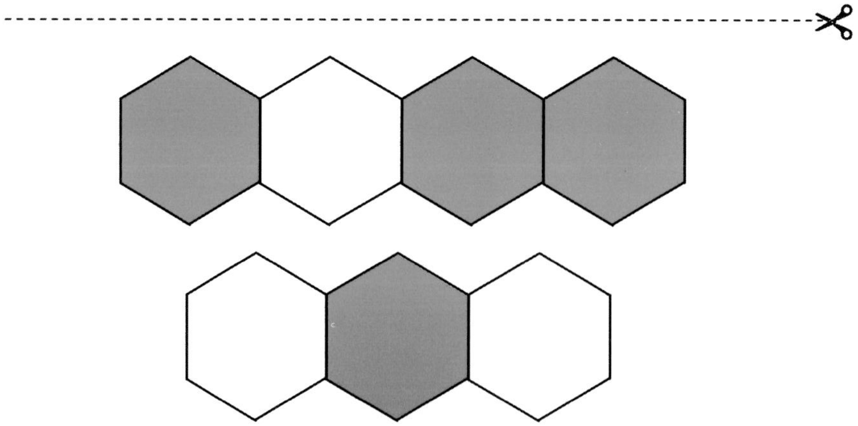

※ 하단의 육각형을 오려서 그림에 붙여 주세요.

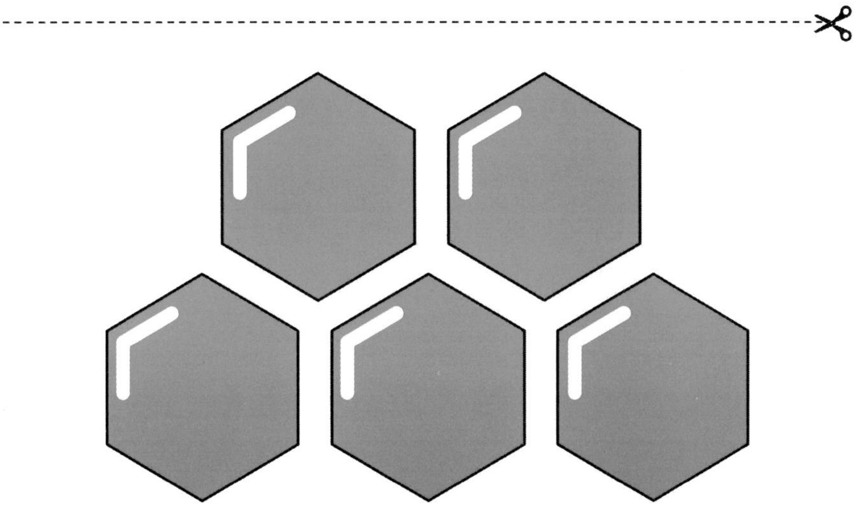

5~6
세

233 간단한 반쪽 그림 완성하기

5~6세

목표 | 간단한 반쪽 그림을 완성할 수 있다.

자료 | 도화지, 색연필(연필), 강화제

방법 ❶

- 교사가 반쪽 그림(예: 사과의 반이 그려져 있는 그림)을 제시한 후 나머지를 그려 그림을 완성시키는 시범을 보인다.
- 유아에게 교사를 모방하여 제시된 반쪽 그림을 보고 나머지를 그려 그림을 완성시켜 보라고 한다.
- 수행되면 유아 스스로 제시된 반쪽 그림을 보고 나머지를 그려 그림을 완성시켜 보라고 한다.
- 수행되면 유아의 특성에 맞는 적절한 강화제를 제공한다.

방법 ❷

- 교사가 예를 들어 사과의 반이 그려져 있는 그림을 제시한 후 나머지를 그려 사과를 완성시키는 시범을 보인다.
- 유아에게 교사를 모방하여 제시된 사과의 반이 그려져 있는 그림을 보고 나머지를 그려 사과를 완성시켜 보라고 한다.
- 모방하지 못하면 교사가 유아의 손을 잡고 나머지를 그려 사과를 완성시켜 준다.
- 교사가 사과의 반쪽을 점선으로 찍어 준 후 유아에게 사과를 그려 완성시켜 보라고 한다.
- 수행되면 교사가 사과의 반쪽에 몇 개의 점을 찍어 준 후 유아에게 점을 이어 사과를 완성시켜 보라고 한다.
- 도움을 점차 줄여 간다.

- 수행되면 유아 스스로 사과의 반이 그려져 있는 그림을 보고 나머지를 그려 사과를 완성시켜 보라고 한다.
- 수행되면 교사가 예를 들어 포도의 반이 그려져 있는 그림을 제시한 후 나머지를 그려 포도를 완성시키는 시범을 보인다.
- 유아에게 교사를 모방하여 포도의 반이 그려져 있는 그림을 보고 나머지를 그려 포도를 완성시켜 보라고 한다.
- 모방하지 못하면 사과의 나머지를 그려 사과를 완성한 것과 같은 방법으로 지도한다.
- 수행되면 다른 반쪽 그림들도 같은 방법으로 지도한다.
- 수행되면 유아의 특성에 맞는 적절한 강화제를 제공한다.

6~7세

234 과자로 다양한 모양 만들기

6~7세

목표 | 과자로 다양한 모양을 만들 수 있다.

자료 | 동그라미 · 네모 · 세모 모양 과자(홈런볼, 아이비, 쿠크다스 등), 강화제

방법 ❶

- 교사가 과자로 다양한 모양(예: 피자, 포도)을 만드는 시범을 보인다.
- 유아에게 교사를 모방하여 과자로 다양한 모양을 만들어 보라고 한다.
- 수행되면 유아 스스로 과자로 다양한 모양을 만들어 보라고 한다.
- 수행되면 유아의 특성에 맞는 적절한 강화제를 제공한다.

방법 ❷

- 교사가 예를 들어 과자로 탁자를 만드는 시범을 보인다.
- 유아에게 교사를 모방하여 과자로 탁자를 만들어 보라고 한다.
- 모방하지 못하면 교사가 동그란 과자(예: 홈런볼)를 네 개 놓는 시범을 보인다.
- 유아에게 교사를 모방하여 동그란 과자를 네 개 놓아 보라고 한다.
- 모방하지 못하면 교사가 유아의 손을 잡고 동그란 과자를 네 개 놓아 준다.
- 교사가 동그란 과자를 가리키며 유아에게 동그란 과자를 네 개 놓아 보라고 한다.
- 도움을 점차 줄여 간다.

- 수행되면 유아 스스로 동그란 과자를 네 개 놓아 보라고 한다.
- 수행되면 교사가 동그란 과자 위에 네모 과자를 놓아 식탁을 만드는 시범을 보인다.
- 유아에게 교사를 모방하여 동그란 과자 위에 네모 과자를 놓아 식탁을 만들어 보라고 한다.
- 모방하지 못하면 교사가 유아의 손을 잡고 동그란 과자 위에 네모 과자를 놓아 식탁을 만들어 준다.
- 교사가 네모 과자를 가리키며 유아에게 동그란 과자 위에 네모 과자를 놓아 식탁을 만들어 보라고 한다.
- 도움을 점차 줄여 간다.
- 수행되면 유아 스스로 동그란 과자 위에 네모 과자를 놓아 식탁을 만들어 보라고 한다.
- 수행되면 다른 모양도 식탁을 만드는 것과 같은 방법으로 지도한다.
- 수행되면 유아의 특성에 맞는 적절한 강화제를 제공한다.

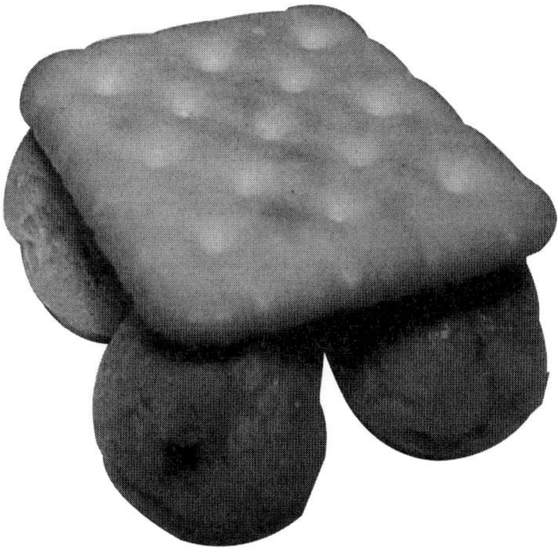
탁자

눈사람

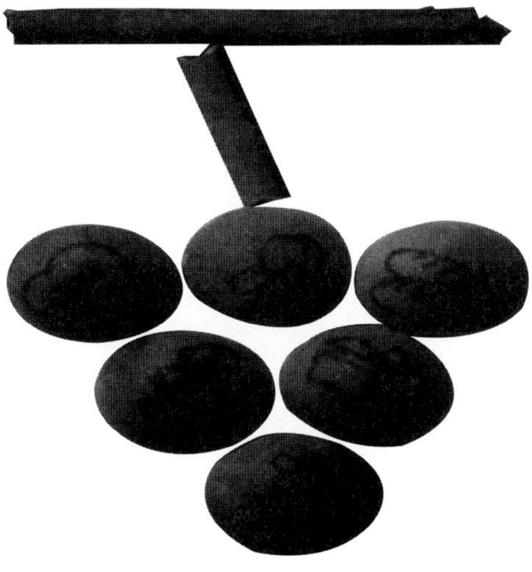
포도

피자

꽃잎

해바라기

식탁

잠자리

235 숟가락으로 콩 옮기기

6~7세

목표 | 숟가락으로 콩을 옮길 수 있다.

자료 | 숟가락, 콩, 그릇 두 개, 강화제

방법 ❶

- 교사가 숟가락으로 콩을 다른 그릇에 옮기는 시범을 보인다.
- 유아에게 교사를 모방하여 숟가락으로 콩을 다른 그릇에 옮겨 보라고 한다.
- 수행되면 유아 스스로 숟가락으로 콩을 다른 그릇에 옮겨 보라고 한다.
- 수행되면 유아의 특성에 맞는 적절한 강화제를 제공한다.

방법 ❷

- 교사가 숟가락에 콩을 담는 시범을 보인다.
- 유아에게 교사를 모방하여 숟가락에 콩을 담아 보라고 한다.
- 모방하지 못하면 교사가 유아의 손을 잡고 숟가락에 콩을 담아 준다.
- 교사가 콩을 가리키며 유아에게 숟가락에 콩을 담아 보라고 한다.
- 도움을 점차 줄여 간다.
- 수행되면 유아 스스로 숟가락에 콩을 담아 보라고 한다.
- 수행되면 교사가 숟가락으로 콩을 다른 그릇에 옮기는 시범을 보인다.
- 유아에게 교사를 모방하여 숟가락으로 콩을 다른 그릇에 옮겨 보라고 한다.
- 모방하지 못하면 교사가 유아의 손을 잡고 숟가락으로 콩을 다른 그릇에 옮겨 준다.
- 옮기지 못하면 교사가 유아의 손을 잡고 숟가락으로 콩을 다른 그릇에 옮기는 동작을 반복해 준다.
- 도움을 점차 줄여 간다.

- 수행되면 유아 스스로 숟가락으로 콩을 다른 그릇에 옮겨 보라고 한다.
- 수행되면 유아의 특성에 맞는 적절한 강화제를 제공한다.

☞ 소근육 발달뿐만 아니라 콩을 떨어뜨리지 않고 다른 그릇에 옮김으로써 집중력과 균형 감각을 키울 수 있다.

236 커피 가루로 그림 완성하기

6~7세

목표 | 커피 가루로 그림을 완성할 수 있다.

자료 | 커피 가루, 풀(딱풀), 그림자료, 강화제

방법 ❶

- 교사가 그림에 풀을 칠한 다음 커피 가루를 뿌린 후 가루를 털어서 그림을 완성시키는 시범을 보인다.
- 유아에게 교사를 모방하여 그림에 풀을 칠한 다음 커피 가루를 뿌린 후 가루를 털어서 그림을 완성시켜 보라고 한다.
- 수행되면 유아 스스로 그림에 풀을 칠한 다음 커피 가루를 뿌린 후 가루를 털어서 그림을 완성시켜 보라고 한다.
- 수행되면 유아의 특성에 맞는 적절한 강화제를 제공한다.

방법 ❷

- 교사가 예를 들어 원숭이 그림에 풀을 칠하는 시범을 보인다.
- 유아에게 교사를 모방하여 원숭이 그림에 풀을 칠해 보라고 한다.
- 모방하지 못하면 교사가 유아의 손을 잡고 원숭이 그림에 풀을 칠해 준다.
- 교사가 풀을 원숭이 그림에 대 준 후 유아에게 풀을 칠해 보라고 한다.

- 도움을 점차 줄여 간다.
- 수행되면 유아 스스로 원숭이 그림에 풀을 칠해 보라고 한다.
- 수행되면 교사가 풀을 칠한 원숭이 그림에 커피 가루를 뿌린 후 가루를 털어서 그림을 완성시키는 시범을 보인다.
- 유아에게 교사를 모방하여 풀을 칠한 원숭이 그림에 커피 가루를 뿌린 후 가루를 털어서 그림을 완성시켜 보라고 한다.
- 모방하지 못하면 교사가 유아의 손을 잡고 풀을 칠한 원숭이 그림에 커피 가루를 뿌린 후 가루를 털어서 그림을 완성시켜 준다.
- 교사가 커피 가루를 가리키며 유아에게 풀을 칠한 원숭이 그림에 커피 가루를 뿌린 후 가루를 털어서 그림을 완성시켜 보라고 한다.
- 커피 가루를 뿌린 후 털지 못하면 교사가 유아의 손을 잡고 커피 가루를 뿌린 후 털어 내는 동작을 반복해 준다.
- 도움을 점차 줄여 간다.
- 수행되면 유아 스스로 원숭이 그림에 풀을 칠한 다음 커피 가루를 뿌린 후 가루를 털어서 그림을 완성시켜 보라고 한다.
- 수행되면 다른 그림도 원숭이 그림과 같은 방법으로 지도한다.
- 수행되면 유아의 특성에 맞는 적절한 강화제를 제공한다.

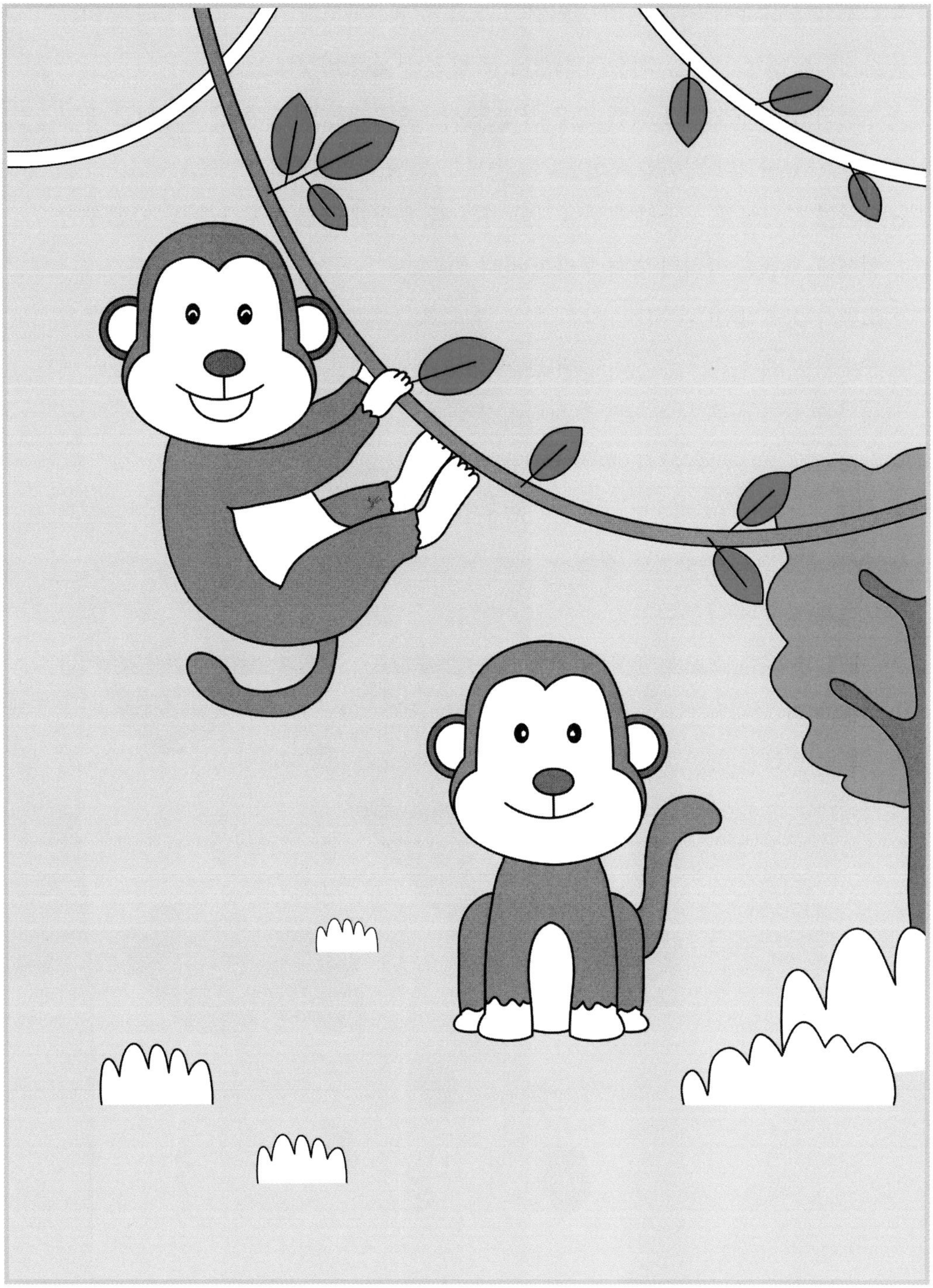

237 발 모양 본뜨기

6~7세

목표 | 발 모양을 본뜰 수 있다.

자료 | 색연필(연필), 도화지(스케치북), 강화제

방법 ❶

- 교사가 유아의 옆에 앉아 "○○ 발가락 ♬ 어디 있나요? ♬ 여기~여기~♬ 반가워요 ♬"라고 노래를 부르며 도화지에 발을 올려놓은 후 색연필(연필)로 발 모양을 본뜨는 시범을 보인다.
- 유아에게 교사를 모방하여 도화지에 발을 올려놓은 후 색연필로 발 모양을 본떠 보라고 한다.
- 수행되면 유아 스스로 도화지에 발을 올려놓은 후 색연필로 발 모양을 본떠 보라고 한다.
- 수행되면 유아의 특성에 맞는 적절한 강화제를 제공한다.

방법 ❷

- 교사가 유아의 옆에 앉아 "○○ 발가락 ♬ 어디 있나요? ♬ 여기~여기~♬ 반가워요 ♬"라고 노래를 부르며 도화지에 발을 올려놓은 후 색연필(연필)로 발 모양을 본뜨는 시범을 보인다.
- 유아에게 교사를 모방하여 도화지에 발을 올려놓은 후 색연필로 발 모양을 본떠 보라고 한다.
- 모방하지 못하면 교사가 도화지에 유아의 발을 올려놓은 후 유아의 손을 잡고 색연필로 발 모양을 본떠 준다.
- 교사가 색연필로 유아의 발 모양을 본뜬 후 유아에게 선을 따라 발 모양을 본떠 보라고 한다.

- 본뜨지 못하면 교사가 유아의 손을 잡고 약지발가락까지 본떠 준 후 유아에게 새끼발가락을 본떠 보라고 한다.
- 수행되면 교사가 유아의 손을 잡고 장지발가락까지 본떠 준 후 유아에게 약지발가락과 새끼발가락을 본떠 보라고 한다.
- 수행되면 교사가 유아의 손을 잡고 검지발가락까지 본떠 준 후 유아에게 나머지 발가락을 본떠 보라고 한다.
- 수행되면 교사가 유아의 손을 잡고 엄지발가락을 본떠 준 후 유아에게 나머지 발가락을 본떠 보라고 한다.
- 수행되면 교사가 유아의 손을 잡고 오른발의 엄지발가락 첫 부분을 본떠 준 후 유아에게 나머지 발가락을 본떠 보라고 한다.
- 도움을 점차 줄여 간다.
- 수행되면 유아 스스로 도화지에 발을 올려놓은 후 색연필로 발 모양을 본떠 보라고 한다.
- 수행되면 유아의 특성에 맞는 적절한 강화제를 제공한다.

238 연필깎이 사용하기

6~7세

목표 | 연필깎이를 사용할 수 있다.

자료 | 연필, 연필깎이, 강화제

방법 ❶

- 교사가 유아의 옆에 앉아 연필깎이에 연필을 끼워 넣은 후 연필깎이를 왼손으로 잡고 오른손으로 손잡이를 돌려 연필을 깎는 시범을 보인다.
- 유아에게 교사를 모방하여 연필깎이에 연필을 끼워 넣은 후 연필깎이를 왼손으로 잡고 오른손으로 손잡이를 돌려 연필을 깎아 보라고 한다.

- 수행되면 유아 스스로 연필깎이에 연필을 끼워 넣은 후 연필깎이를 왼손으로 잡고 오른손으로 손잡이를 돌려 연필을 깎아 보라고 한다.
- 수행되면 유아의 특성에 맞는 적절한 강화제를 제공한다.

방법 ❷

- 교사가 유아의 옆에 앉아 연필깎이에 연필을 끼우는 시범을 보인다.
- 유아에게 교사를 모방하여 연필깎이에 연필을 끼워 보라고 한다.
- 모방하지 못하면 교사가 유아의 손을 잡고 연필깎이에 연필을 끼워 준다.
- 교사가 유아의 손을 연필깎이에 대 준 후 유아에게 연필을 끼워 보라고 한다.
- 도움을 점차 줄여 간다.
- 수행되면 유아 스스로 연필깎이에 연필을 끼워 보라고 한다.
- 수행되면 교사가 연필깎이에 연필을 끼워 넣은 후 연필깎이를 왼손으로 잡고 오른손으로 손잡이를 돌려 연필을 깎는 시범을 보인다.
- 유아에게 교사를 모방하여 연필깎이에 연필을 끼워 넣은 후 연필깎이를 왼손으로 잡고 오른손으로 손잡이를 돌려 연필을 깎아 보라고 한다.
- 모방하지 못하면 유아에게 연필깎이에 연필을 끼워 넣으라고 한 후 교사가 유아의 손을 잡고 연필깎이의 손잡이를 돌려 연필을 깎아 준다.
- 교사가 유아에게 연필깎이에 연필을 끼워 넣으라고 한 후 유아의 손을 손잡이에 대 준 다음 손잡이를 돌려 연필을 깎아 보라고 한다.
- 돌리지 못하면 교사가 유아의 손을 잡고 연필깎이의 손잡이를 돌리는 동작을 반복해 준다.
- 도움을 점차 줄여 간다.
- 수행되면 유아 스스로 연필깎이에 연필을 끼워 넣은 후 연필깎이를 왼손으로 잡고 오른손으로 손잡이를 돌려 연필을 깎아 보라고 한다.
- 수행되면 유아의 특성에 맞는 적절한 강화제를 제공한다.

☞ 유아와 마주 보고 지도할 경우 유아가 바라보는 방향(교사가 왼손을 사용해야 유아가 볼 때 오른 손이 됨)에서 손의 사용에 유의하도록 하고, 왼손잡이의 경우 반대로 지도하면 된다.

239 모루로 하트 만들기 6~7세

목표 | 모루로 하트를 만들 수 있다.

자료 | 모루, 강화제

방법 ❶

- 모루를 구부려 동그라미를 만드는 것은 앞 단계에서 수행하였으므로 확인한 후 시행 한다.
- 교사가 손으로 모루를 구부려 하트(♡)를 만드는 시범을 보인다.
- 유아에게 교사를 모방하여 모루를 손으로 구부려 하트를 만들어 보라고 한다.
- 수행되면 유아 스스로 모루를 손으로 구부려 하트를 만들어 보라고 한다.
- 수행되면 유아의 특성에 맞는 적절한 강화제를 제공한다.

방법 ❷

- 모루를 구부려 동그라미를 만드는 것은 앞 단계에서 수행하였으므로 확인한 후 시행한다.
- 교사가 모루로 동그라미 모양을 만든 후 동그라미의 윗부분 중앙(1/2지점)을 검지로 누르면서 엄지와 중지로 모루를 오므려 하트(♡)를 만드는 시범을 보인다.
- 유아에게 교사를 모방하여 모루로 동그라미 모양을 만든 후 동그라미의 윗부분 중앙을 검지로 누르면서 엄지와 중지로 모루를 오므려 하트(♡)를 만들어 보라고 한다.
- 모방하지 못하면 교사가 유아에게 모루로 동그라미 모양을 만들게 한 후 동그라

미의 윗부분 중앙을 검지로 누르면서 엄지와 중지로 모루를 오므려 하트를 만들어 준다.

- 교사가 모루의 윗부분 중앙을 검지로 눌러 준 후 유아에게 엄지와 중지로 모루를 오므려 하트를 만들어 보라고 한다.
- 만들지 못하면 교사가 유아에게 모루로 동그라미 모양을 만들게 한 후 동그라미의 윗부분 중앙을 검지로 누르면서 엄지와 중지로 모루를 오므려 하트를 만드는 동작을 반복해 준다.
- 도움을 점차 줄여 간다.
- 수행되면 유아 스스로 모루를 손으로 구부려 하트를 만들어 보라고 한다.
- 수행되면 유아의 특성에 맞는 적절한 강화제를 제공한다.

240 가방 만들기

6~7세

목표 | 같은 모양의 종이를 두 장 겹쳐 가방을 만들 수 있다.

자료 | 마분지, 가위, 펀치, 리본 끈(운동화 끈), 스티커, 그림자료, 크레파스, 풀, 강화제

방법 ❶

- 교사가 다양한 가방 모양의 종이를 각각 두 장씩 오려서 리본 끈을 끼우면 가방 모양이 되도록 펀치로 구멍을 뚫어 제시한다.
- 교사가 같은 모양의 종이를 두 장 겹쳐 구멍에 리본 끈(운동화 끈)을 끼운 후 손잡이를 붙여 가방을 만드는 시범을 보인다.
- 유아에게 교사를 모방하여 같은 모양의 종이를 두 장 겹쳐 구멍에 리본 끈을 끼운 후 손잡이를 붙여 가방을 만들어 보라고 한다.
- 수행되면 유아 스스로 같은 모양의 종이를 두 장 겹쳐 구멍에 리본 끈을 끼운 후 손잡이를 붙여 가방을 만들어 보라고 한다.

- 수행되면 유아의 특성에 맞는 적절한 강화제를 제공한다.

방법 ❷

- 교사가 다양한 가방 모양의 종이를 각각 두 장씩 오려서 리본 끈을 끼우면 가방 모양이 되도록 펀치로 구멍을 뚫어 제시한다.
- 교사가 같은 모양의 종이를 두 장 겹쳐 구멍에 리본 끈(운동화 끈)을 끼우는 시범을 보인다.
- 유아에게 교사를 모방하여 같은 모양의 종이를 두 장 겹쳐 구멍에 리본 끈을 끼워 보라고 한다.
- 모방하지 못하면 교사가 유아의 손을 잡고 같은 모양의 종이를 두 장 겹쳐 구멍에 리본 끈을 끼워 준다.
- 교사가 같은 모양의 종이를 두 장 겹친 후 구멍을 가리키며 유아에게 리본 끈을 끼워 보라고 한다.
- 끼우지 못하면 교사가 유아의 손을 잡고 구멍에 리본 끈을 끼우는 동작을 반복해 준다.
- 도움을 점차 줄여 간다.
- 수행되면 유아 스스로 같은 모양의 종이를 두 장 겹쳐 구멍에 리본 끈을 끼워 보라고 한다.
- 수행되면 교사가 손잡이를 붙인 후 스티커나 크레파스로 장식하여 가방을 만드는 시범을 보인다.
- 유아에게 교사를 모방하여 손잡이를 붙인 후 스티커나 크레파스로 장식하여 가방을 만들어 보라고 한다.
- 모방하지 못하면 교사가 유아의 손을 잡고 손잡이를 붙인 후 스티커나 크레파스로 장식하여 가방을 만들어 준다.
- 교사가 가방의 손잡이를 붙일 곳을 가리키며 유아에게 손잡이를 붙인 후 스티커나 크레파스로 장식하여 가방을 만들어 보라고 한다.

- 붙이지 못하면 교사가 유아의 손을 잡고 손잡이를 붙이는 동작을 반복해 준 후 스티커나 크레파스로 장식하여 가방을 만들어 보라고 한다.
- 도움을 점차 줄여 간다.
- 수행되면 유아 스스로 같은 모양의 종이를 두 장 겹쳐 구멍에 리본 끈을 끼운 후 손잡이를 붙여 가방을 만들어 보라고 한다.
- 수행되면 유아의 특성에 맞는 적절한 강화제를 제공한다.

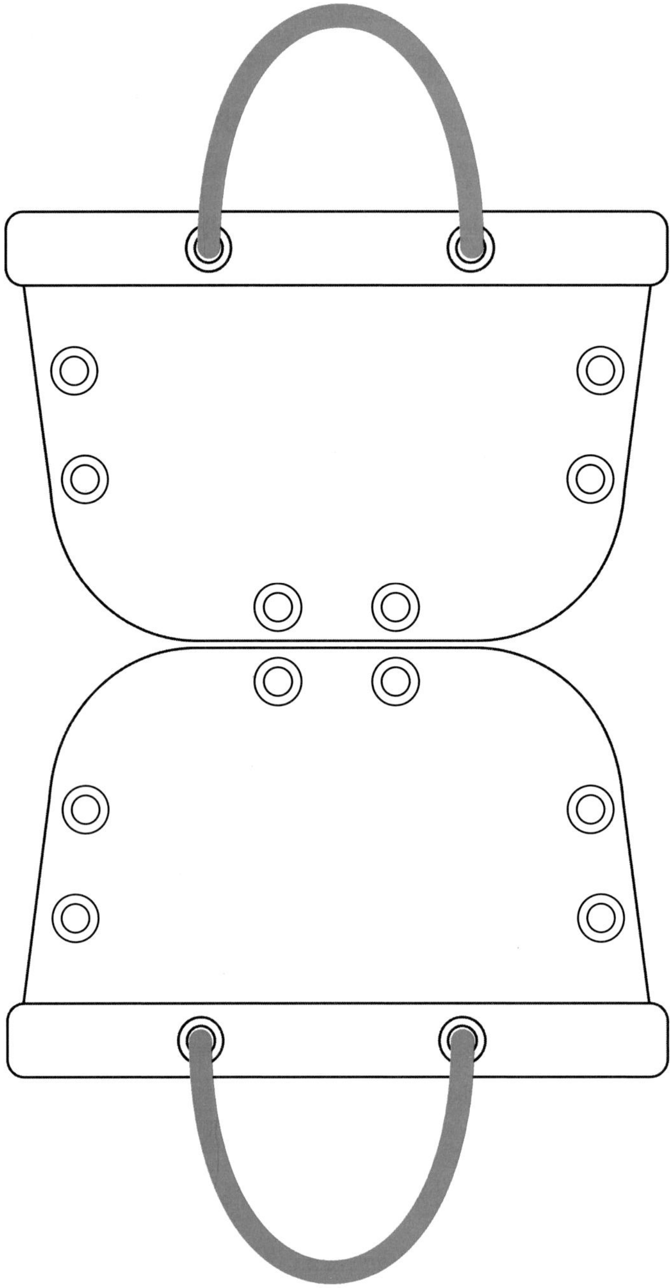

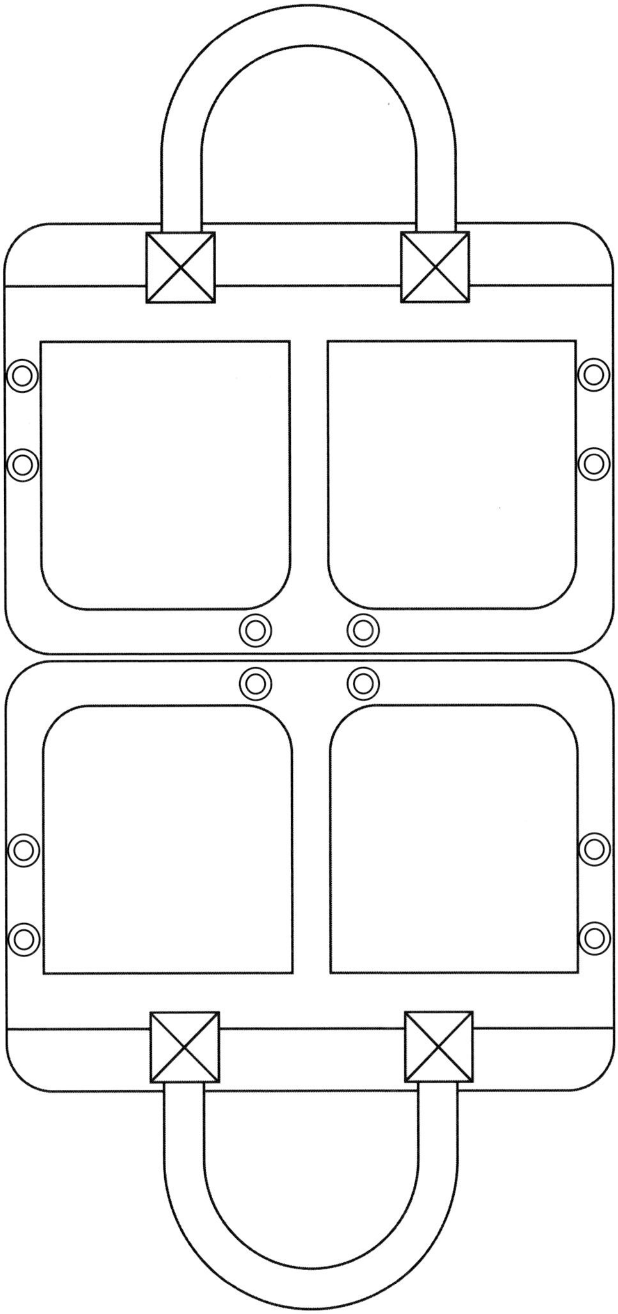

6~7
세

241 분무기 그림

6~7세

목표 | 분무기로 물감을 뿌려 그림을 완성할 수 있다.

자료 | 마분지, 다양한 모양의 나뭇잎, 투명 분무기, 다양한 색깔의 물감, 강화제

방법 ❶

- 교사가 투명한 분무기에 물감을 넣어 제시한다.
- 교사가 마분지에 나뭇잎으로 원하는 모양을 만든 다음 분무기로 물감을 뿌리고 난 후 나뭇잎을 떼어 내 그림을 완성시키는 시범을 보인다.
- 유아에게 교사를 모방하여 나뭇잎으로 원하는 모양을 만든 다음 분무기로 물감을 뿌리고 난 후 나뭇잎을 떼어 내 그림을 완성시켜 보라고 한다.
- 수행되면 유아 스스로 나뭇잎으로 원하는 모양을 만든 다음 분무기로 물감을 뿌리고 난 후 나뭇잎을 떼어 내 그림을 완성시켜 보라고 한다.
- 수행되면 유아의 특성에 맞는 적절한 강화제를 제공한다.

방법 ❷

- 교사가 투명한 분무기에 물감을 넣어 제시한다.
- 교사가 마분지에 예를 들어 나뭇잎으로 나비 모양을 만드는 시범을 보인다.
- 유아에게 교사를 모방하여 나뭇잎으로 나비 모양을 만들어 보라고 한다.
- 모방하지 못하면 교사가 유아의 손을 잡고 나뭇잎으로 나비 모양을 만들어 준다.
- 교사가 나뭇잎으로 나비 모양의 1/2을 만들어 준 후 유아에게 나비 모양을 만들어 보라고 한다.
- 만들지 못하면 교사가 유아의 손을 잡고 나뭇잎으로 나비 모양을 만드는 동작을 반복해 준다.
- 도움을 점차 줄여 간다.

- 수행되면 유아 스스로 나뭇잎으로 나비 모양을 만들어 보라고 한다.
- 수행되면 교사가 분무기로 물감을 뿌리고 난 후 나뭇잎을 떼어 내 그림을 완성시키는 시범을 보인다.
- 유아에게 교사를 모방하여 분무기로 물감을 뿌리고 난 후 나뭇잎을 떼어 내 그림을 완성시켜 보라고 한다.
- 모방하지 못하면 교사가 유아의 손을 잡고 분무기로 물감을 뿌리고 난 후 나뭇잎을 떼어 내 그림을 완성시켜 준다.
- 도움을 점차 줄여 간다.
- 수행되면 유아 스스로 나비 모양을 만든 다음 분무기로 물감을 뿌리고 난 후 나뭇잎을 떼어 내 그림을 완성시켜 보라고 한다.
- 수행되면 나뭇잎으로 다른 모양을 만든 다음 분무기로 물감을 뿌리고 난 후 나뭇잎을 떼어 내는 것도 나비 모양과 같은 방법으로 지도한다.
- 수행되면 유아의 특성에 맞는 적절한 강화제를 제공한다.

☞ 물감이 마른 후 잎을 떼어 내면 손에 묻지 않는 장점이 있다.

☞ 잎맥이 잘 나타나는 나뭇잎 뒷면에 붓으로 물감을 묻혀 찍어 내거나 혹은 찍어 낸 나뭇잎 모양을 말린 후 오려서 자유롭게 꾸미기를 지도해도 효과적이다.

242 숫자 연결하여 그림 그리기 II

6~7세

목표 | 숫자를 연결하여 그림을 그릴 수 있다.

자료 | 그림자료, 연필(색연필), 강화제

방법 ❶

- 교사가 "1은 ♬ 어디 있나? ♬ 여기 ♬"라고 노래를 부르며 숫자를 연결하여 그림(예: 오리)을 그리는 시범을 보인다.
- 유아에게 교사를 모방하여 숫자를 연결하여 그림(예: 오리)을 그려 보라고 한다.
- 수행되면 유아 스스로 숫자를 연결하여 그림을 그려 보라고 한다.
- 수행되면 유아의 특성에 맞는 적절한 강화제를 제공한다.

방법 ❷

- 교사가 "1은 ♬ 어디 있나? ♬ 여기 ♬"라고 노래를 부르며, 예를 들어 숫자를 연결하여 오리를 그리는 시범을 보인다.
- 유아에게 교사를 모방하여 숫자를 연결하여 오리를 그려 보라고 한다.
- 모방하지 못하면 교사가 유아의 손을 잡고 숫자를 연결하여 오리를 그려 준다.
- 교사가 숫자를 순서대로 가리키며 유아에게 숫자를 연결하여 오리를 그려 보라고 한다.
- 교사가 오리의 3/4까지 숫자를 연결하여 준 후 유아에게 나머지를 연결하여 오리를 그려 보라고 한다.
- 수행되면 교사가 오리의 2/4까지 숫자를 연결하여 준 후 유아에게 나머지를 연결하여 오리를 그려 보라고 한다.
- 수행되면 교사가 오리의 1/4까지 숫자를 연결하여 준 후 유아에게 나머지를 연결하여 오리를 그려 보라고 한다.
- 도움을 점차 줄여 간다.
- 수행되면 유아 스스로 숫자를 연결하여 오리를 그려 보라고 한다.
- 수행되면 교사가 예를 들어 숫자를 연결하여 사자를 그리는 시범을 보인다.
- 유아에게 교사를 모방하여 숫자를 연결하여 사자를 그려 보라고 한다.
- 모방하지 못하면 숫자를 연결하여 오리를 그린 것과 같은 방법으로 지도한다.
- 수행되면 다른 그림들도 같은 방법으로 지도한다.

• 수행되면 유아의 특성에 맞는 적절한 강화제를 제공한다.

☞ 주목적이 소근육 지도이므로 숫자를 모르는 경우 순서대로 점을 연결하도록 하거나 숫자를 읽어 주면서 지도하도록 한다.

☞ 숫자를 연결하여 그림을 완성한 후 색칠 놀이를 시켜도 효과적이다.

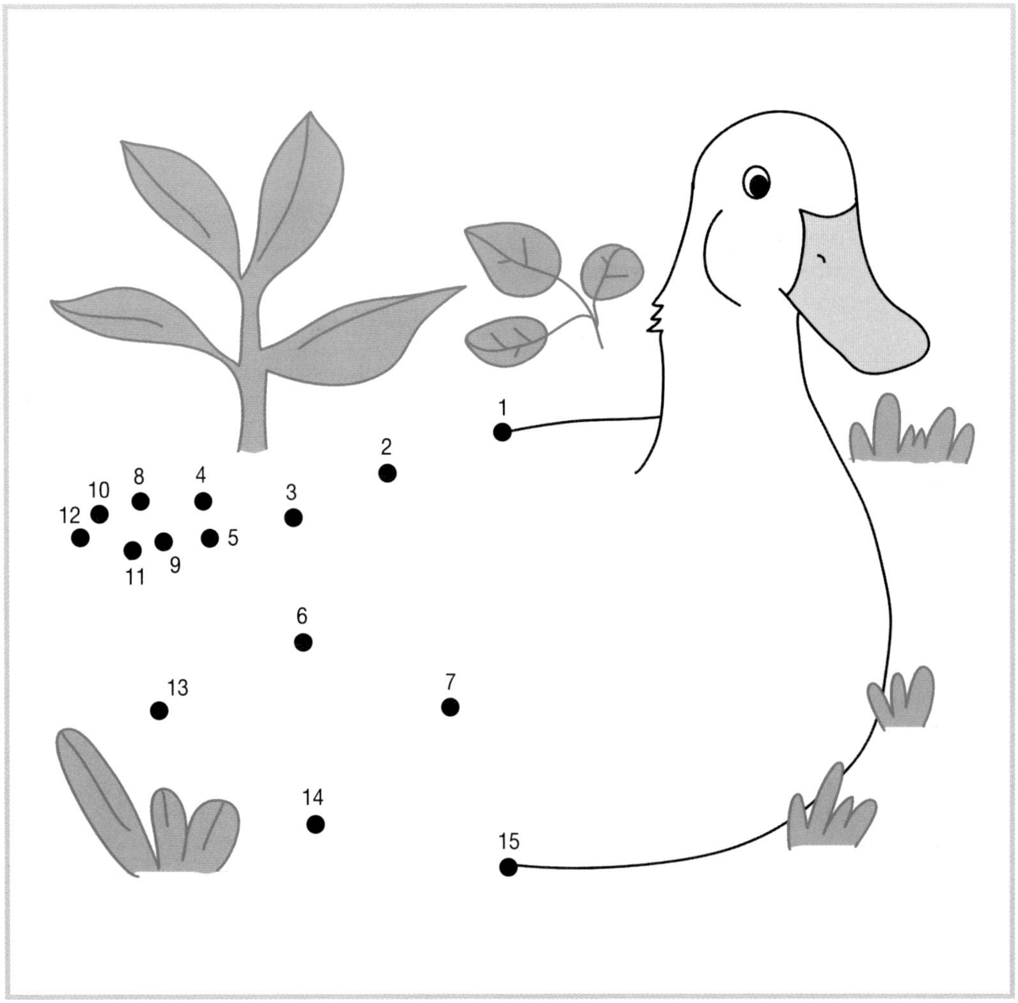

1
2
3
4
5
6
7
8
9
10
11
12
13
14
15

6~7
세

8
11
9
12
7
10
14
15
5
6
13
4
3
2
1

243 색종이로 간단한 모양 접기 II

6~7세

목표 | 색종이로 간단한 모양을 접을 수 있다.

자료 | 색종이 한 묶음, 강화제

방법 ❶

- 교사가 유아 옆에 앉아 색종이로 간단한 모양(예: 물방울 등)을 접는 시범을 보인다.
- 유아에게 교사를 모방하여 색종이로 간단한 모양(예: 물방울 등)을 접어 보라고 한다.
- 수행되면 유아 스스로 간단한 모양을 접어 보라고 한다.
- 수행되면 유아의 특성에 맞는 적절한 강화제를 제공한다.

방법 ❷

- 교사가 유아 옆에 앉아, 예를 들어 물방울을 접는 시범을 보인다.
- 유아에게 교사를 모방하여 색종이로 물방울을 접어 보라고 한다.
- 모방하지 못하면 교사가 색종이로 세모 접기(물방울 접기 2번 참조)를 하여 가운데 선을 만든 후 다시 펼쳐 중심선을 따라 왼쪽(물방울 접기 3번 참조)과 오른쪽(물방울 접기 4번 참조)을 접는 시범을 보인다.
- 유아에게 교사를 모방하여 세모 접기를 하여 가운데 선을 만든 후 다시 펼쳐 중심선을 따라 왼쪽과 오른쪽을 접어 보라고 한다.
- 접지 못하면 교사가 유아에게 색종이를 세모로 접은 후 다시 펼치라고 한 다음 유아의 손을 잡고 중심선을 따라 왼쪽과 오른쪽을 접어 준다.
- 교사가 유아에게 색종이를 세모로 접은 후 다시 펼치라고 한 다음 중심선을 가리키며 유아에게 중심선을 따라 왼쪽과 오른쪽을 접어 보라고 한다.
- 접지 못하면 교사가 유아에게 색종이를 세모로 접은 후 다시 펼치라고 한 다음 유아의 손을 잡고 중심선을 따라 왼쪽과 오른쪽을 접는 동작을 반복해 준다.

- 도움을 점차 줄여 간다.
- 수행되면 유아 스스로 세모 접기를 하여 가운데 선을 만든 후 다시 펼쳐 중심선을 따라 왼쪽과 오른쪽을 접어 보라고 한다.
- 수행되면 교사가 색종이의 윗부분을 세모 모양으로 내려 접은 후(물방울 접기 5번 참조) 뒤집어 1차 물방울 접기를 완성(물방울 접기 6번 참조)시키는 시범을 보인다.
- 유아에게 교사를 모방하여 색종이의 윗부분을 세모 모양으로 내려 접은 후 뒤집어 1차 물방울 접기를 완성해 보라고 한다.
- 모방하지 못하면 교사가 유아의 손을 잡고 색종이의 윗부분을 세모 모양으로 내려 접은 후 뒤집어 1차 물방울 접기를 완성해 준다.
- 교사가 색종이의 윗부분을 가리키며 유아에게 세모 모양으로 내려 접은 후 뒤집어 보라고 한다.
- 접지 못하면 교사가 유아의 손을 잡고 윗부분을 세모 모양으로 내려 접는 동작을 반복해 준다.
- 도움을 점차 줄여 간다.
- 수행되면 유아 스스로 색종이의 윗부분을 세모 모양으로 내려 접은 후 뒤집어 1차 물방울 접기를 완성해 보라고 한다.
- 수행되면 교사가 6번 뒤집은 상태에서(물방울 접기 6번 참조) 양쪽 세모 접기(물방울 접기 7번 참조)를 한 후 뒤집어 2차 물방울 접기(물방울 접기 8번 참조)를 완성하는 시범을 보인다.
- 유아에게 교사를 모방하여 6번 뒤집은 상태에서 양쪽 세모 접기를 한 후 뒤집어 2차 물방울 접기를 완성해 보라고 한다.
- 모방하지 못하면 교사가 유아의 손을 잡고 6번 뒤집은 상태에서 양쪽 세모 접기를 한 후 뒤집어 2차 물방울 접기를 완성해 준다.
- 교사가 6번 뒤집은 상태에서 양쪽을 가리키며 유아에게 양쪽 세모 접기를 한 후 뒤집어 보라고 한다.
- 접지 못하면 교사가 유아의 손을 잡고 양쪽을 세모로 접는 동작을 반복해 준다.

- 도움을 점차 줄여 간다.
- 수행되면 유아 스스로 6번 뒤집은 상태에서 양쪽 세모 접기를 한 후 뒤집어 2차 물방울 접기를 완성해 보라고 한다.
- 수행되면 교사가 예를 들어 지갑을 접는 시범을 보인다.
- 유아에게 교사를 모방하여 지갑을 접어 보라고 한다.
- 모방하지 못하면 교사가 다음 사진의 순서에 따라 지갑을 접는 방법을 시범 보인 후 유아에게 지갑을 접어 보라고 한다.
- 수행되면 다른 간단한 색종이 접기도 같은 방법으로 지도한다.
- 수행되면 유아의 특성에 맞는 적절한 강화제를 제공한다.

☞ 물방울 접기는 유아의 상태에 따라 1차 혹은 2차 물방울 접기까지 융통성 있게 지도하면 된다.

☞ 보통 종이 지갑은 스케치북 한 장 크기로 접거나 A3 사이즈로 접어야 적당한 지갑 크기가 나오므로 참고하기 바란다.

☞ 유아와 마주 보고 지도할 경우 유아가 바라보는 방향(교사가 왼손을 사용해야 유아가 볼 때 오른손이 됨)에서 손의 사용에 유의하도록 하고, 왼손잡이의 경우 반대로 지도하면 된다.

○ 물방울 접기

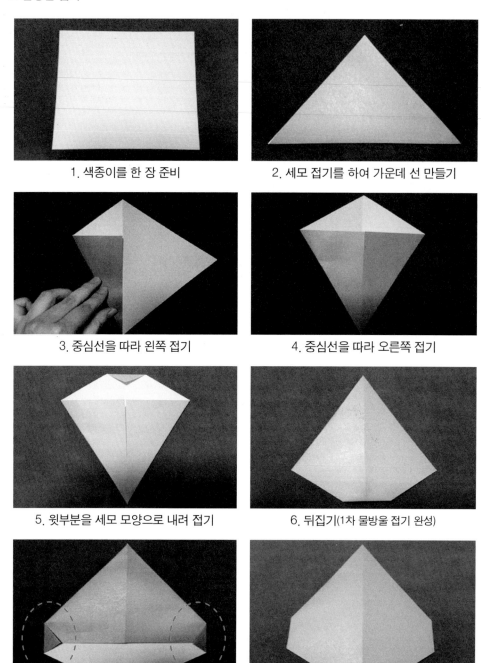

1. 색종이를 한 장 준비

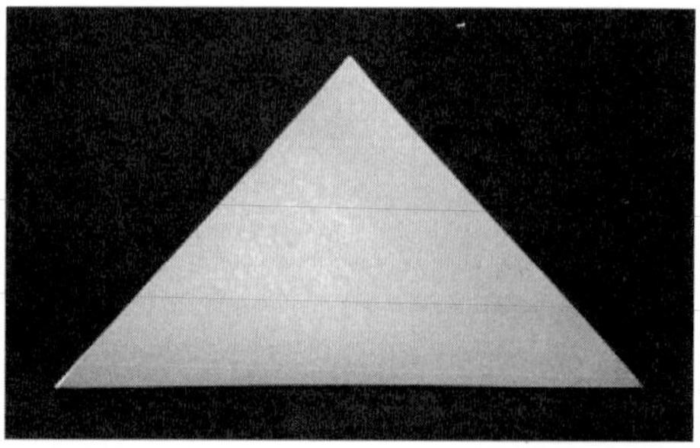

2. 세모 접기를 하여 가운데 선 만들기

3. 중심선을 따라 왼쪽 접기

4. 중심선을 따라 오른쪽 접기

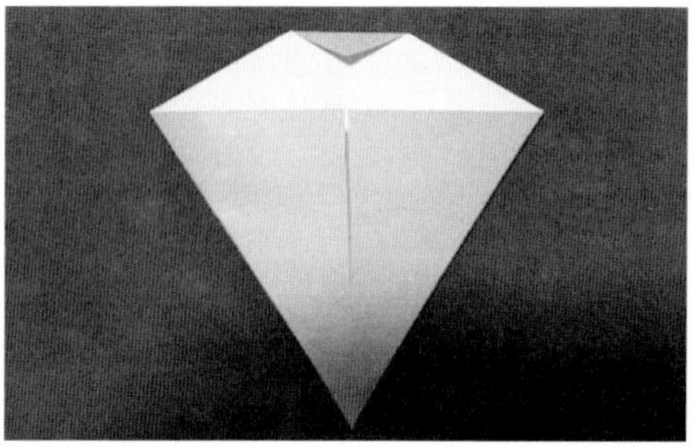

5. 윗부분을 세모 모양으로 내려 접기

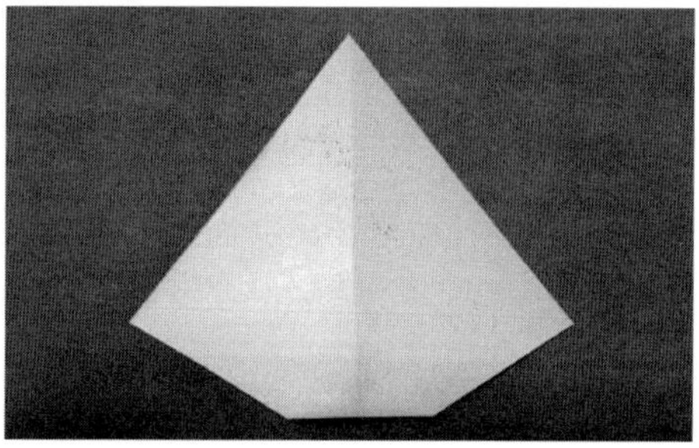

6. 뒤집기(1차 물방울 접기 완성)

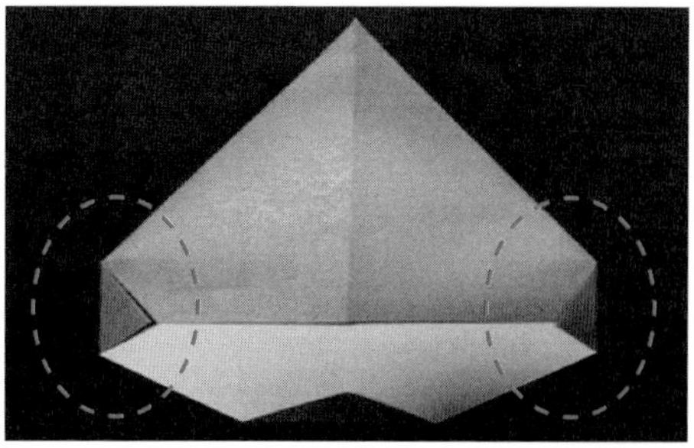

7. 6번 뒤집은 상태에서 양쪽을 세모 접기

8. 뒤집기(2차 물방울 접기 완성)

○ 지갑 접기

1. 색종이를 한 장 준비

2. 반으로 접음

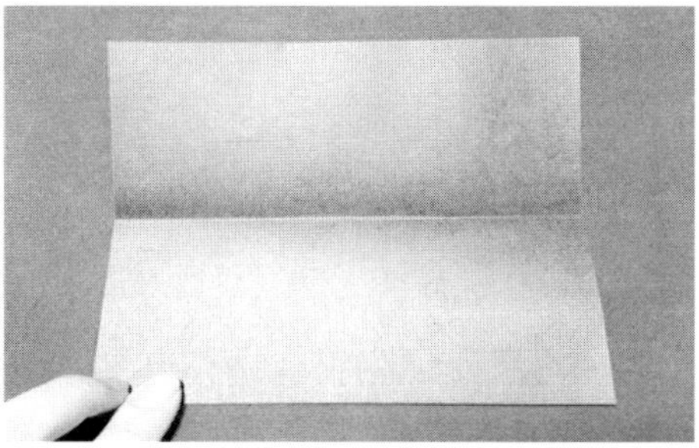

3. 접은 종이를 펴서 가운데 선을 만들기

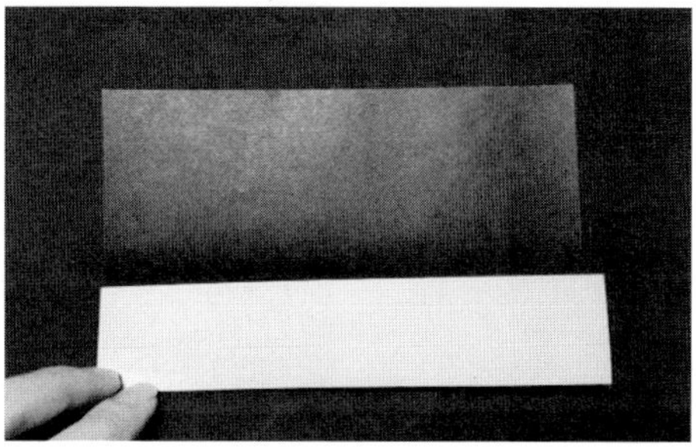

4. 중심선에 맞추어 올려 접기

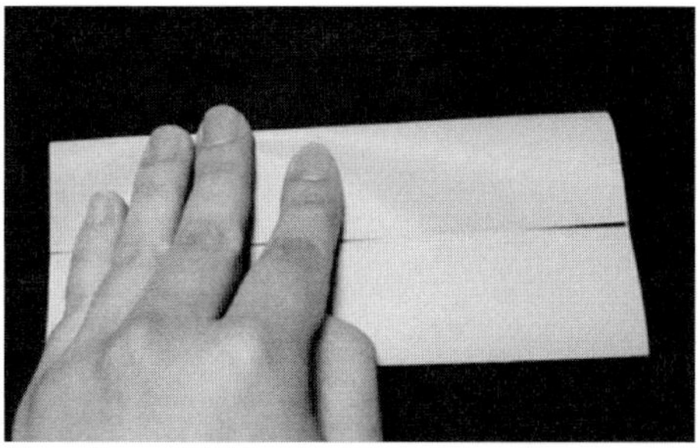

5. 중심선에 맞추어 내려 접기

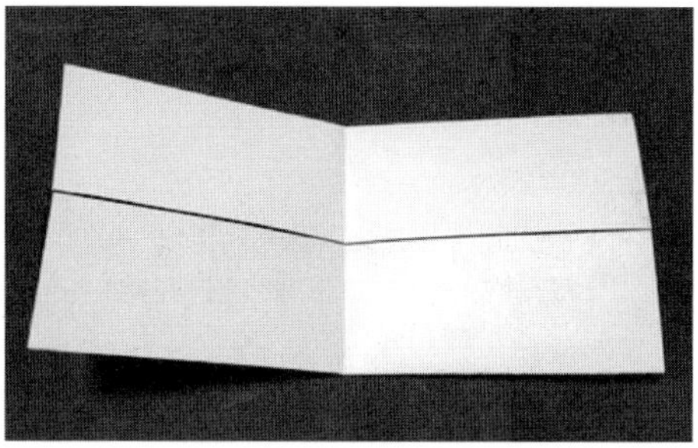

6. 5번을 반으로 접었다 펴 줌

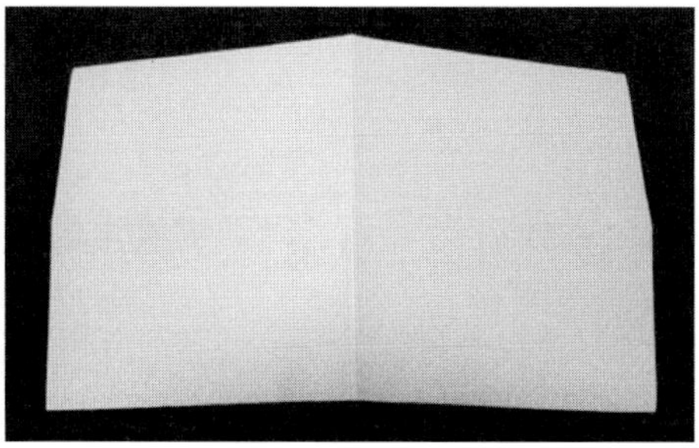

7. 뒤로 뒤집어 주기

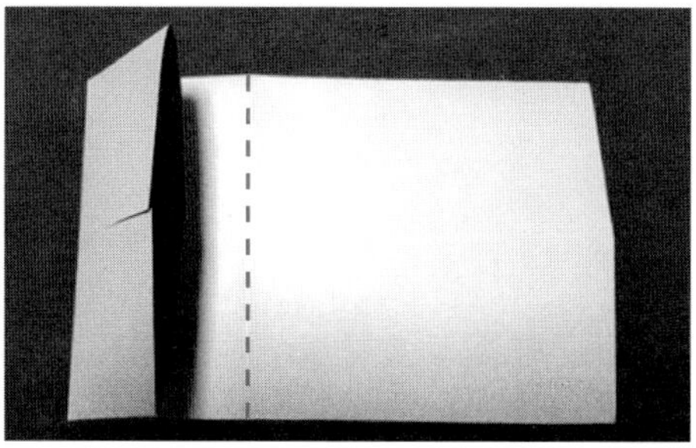

8. 중심 세로선에 맞추어 왼쪽 접기

9. 중심 세로선에 맞추어 오른쪽 접기

10. 뒤로 뒤집기

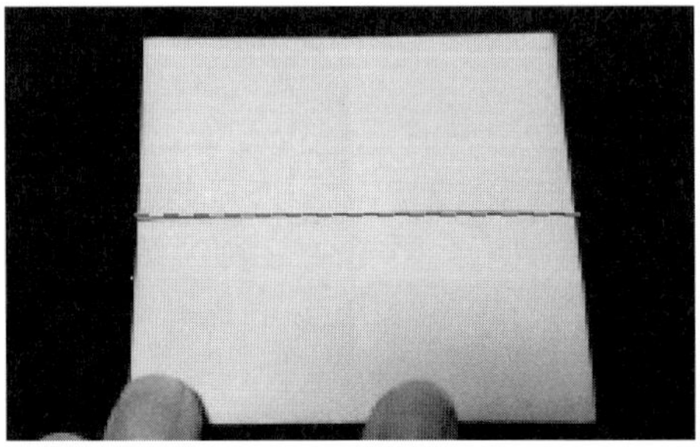

11. 밖으로 접기

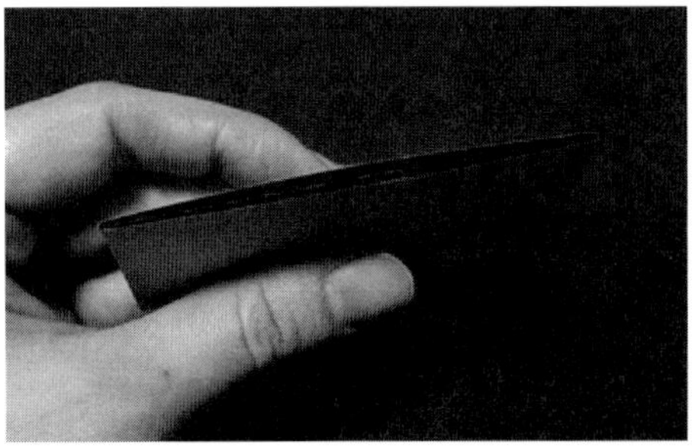

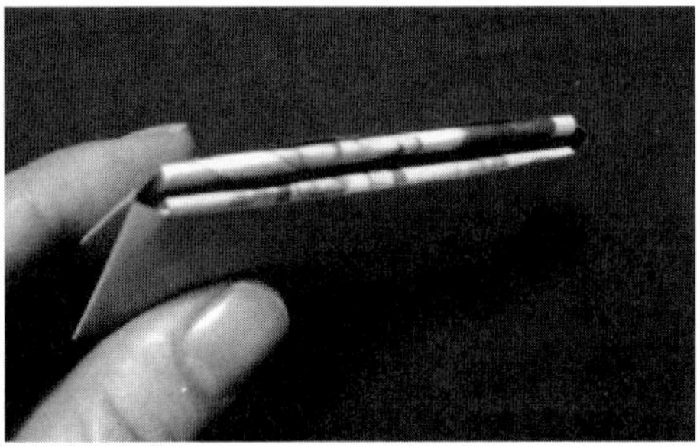

12. 2칸으로 구성된 지갑 완성

244 열쇠로 자물쇠 열기

6~7세

목표 | 열쇠로 자물쇠를 열 수 있다.

자료 | 열쇠, 자물쇠, 강화제

방법 ❶

- 교사가 열쇠로 자물쇠를 여는 시범을 보인다.
- 유아에게 교사를 모방하여 열쇠로 자물쇠를 열어 보라고 한다.
- 수행되면 유아 스스로 열쇠로 자물쇠를 열어 보라고 한다.
- 수행되면 유아의 특성에 맞는 적절한 강화제를 제공한다.

방법 ❷

- 교사가 엄지와 검지로 열쇠를 쥐는 시범을 보인다.
- 유아에게 교사를 모방하여 엄지와 검지로 열쇠를 쥐어 보라고 한다.
- 모방하지 못하면 교사가 유아의 엄지와 검지를 잡고 열쇠를 쥐어 준다.
- 교사가 열쇠에 유아의 손을 대 준 후 엄지와 검지로 열쇠를 쥐어 보라고 한다.
- 수행되면 유아 스스로 엄지와 검지로 열쇠를 쥐어 보라고 한다.
- 수행되면 교사가 열쇠를 자물쇠 구멍에 넣는 시범을 보인다.
- 유아에게 교사를 모방하여 열쇠를 자물쇠 구멍에 넣어 보라고 한다.
- 모방하지 못하면 교사가 유아의 손을 잡고 열쇠를 자물쇠 구멍에 넣어 준다.
- 교사가 자물쇠 구멍을 가리키며 유아에게 열쇠를 넣어 보라고 한다.
- 도움을 점차 줄여 간다.
- 수행되면 유아 스스로 열쇠를 자물쇠 구멍에 넣어 보라고 한다.
- 수행되면 교사가 열쇠로 자물쇠를 여는 시범을 보인다.
- 유아에게 교사를 모방하여 열쇠로 자물쇠를 열어 보라고 한다.
- 모방하지 못하면 교사가 유아의 손을 잡고 열쇠로 자물쇠를 열어 준다.

- 교사가 유아의 손을 잡고 열쇠로 자물쇠를 3/4 열어 준 후 유아에게 나머지 부분을 열어 보라고 한다.
- 수행되면 교사가 유아의 손을 잡고 자물쇠를 2/4 열어 준 후 유아에게 나머지 부분을 열어 보라고 한다.
- 수행되면 교사가 유아의 손을 잡고 자물쇠를 1/4 열어 준 후 유아에게 나머지 부분을 열어 보라고 한다.
- 도움을 점차 줄여 간다.
- 수행되면 유아 스스로 열쇠로 자물쇠를 열어 보라고 한다.
- 수행되면 유아의 특성에 맞는 적절한 강화제를 제공한다.

245 그림 색칠하기 II 6~7세

목표 | 그림에 색칠을 할 수 있다.

자료 | 그림자료, 크레파스, 강화제

방법 ❶

- 간단한 그림 색칠하기는 앞 단계에서 수행하였으므로 확인한 후 시행한다.
- 교사가 "빨강은, 빨강은 ♬ 빨~간색 단풍잎을 ♬ 보~세요 ♬ 그~래, 그~래 ♬ 빨강은 빨~간색 ♬ 아주 예쁜 ♬ 빨~간색 ♬"이라고 노래를 부르며 그림에 색칠하는 시범을 보인다.
- 유아에게 교사를 모방하여 그림에 색칠을 해 보라고 한다.
- 수행되면 유아 스스로 그림에 색칠을 해 보라고 한다.
- 수행되면 유아의 특성에 맞는 적절한 강화제를 제공한다.

방법 ❷

• 간단한 그림 색칠하기는 앞 단계에서 수행하였으므로 확인한 후 시행한다.

• 교사가 "빨강은, 빨강은 ♬ 빨~간색 단풍잎을 ♬ 보~세요 ♬ 그~래, 그~래 ♬ 빨강은 빨~간색 ♬ 아주 예쁜 ♬ 빨~간색 ♬"이라고 노래를 부르며, 예를 들어 공이 있는 고래 그림에 색칠을 하는 시범을 보인다.

• 유아에게 교사를 모방하여 공이 있는 고래 그림에 색칠을 해 보라고 한다.

• 모방하지 못하면 교사가 유아의 손을 잡고 공이 있는 고래 그림에 색칠을 해 준다.

• 교사가 유아의 손을 잡고 고래 그림에 색칠을 해 준 후 유아에게 공 그림에 색칠해 보라고 한다.

• 수행되면 유아에게 고래 그림에 색칠해 보라고 한다.

• 도움을 점차 줄여 간다.

• 수행되면 유아 스스로 공이 있는 고래 그림에 색칠을 해 보라고 한다.

• 수행되면 다른 그림을 색칠하는 것도 공이 있는 고래 그림과 같은 방법으로 지도한다.

• 수행되면 유아의 특성에 맞는 적절한 강화제를 제공한다.

6~7 세

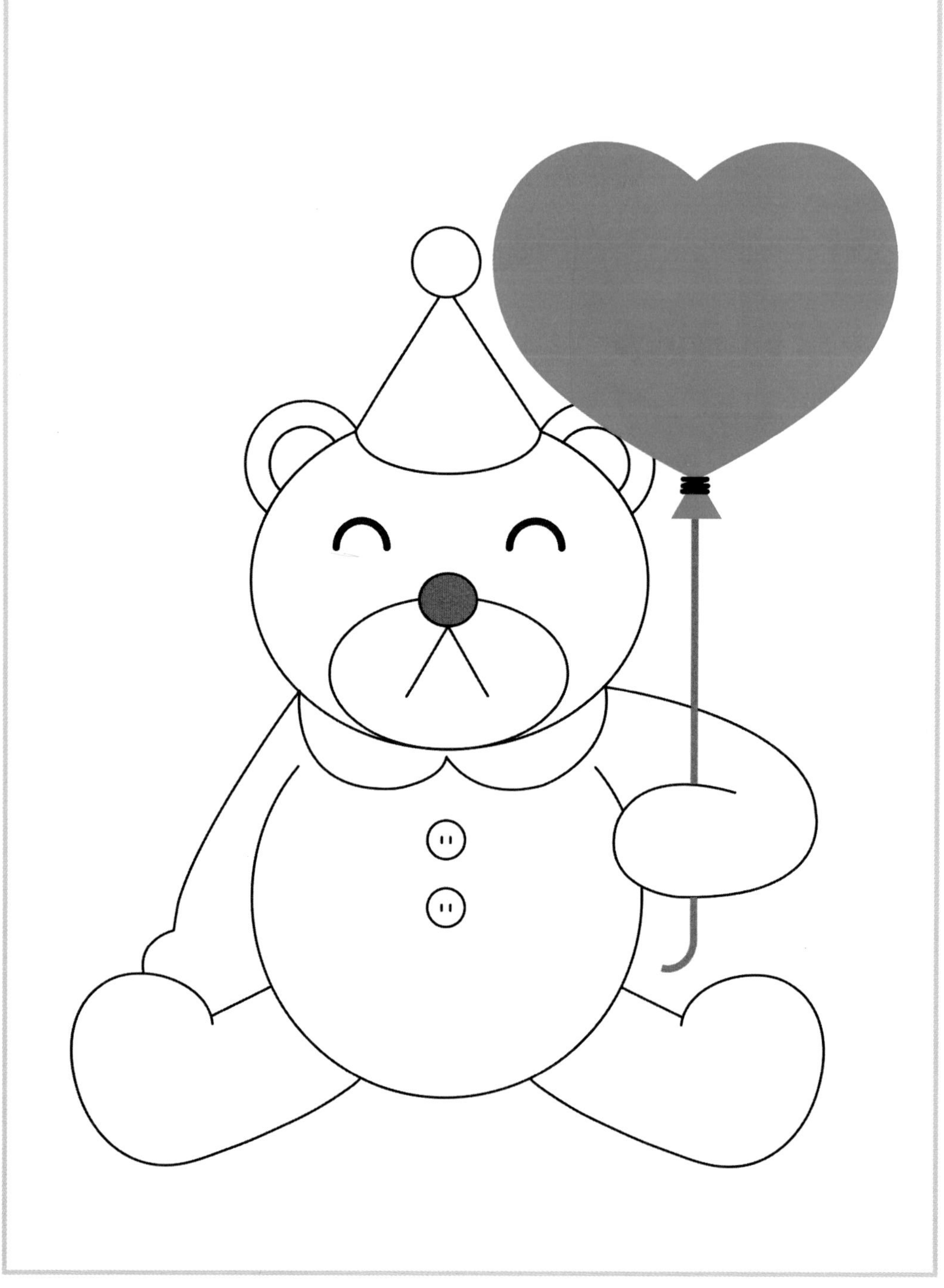

246 잡지의 그림 오리기

6~7세

목표 | 잡지(책)의 그림을 오릴 수 있다.

자료 | 가위, 잡지(책), 도화지, 강화제

방법 ❶

- 단순한 그림 오리기는 앞 단계에서 수행하였으므로 확인한 후 시행한다.
- 교사가 유아의 옆에 앉아 가위로 잡지(책)의 그림을 오리는 시범을 보인다.
- 유아에게 교사를 모방하여 가위로 잡지(책)의 그림을 오려 보라고 한다.
- 수행되면 유아 스스로 가위로 잡지(책)의 그림을 오려 보라고 한다.
- 수행되면 유아의 특성에 맞는 적절한 강화제를 제공한다.

방법 ❷

- 단순한 그림 오리기는 앞 단계에서 수행하였으므로 확인한 후 시행한다.
- 교사가 유아의 옆에 앉아, 예를 들어 잡지(책)에 있는 가위로 집을 오리는 시범을 보인다.
- 유아에게 교사를 모방하여 가위로 잡지(책)에 있는 집을 오려 보라고 한다.
- 오리지 못하면 교사가 유아의 손을 잡고 가위로 잡지(책)에 있는 집을 오려 준다.
- 교사가 잡지(책)에 있는 집의 3/4을 가위로 오려 준 후 유아에게 나머지 부분을 오려 보라고 한다.
- 수행되면 교사가 잡지(책)에 있는 집 모양의 2/4를 가위로 오려 준 후 유아에게 나머지 부분을 오려 보라고 한다.
- 수행되면 교사가 잡지(책)에 있는 집 모양의 1/4을 가위로 오려 준 후 유아에게 나머지 부분을 가위로 오려 보라고 한다.
- 수행되면 유아가 잡지(책)에 있는 집 모양을 오릴 때 교사가 "선을 따라 오려요."

"종이를 돌려요." 등 언어적인 도움을 주며 오려 보라고 한다.

- 도움을 점차 줄여 간다.
- 수행되면 유아 스스로 잡지(책)에서 가위로 집을 오려 보라고 한다.
- 수행되면 다른 그림을 오리는 것도 집을 오리는 것과 같은 방법으로 지도한다.
- 수행되면 유아의 특성에 맞는 적절한 강화제를 제공한다.

☞ 유아와 마주 보고 지도할 경우 유아가 바라보는 방향(교사가 왼손을 사용해야 유아가 볼 때 오른손이 됨)에서 손의 사용에 유의하도록 하고, 왼손잡이의 경우 반대로 지도하면 된다.

247 젓가락으로 탑 쌓기 6~7세

목표 | 젓가락으로 탑 쌓기를 할 수 있다.

자료 | 여러 개의 젓가락, 강화제

방법 ❶

- 교사가 나무젓가락을 여러 개 준비하여 2개씩 짝을 이뤄 서로 엇갈리게 평행이 되게끔 배열해 탑을 쌓는 시범을 보인다.
- 유아에게 교사를 모방하여 젓가락을 2개씩 짝을 이뤄 서로 엇갈리게 평행이 되게끔 배열하여 탑을 쌓아 보라고 한다.
- 수행되면 유아 스스로 젓가락을 2개씩 짝을 이뤄 서로 엇갈리게 평행이 되게끔 배열하여 탑을 쌓아 보라고 한다.
- 수행되면 유아의 특성에 맞는 적절한 강화제를 제공한다.

방법 ❷

- 교사가 나무젓가락을 여러 개 준비하여 2개씩 짝을 이뤄 서로 엇갈리게 평행이

되게끔 배열해 탑을 쌓는 시범을 보인다.

- 유아에게 교사를 모방하여 젓가락을 2개씩 짝을 이뤄 서로 엇갈리게 평행이 되게끔 배열하여 탑을 쌓아 보라고 한다.
- 모방하지 못하면 교사가 유아의 손을 잡고 젓가락을 2개씩 짝을 이뤄 서로 엇갈리게 평행이 되게끔 배열하여 탑을 쌓아 준다.
- 교사가 젓가락 2개를 짝을 이뤄 바닥에 가로로 배열한 후 유아에게 그 위에 젓가락 2개를 세로로 배열해 보라고 한다.
- 배열하지 못하면 교사가 유아의 손을 잡고 세로로 배열하는 동작을 반복해 준다.
- 교사가 젓가락 2개가 짝을 이뤄 배열되어 있는 가로를 가리키며 유아에게 그 위에 젓가락 2개를 세로로 배열해 보라고 한다.
- 수행되면 교사가 유아가 배열해 놓은 세로를 가리키며 유아에게 그 위에 젓가락 2개를 가로로 배열해 보라고 한다.
- 도움을 점차 줄여 간다.
- 수행되면 유아 스스로 젓가락을 2개씩 짝을 이뤄 서로 엇갈리게 평행이 되게끔 배열하여 탑을 쌓아 보라고 한다.
- 수행되면 유아의 특성에 맞는 적절한 강화제를 제공한다.

☞ 젓가락으로 탑 쌓기의 높이는 유아의 상태에 따라 융통성 있게 조절하면 된다.

☞ 젓가락으로 탑 쌓기는 소근육 발달 외에도 손과 눈의 협응력이 길러지고, 차곡차곡 탑을 쌓으면서 균형 감각도 생기며, 고도로 집중력이 향상된다.

248 빨대로 목걸이 만들기

6~7세

목표 | 빨대로 목걸이를 만들 수 있다.

자료 | 다양한 색상의 잘라 놓은 큰 빨대, 쟁반(통), 낚싯줄, 강화제

방법 ❶

- 교사가 다양한 색상의 잘라 놓은 큰 빨대를 쟁반(통)에 담아 제시한다.
- 교사가 유아의 옆에 앉아 오른손의 엄지와 검지로 낚싯줄을 잡고 왼손에는 잘라 놓은 큰 빨대를 잡아 빨대를 끼워 목걸이를 만드는 시범을 보인다.
- 유아에게 교사를 모방하여 오른손의 엄지와 검지로 낚싯줄을 잡고 왼손에는 잘라 놓은 큰 빨대를 잡아 빨대를 끼워 목걸이를 만들어 보라고 한다.
- 수행되면 유아 스스로 오른손의 엄지와 검지로 낚싯줄을 잡고 왼손에는 잘라 놓은 큰 빨대를 잡아 빨대를 끼워 목걸이를 만들어 보라고 한다.
- 수행되면 유아의 특성에 맞는 적절한 강화제를 제공한다.

방법 ❷

- 교사가 다양한 색상의 잘라 놓은 큰 빨대를 쟁반(통)에 담아 제시한다.
- 교사가 유아의 옆에 앉아 오른손의 엄지와 검지로 낚싯줄을 잡고 왼손에는 잘라 놓은 큰 빨대를 잡아 빨대를 끼워 목걸이를 만드는 시범을 보인다.
- 유아에게 교사를 모방하여 오른손의 엄지와 검지로 낚싯줄을 잡고 왼손에는 잘라 놓은 큰 빨대를 잡아 빨대를 끼워 목걸이를 만들어 보라고 한다.
- 모방하지 못하면 교사가 유아의 손을 잡고 낚싯줄에 큰 빨대를 끼워 목걸이를 만들어 준다.
- 교사가 낚싯줄을 잡아 준 후 주며 유아에게 큰 빨대를 꿰어 보라고 한다.
- 도움을 점차 줄여 간다.

- 수행되면 유아 스스로 오른손의 엄지와 검지로 낚싯줄을 잡고 왼손에는 잘라 놓은 큰 빨대를 잡아 빨대를 끼워 목걸이를 만들어 보라고 한다.
- 수행되면 유아의 특성에 맞는 적절한 강화제를 제공한다.

☞ 슬러시나 버블티를 마실 수 있는 다양한 색상의 큰 빨대는 시중에서 쉽게 구입이 가능하므로 이를 구입하여 잘라서 사용하면 된다.

☞ 낚싯줄의 첫 부분을 투명 테이프로 감아서 제시하면 유아가 사용하기에 편리하다.

☞ 유아와 마주 보고 지도할 경우 유아가 바라보는 방향(교사가 왼손을 사용해야 유아가 볼 때 오른손이 됨)에서 손의 사용에 유의하도록 하고, 왼손잡이의 경우 반대로 지도하면 된다.

249 도형으로 다양한 모양 그리기 6~7세

목표 | 도형으로 다양한 모양을 그릴 수 있다.

자료 | 도화지, 색연필, 연필, 강화제

방법 ❶

- 교사가 동그라미, 세모, 네모를 이용하여 다양한 모양을 그리는 시범을 보인다.
- 유아에게 교사를 모방하여 동그라미, 세모, 네모를 이용하여 다양한 모양을 그려 보라고 한다.
- 수행되면 유아 스스로 동그라미, 세모, 네모를 이용하여 다양한 모양을 그려 보라고 한다.
- 수행되면 유아의 특성에 맞는 적절한 강화제를 제공한다.

방법 ❷

- 교사가 예를 들어 동그라미를 이용하여 돼지를 그리는 시범을 보인다.
- 유아에게 교사를 모방하여 동그라미를 이용하여 돼지를 그려 보라고 한다.
- 모방하지 못하면 교사가 큰 동그라미 한 개를 그린 후 유아에게 큰 동그라미 한 개를 그려 보라고 한다.
- 수행되면 교사가 돼지 코의 위치에 작은 동그라미 한 개를 그린 후 유아에게 작은 동그라미 한 개를 그려 보라고 한다.
- 수행되면 교사가 돼지 코 안에 작은 동그라미 두 개를 그린 후 유아에게 돼지 코 안에 작은 동그라미 두 개를 그려 보라고 한다.
- 그리지 못하면 교사가 유아의 손을 잡고 돼지 코 안에 작은 동그라미 두 개를 그려 준다.
- 교사가 돼지 코를 가리키며 유아에게 돼지 코 안에 작은 동그라미 두 개를 그려 보라고 한다.
- 도움을 점차 줄여 간다.
- 수행되면 유아 스스로 돼지 코 안에 작은 동그라미 두 개를 그려 보라고 한다.
- 수행되면 교사가 돼지 눈의 위치에 작은 동그라미 두 개를 그린 후 유아에게 돼지 눈의 위치에 작은 동그라미 두 개를 그려 보라고 한다.
- 수행되면 교사가 돼지 귀를 그린 후 유아에게 돼지 귀를 그려 보라고 한다.
- 수행되면 다른 도형들로 그림을 그리는 것도 돼지를 그리는 것을 지도한 것과 같은 방법으로 지도한다.
- 수행되면 유아의 특성에 맞는 적절한 강화제를 제공한다.

6~7
세

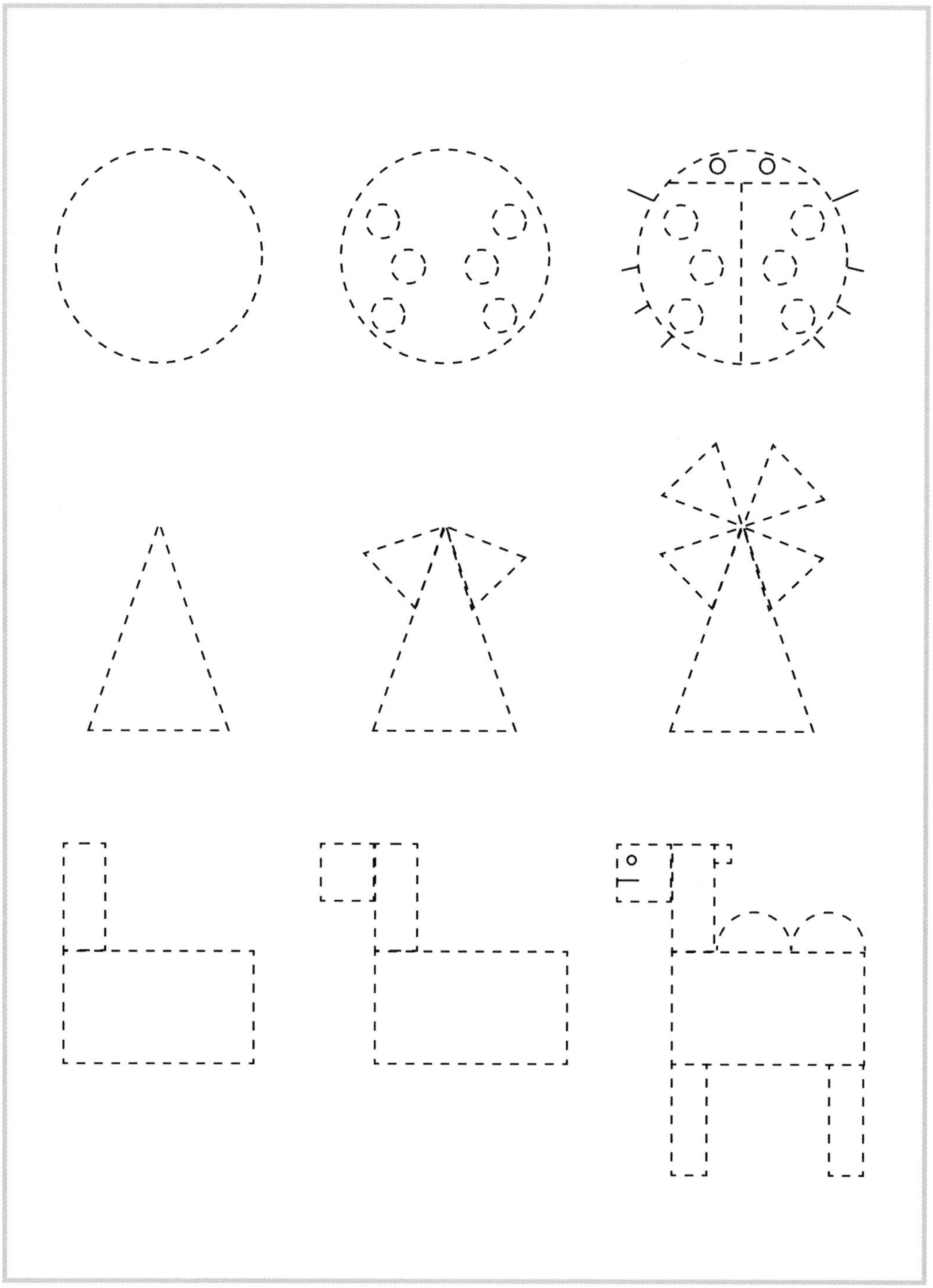

250 종이 반 접어 모양 오리기

6~7세

목표 | 종이를 반 접어 모양을 따라 오릴 수 있다.

자료 | 색종이 묶음, 가위, 연필, 강화제

방법 ❶

- 교사가 "종이를, 종이를 ♬ 반~접어서 ♬ 예쁘게, 예쁘게 ♬ 오~리자 ♬"라고 노래를 부르며 종이를 반 접어 모양을 그린 후 모양을 따라 오리는 시범을 보인다.
- 유아에게 교사를 모방하여 종이를 반 접으라고 한 후 교사가 모양을 그려 준 다음 모양을 따라 오려 보라고 한다.
- 수행되면 유아 스스로 종이를 반 접으라고 한 후 교사가 모양을 그려 준 다음 모양을 따라 오려 보라고 한다.
- 수행되면 유아의 특성에 맞는 적절한 강화제를 제공한다.

방법 ❷

- 교사가 "종이를, 종이를 ♬ 반~접어서 ♬ 예쁘게, 예쁘게 ♬ 오~리자 ♬"라고 노래를 부르며, 예를 들어 종이를 반 접어 사과를 그린 후 오리는 시범을 보인다.
- 유아에게 교사를 모방하여 종이를 반 접으라고 한 후 교사가 사과를 그려 준 다음 사과를 오려 보라고 한다.
- 오리지 못하면 유아 스스로 종이를 반 접으라고 한 후 교사가 사과를 그려 준 다음 유아의 손을 잡고 사과를 오려 준다.
- 교사가 사과의 반을 오려 준 후 나머지를 유아에게 오려 보라고 한다.
- 오리지 못하면 유아 스스로 종이를 반 접으라고 한 후 교사가 사과를 그려 준 다음 유아의 손을 잡고 사과를 오려 주는 동작을 반복해 준다.
- 도움을 점차 줄여 간다.

- 수행되면 유아 스스로 종이를 반 접으라고 한 후 교사가 사과를 그려 준 다음 사과를 오려 보라고 한다.
- 수행되면 종이를 반 접어 다른 모양을 오리는 것도 사과를 지도한 것과 같은 방법으로 지도한다.
- 수행되면 유아의 특성에 맞는 적절한 강화제를 제공한다.

☞ 종이를 반 접어 모양을 따라 오린 후 펼치면 같은 그림이 두 장 나오게 되어 유아들이 흥미를 가지게 된다.

☞ 유아의 상태에 따라 종이를 두세 번 접은 후 오리기를 지도해도 무방하다.

251 20~30조각 퍼즐 완성하기 6~7세

목표 | 20~30조각의 퍼즐을 맞출 수 있다.

자료 | 20~30조각의 퍼즐, 강화제

방법 ❶

- 10~20조각 퍼즐 맞추기는 앞 단계에서 수행하였으므로 확인한 후 시행한다.
- 교사가 "퍼즐을 맞추어 봐요 ♬ 맞추어 봐요 ♬ 무슨 그림 ♬ 일까요? ♬"라고 노래를 부르며 20~30조각의 퍼즐을 맞추는 시범을 보인다.
- 유아에게 교사를 모방하여 20~30조각의 퍼즐을 맞추어 보라고 한다.
- 수행되면 유아 스스로 20~30조각의 퍼즐을 맞추어 보라고 한다.
- 수행되면 유아의 특성에 맞는 적절한 강화제를 제공한다.

방법 ❷

- 10~20조각 퍼즐 맞추기는 앞 단계에서 수행하였으므로 확인한 후 시행한다.
- 교사가 "퍼즐을 맞추어 봐요 ♬ 맞추어 봐요 ♬ 무슨 그림 ♬ 일까요? ♬"라고 노래를 부르며 20~30조각의 퍼즐을 맞추는 시범을 보인다.
- 유아에게 교사를 모방하여 20~30조각의 퍼즐을 맞추어 보라고 한다.
- 모방하지 못하면 교사가 예를 들어 25조각의 퍼즐을 맞추는 시범을 보인다.
- 유아에게 교사를 모방하여 25조각의 퍼즐을 맞추어 보라고 한다.
- 모방하지 못하면 교사가 유아의 손을 잡고 25조각의 퍼즐을 맞추어 준다.
- 교사가 20조각의 퍼즐을 맞추어 놓은 후 유아에게 5조각을 맞추어 보라고 한다.
- 수행되면 교사가 15조각을 맞추어 놓은 후 유아에게 10조각을 맞추어 보라고 한다.
- 수행되면 교사가 10조각을 맞추어 놓은 후 유아에게 15조각을 맞추어 보라고 한다.
- 수행되면 교사가 5조각을 맞추어 놓은 후 유아에게 20조각을 맞추어 보라고 한다.
- 도움을 점차 줄여 간다.
- 수행되면 유아 스스로 25조각의 퍼즐을 맞추어 보라고 한다.
- 수행되면 30조각의 퍼즐도 25조각의 퍼즐과 같은 방법으로 지도한다.
- 수행되면 유아의 특성에 맞는 적절한 강화제를 제공한다.

☞ 유아의 특성에 따라 퍼즐 조각을 20~30조각 범위 내에서 조정하여 지도하도록 한다. 그리고 유아의 상태에 따라 교사가 맞추어 놓는 퍼즐 조각 수를 조정하면 된다.

252 점토로 다양한 모양 만들기

6~7세

목표 | 점토로 다양한 모양을 만들 수 있다.

자료 | 점토, 찰흙, 강화제

방법 ❶

- 점토로 간단한 모양 만들기는 앞 단계에서 수행하였으므로 확인한 후 시행한다.
- 교사가 점토로 다양한 모양(예: 나무, 사과, 토끼 등)을 만드는 시범을 보인다.
- 유아에게 교사를 모방하여 점토로 다양한 모양을 만들어 보라고 한다.
- 수행되면 유아 스스로 다양한 모양을 점토로 만들어 보라고 한다.
- 수행되면 유아의 특성에 맞는 적절한 강화제를 제공한다.

방법 ❷

- 점토로 간단한 모양 만들기는 앞 단계에서 수행하였으므로 확인한 후 시행한다.
- 교사가 "세모, 세모 ♬ 삐죽 세모 ♬ 네모, 네모 ♬ 각진 네모 ♬"라고 노래를 부르며, 예를 들어 점토로 나무를 만드는 시범을 보인다.
- 유아에게 교사를 모방하여 점토로 나무를 만들어 보라고 한다.
- 모방하지 못하면 교사가 점토로 세모를 만드는 시범을 보인다.
- 유아에게 교사를 모방하여 점토로 세모를 만들어 보라고 한다.
- 모방하지 못하면 교사가 유아의 손을 잡고 점토로 세모를 만들어 준다.
- 교사가 점토로 세모를 3/4 만들어 준 후 유아에게 세모를 만들어 보라고 한다.
- 수행되면 교사가 점토로 세모를 2/4 만들어 준 후 유아에게 세모를 만들어 보라고 한다.
- 도움을 점차 줄여 간다.
- 수행되면 유아 스스로 점토로 세모를 만들어 보라고 한다.

- 수행되면 교사가 점토로 네모를 만드는 시범을 보인다.
- 유아에게 교사를 모방하여 점토로 네모를 만들어 보라고 한다.
- 모방하지 못하면 세모를 지도한 것과 같은 방법으로 지도한다.
- 수행되면 교사가 점토로 만든 세모에 네모를 연결하여 나무를 만드는 시범을 보인다.
- 유아에게 교사를 모방하여 세모에 네모를 연결하여 나무를 만들어 보라고 한다.
- 모방하지 못하면 세모를 지도한 것과 같은 방법으로 손을 잡고 세모에 네모를 연결하여 나무를 만들어 준다.
- 교사가 네모를 가리키며 유아에게 세모에 연결해 보라고 한다.
- 도움을 점차 줄여 간다.
- 수행되면 유아 스스로 세모에 네모를 연결하여 나무를 만들어 보라고 한다.
- 수행되면 교사가 점토로 다른 모양을 만드는 것도 나무 만들기와 같은 방법으로 지도한다.
- 수행되면 유아의 특성에 맞는 적절한 강화제를 제공한다.

☞ 점토나 찰흙 놀이는 소근육뿐만 아니라 눈과 손의 협응력을 기를 수 있고 감정적 이완을 경험할 수 있어 공격성이 있거나 산만한 유아들에게는 더 효과적인 활동이다.

253 칠교로 다양한 모양 만들기 6~7세

목표 | 칠교로 다양한 모양을 만들 수 있다.

자료 | 칠교 두 세트, 강화제

방법 ❶

- 칠교로 도형 만들기는 앞 단계에서 수행하였으므로 확인한 후 시행한다.

- 교사가 유아 옆에 앉아 칠교로 다양한 모양(예: 숫자 1 등)을 만드는 시범을 보인다.
- 유아에게 교사를 모방하여 칠교로 다양한 모양을 만들어 보라고 한다.
- 수행되면 유아 스스로 칠교로 다양한 모양을 만들어 보라고 한다.
- 수행되면 유아의 특성에 맞는 적절한 강화제를 제공한다.

방법 ❷

- 칠교로 도형 만들기는 앞 단계에서 수행하였으므로 확인한 후 시행한다.
- 교사가 유아 옆에 앉아, 예를 들어 칠교(큰 삼각형 2개, 중간 삼각형 1개, 작은 삼각형 2개, 마름모꼴 1개, 정사각형 1개)로 숫자 1을 만드는 시범을 보인다.
- 유아에게 교사를 모방하여 칠교로 숫자 1(그림 참조)을 만들어 보라고 한다.
- 모방하지 못하면 교사가 정사각형 1개를 제시한 후 정사각형의 오른쪽 측면에 작은 삼각형 1개를 거꾸로 놓는(그림 참조) 시범을 보인다.
- 유아에게 교사를 모방하여 정사각형 1개를 놓고 정사각형의 오른쪽 측면에 작은 삼각형 1개를 거꾸로 놓아 보라고 한다.
- 모방하지 못하면 교사가 유아의 손을 잡고 정사각형 1개를 놓고 정사각형의 오른쪽 측면에 작은 삼각형 1개를 거꾸로 놓아 준다.
- 교사가 정사각형 1개를 제시한 후 유아에게 정사각형의 오른쪽 측면에 작은 삼각형 1개를 거꾸로 놓아 보라고 한다.
- 수행되면 유아 스스로 정사각형 1개를 놓고 정사각형의 오른쪽 측면에 작은 삼각형 1개를 거꾸로 놓아 보라고 한다.
- 수행되면 교사가 작은 삼각형 옆에 큰 삼각형 2개를 마름모 형태가 되도록 놓는 시범을 보인다.
- 유아에게 교사를 모방하여 작은 삼각형 옆에 큰 삼각형 2개를 마름모 형태가 되도록 놓아 보라고 한다.
- 모방하지 못하면 교사가 유아의 손을 잡고 작은 삼각형 옆에 큰 삼각형 2개를 마름모 형태가 되도록 놓아 준다.

- 교사가 작은 삼각형 옆을 가리키며 유아에게 큰 삼각형 2개를 마름모 형태가 되도록 놓아 보라고 한다.
- 수행되면 유아 스스로 작은 삼각형 옆에 큰 삼각형 2개를 마름모 형태가 되도록 놓아 보라고 한다.
- 수행되면 교사가 큰 삼각형 측면에 중간 삼각형 1개를 놓는 시범을 보인다.
- 유아에게 교사를 모방하여 큰 삼각형 측면에 중간 삼각형 1개를 놓아 보라고 한다.
- 모방하지 못하면 교사가 유아의 손을 잡고 큰 삼각형 측면에 중간 삼각형 1개를 놓아 준다.
- 교사가 큰 삼각형 측면을 가리키며 유아에게 중간 삼각형 1개를 놓아 보라고 한다.
- 수행되면 유아 스스로 큰 삼각형 측면에 중간 삼각형 1개를 놓아 보라고 한다.
- 수행되면 교사가 중간 삼각형 밑 선에 맞추어 마름모꼴(평행사변형) 1개를 놓는 시범을 보인다.
- 유아에게 교사를 모방하여 중간 삼각형 밑 선에 맞추어 마름모꼴 1개를 놓아 보라고 한다.
- 모방하지 못하면 교사가 유아의 손을 잡고 중간 삼각형 밑 선에 맞추어 마름모꼴 1개를 놓아 준다.
- 수행되면 유아 스스로 중간 삼각형 밑 선에 맞추어 마름모꼴 1개를 놓아 보라고 한다.
- 수행되면 교사가 마름모꼴 측면에 작은 삼각형 1개를 놓는 시범을 보인다.
- 유아에게 교사를 모방하여 마름모꼴 측면에 작은 삼각형 1개를 놓아 보라고 한다.
- 모방하지 못하면 교사가 유아의 손을 잡고 마름모꼴 측면에 작은 삼각형 1개를 놓아 준다.
- 교사가 마름모꼴 측면을 가리키며 유아에게 작은 삼각형 1개를 놓아 보라고

한다.

- 도움을 점차 줄여 간다.
- 수행되면 유아 스스로 마름모꼴 측면에 작은 삼각형 1개를 놓아 보라고 한다.
- 수행되면 유아 스스로 칠교로 숫자 1을 만들어 보라고 한다.
- 수행되면 칠교로 다른 모양들(예: 숫자 2, 3, 새, 튤립 등)을 만드는 것도 숫자 1을 지도한 것과 같은 방법으로 지도한다.
- 수행되면 유아의 특성에 맞는 적절한 강화제를 제공한다.

☞ 유아와 마주 보고 지도할 경우 유아가 바라보는 방향(교사가 왼손을 사용해야 유아가 볼 때 오른손이 됨)에서 손의 사용에 유의하도록 하고, 왼손잡이의 경우 반대로 지도하면 된다.

☞ 집에서 제작(칠교로 도형 만들기 참조)하여 사용할 수도 있다. 칠교놀이는 10cm 정사각형을 7조각으로 나눈 것이다. 그러나 집에서 만들 때는 크기를 배로 늘려도 무방하다(215번 칠교로 도형 만들기 참조).

☞ 칠교놀이는 다음 그림처럼 시중에서 시판되고 있어 쉽게 구할 수 있다. 그리고 전통적인 칠교놀이 외에 자석으로 된 칠교놀이도 시판되고 있다.

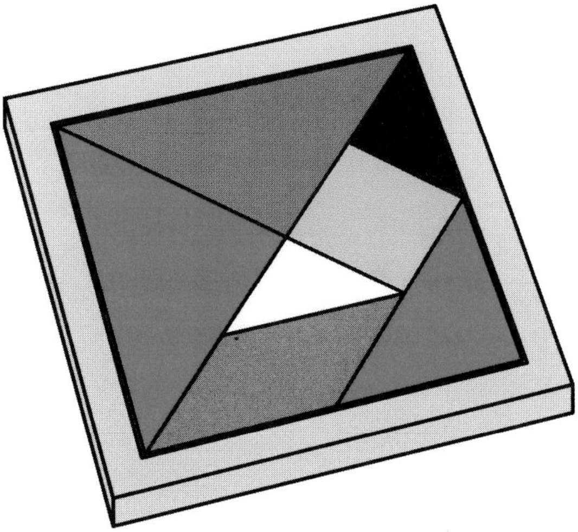

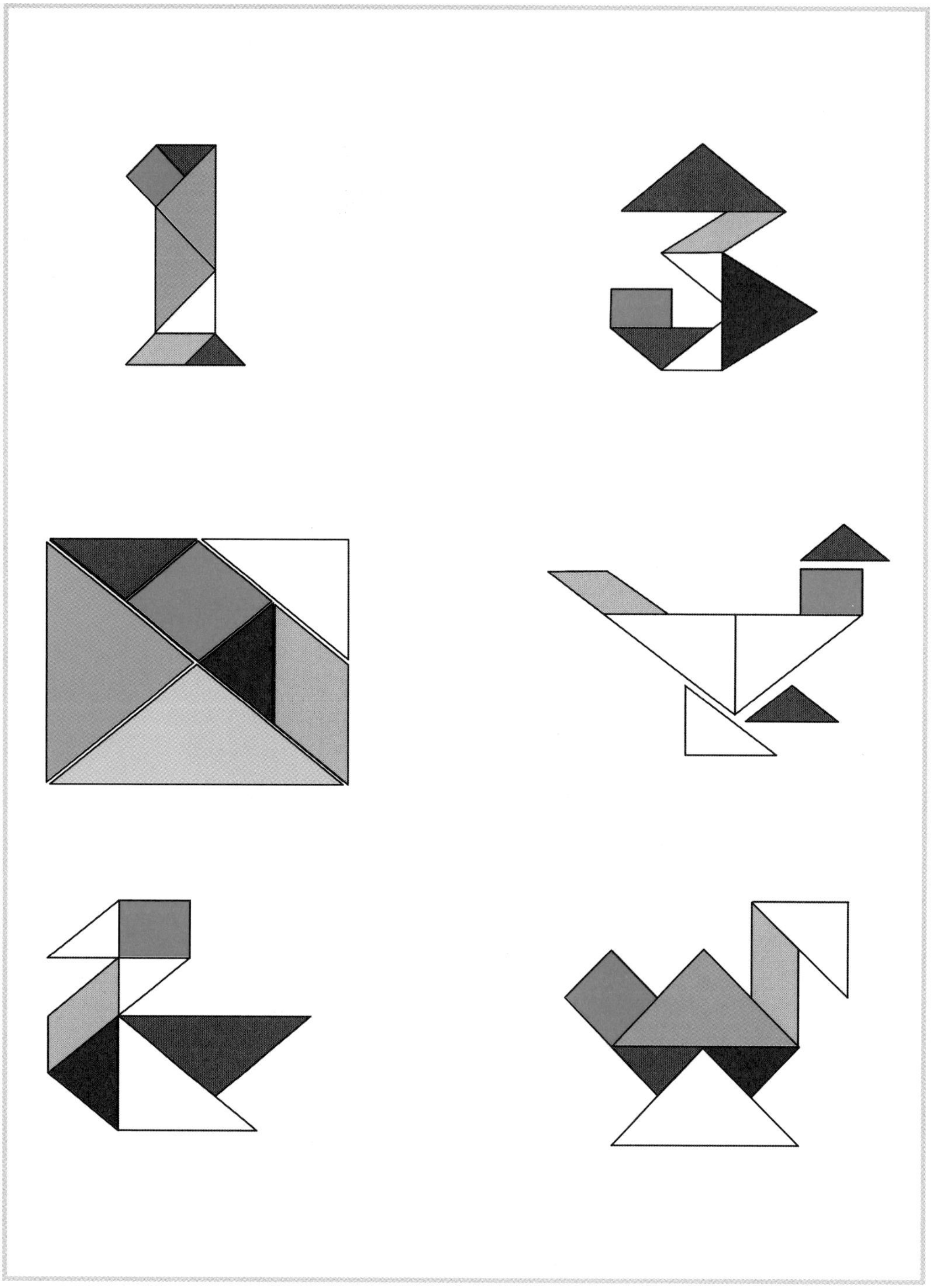

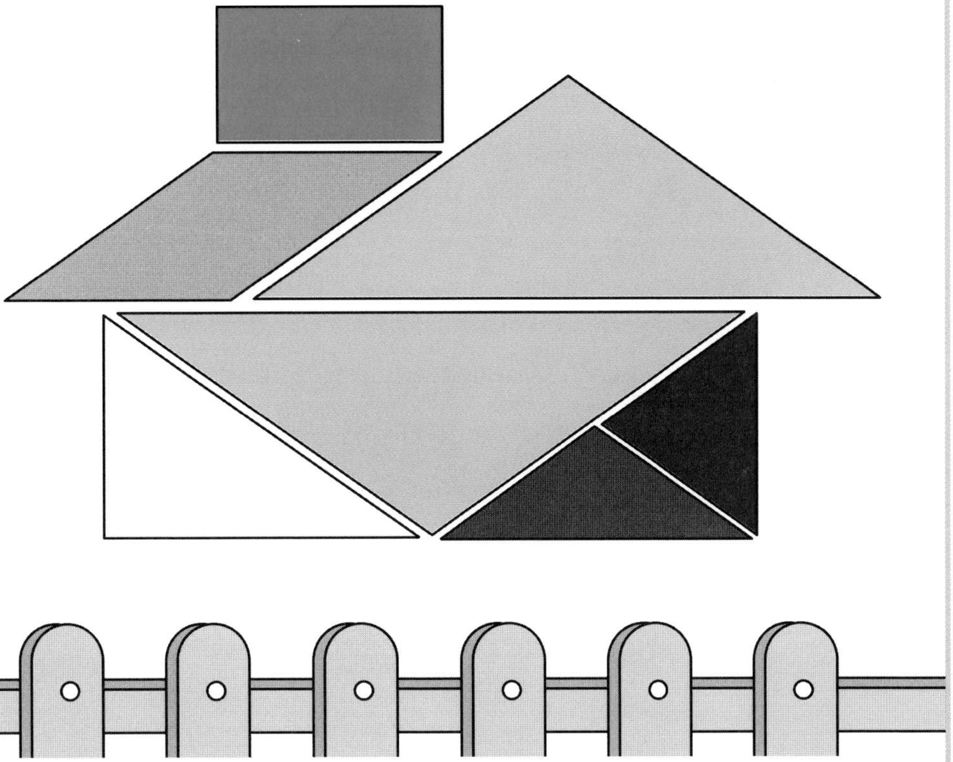

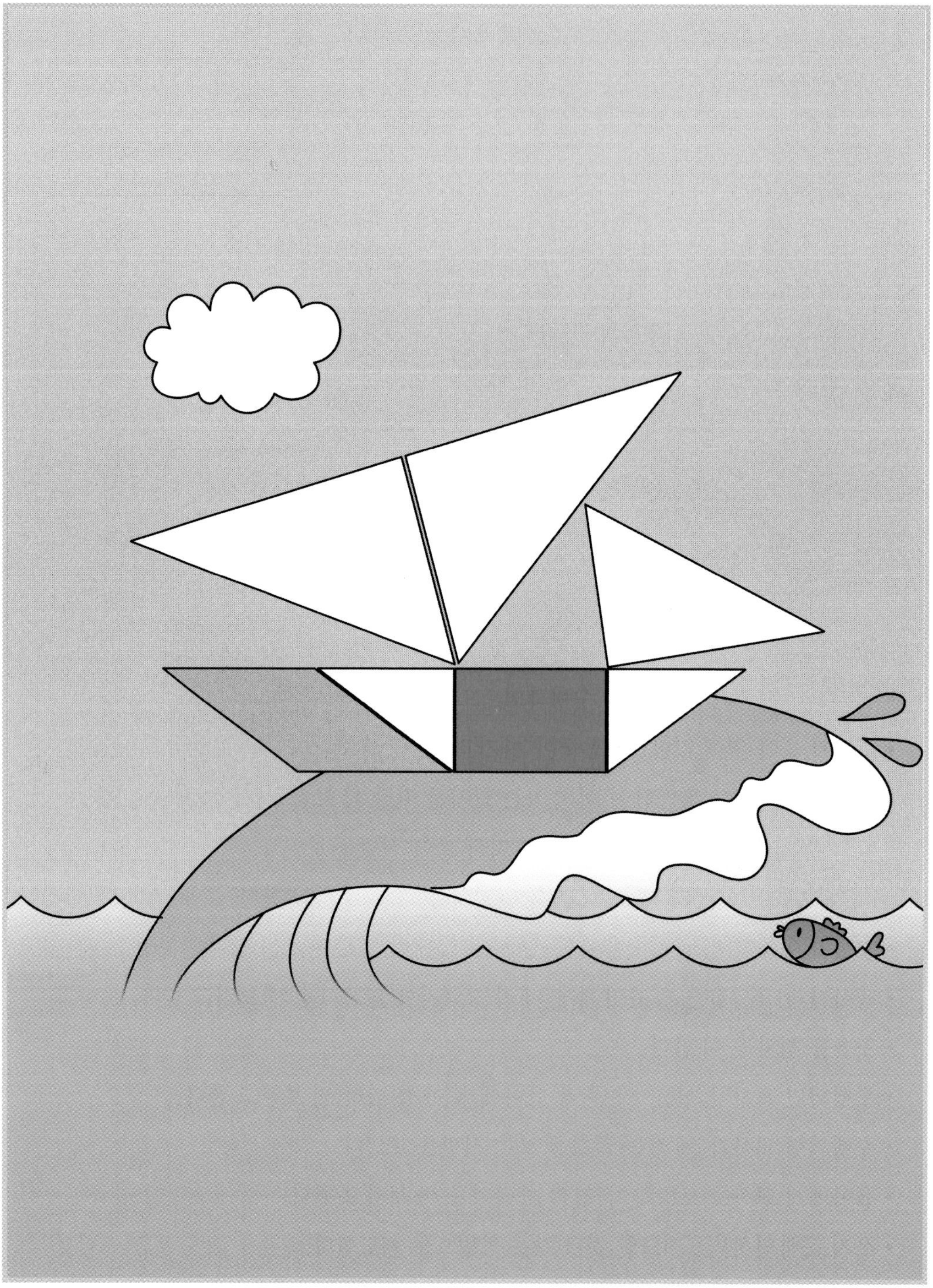

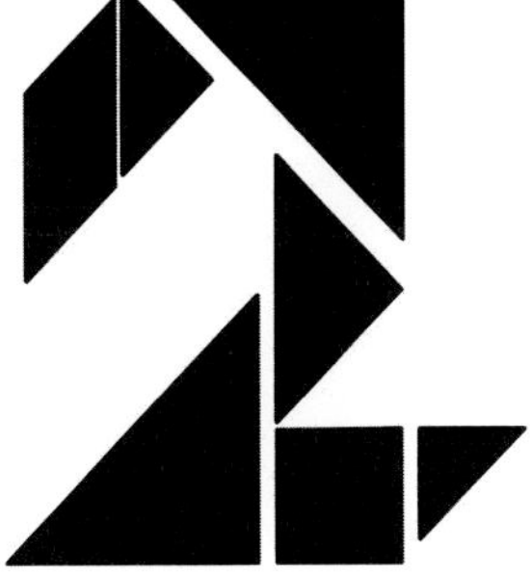

3
4

254 가위바위보 놀이

6~7세

목표 | 가위바위보 놀이를 할 수 있다.

자료 | 강화제

방법 ❶

- 교사가 가위바위보 놀이를 하는 방법을 설명한 후 가위바위보 놀이를 하는 시범을 보인다.
- 교사의 신호에 맞추어 교사와 유아가 동시에 가위, 바위, 보 중에서 각자 원하는 것을 낸 후 교사가 누가 이겼는지(혹은 비겼는지) 말해 준 다음 유아에게 교사를 모방하여 누가 이겼는지 말해 보라고 한다.
- 수행되면 교사의 신호에 맞추어 교사와 유아가 동시에 가위, 바위, 보 중에서 각자 원하는 것을 낸 후 유아 스스로 누가 이겼는지 말해 보라고 한다.
- 수행되면 유아의 특성에 맞는 적절한 강화제를 제공한다.

방법 ❷

- 교사가 가위바위보 놀이를 하는 방법을 설명한 후 가위바위보 놀이를 하는 시범을 보인다.
- 교사의 신호에 맞추어 교사와 유아가 동시에 가위, 바위, 보 중에서 각자 원하는 것을 낸 후 교사가 누가 이겼는지(혹은 비겼는지) 말해 준 다음 유아에게 교사를 모방하여 누가 이겼는지 말해 보라고 한다.
- 말하지 못하면 교사가 반복하여 누가 이겼는지 말해 준 후 유아에게 말해 보라고 한다.
- 교사가 이긴 사람을 가리키며 유아에게 누가 이겼는지 말해 보라고 한다.
- 도움을 점차 줄여 간다.

- 수행되면 교사의 신호에 맞추어 교사와 유아가 동시에 가위, 바위, 보 중에서 각자 원하는 것을 낸 후 유아 스스로 누가 이겼는지 말해 보라고 한다.
- 수행되면 이런 과정을 몇 번 반복(가위바위보를 할 때마다 이기거나 비기는 경우가 다름)하면서 유아 스스로 누가 이겼는지 말해 보라고 한다.
- 수행되면 유아의 특성에 맞는 적절한 강화제를 제공한다.

방법 ❸

- 교사가 가위바위보 놀이를 하는 방법을 설명한다.
- 교사가 손가락을 펼쳐 보를 내는 시범을 보인다.
- 유아에게 교사를 모방하여 손가락을 펼쳐 보를 내 보라고 한다.
- 모방하지 못하면 교사가 유아의 손을 잡고 손가락을 펼쳐 보를 내 준다.
- 유아 스스로 손가락을 펼쳐 보를 내 보라고 한다.
- 수행되면 교사가 주먹을 쥐고 바위를 내는 시범을 보인다.
- 유아에게 교사를 모방하여 주먹을 쥐고 바위를 내 보라고 한다.
- 모방하지 못하면 교사가 유아의 손을 잡고 주먹을 쥐고 바위를 내 준다.
- 유아 스스로 주먹을 쥐고 바위를 내 보라고 한다.
- 수행되면 교사가 주먹을 쥐고 엄지와 검지를 펼쳐 가위를 내는 시범을 보인다.
- 유아에게 교사를 모방하여 주먹을 쥐고 엄지와 검지를 펼쳐 가위를 내 보라고 한다.
- 모방하지 못하면 교사가 유아의 손을 잡고 엄지와 검지를 펼쳐 가위를 내 준다.
- 교사가 유아의 엄지와 검지를 가리키며 유아에게 주먹을 쥐고 엄지와 검지를 펼쳐 가위를 내 보라고 한다.
- 도움을 점차 줄여 간다.
- 수행되면 유아 스스로 주먹을 쥐고 엄지와 검지를 펼쳐 가위를 내 보라고 한다.
- 수행되면 교사가 유아와 가위바위보 놀이를 하면서 누가 이겼는지(비겼는지) 말해 준 후 유아에게 교사를 모방하여 누가 이겼는지 말해 보라고 한다.

- 수행되면 교사가 유아와 가위바위보 놀이를 반복하면서 누가 이겼는지 말해 주고 유아에게 교사를 모방하여 누가 이겼는지 말해 보라고 한다.
- 수행되면 교사가 유아와 가위바위보 놀이를 하면서 유아 스스로 누가 이겼는지 말해 보라고 한다.
- 수행되면 유아의 특성에 맞는 적절한 강화제를 제공한다.

☞ 가위바위보를 해서 이긴 사람에게 스티커 붙여 주기 등을 하면 유아들이 좀 더 흥미롭게 가위바위보 놀이를 할 수 있다.

255 점 이어 모양 만들기 III

6~7세

목표 | 점을 이어 모양을 만들 수 있다.

자료 | 그림자료, 연필(색연필), 강화제

방법 ❶

- 교사가 점을 이어 모양(예: 사탕, 그림 참조)을 만드는 시범을 보인다.
- 유아에게 교사를 모방하여 점을 이어 모양(예: 사탕)을 만들어 보라고 한다.
- 수행되면 유아 스스로 점을 이어 모양을 만들어 보라고 한다.
- 수행되면 유아의 특성에 맞는 적절한 강화제를 제공한다.

방법 ❷

- 교사가 예를 들어 사탕을 만들기 위해 점을 이어 세모를 그린 후 연결하여 네모를 그리고 네모 밑에 다시 세모를 그리는 시범을 보인다.
- 유아에게 교사를 모방하여 점을 이어 세모를 그린 후 연결하여 네모를 그리고 네모 밑에 다시 세모를 그려 보라고 한다.

- 모방하지 못하면 교사가 유아의 손을 잡고 점을 이어 세모를 그린 후 연결하여 네모를 그리고 네모 밑에 다시 세모를 그려 준다.
- 교사가 점을 이어 세모를 그리고 연결하여 네모를 그려 준 후 유아에게 네모 밑에 세모를 그려 보라고 한다.
- 수행되면 교사가 점을 이어 세모를 그린 후 유아에게 연결하여 네모를 그리고 네모 밑에 다시 세모를 그려 보라고 한다.
- 수행되면 유아 스스로 점을 이어 세모를 그린 후 연결하여 네모를 그리고 네모 밑에 다시 세모를 그려 보라고 한다.
- 수행되면 교사가 네모 안에 있는 점들을 이어 네모를 삼등분하는 시범을 보인다.
- 유아에게 교사를 모방하여 네모 안에 있는 점들을 이어 네모를 삼등분해 보라고 한다.
- 모방하지 못하면 교사가 네모 안의 점들을 이어 삼등분할 수 있도록 시작점과 끝점을 점선으로 찍어 준 후 유아에게 연결해 보라고 한다.
- 수행되면 교사가 네모 안의 점들을 이어 삼등분할 수 있도록 시작점과 끝 점을 찍어 준 후 유아에게 연결해 보라고 한다.
- 도움을 점차 줄여 간다.
- 수행되면 유아 스스로 네모 안에 있는 점들을 이어 네모를 삼등분해 보라고 한다.
- 수행되면 교사가 점을 이어 사탕을 만드는 시범을 보인 후 유아 스스로 점을 이어 사탕을 만들어 보라고 한다.
- 수행되면 다른 모양을 만드는 것도 사탕을 지도한 것과 같은 방법으로 지도한다.
- 수행되면 유아의 특성에 맞는 적절한 강화제를 제공한다.

☞ 점을 이어 그림을 완성한 후 색칠 놀이를 시켜도 효과적이다.

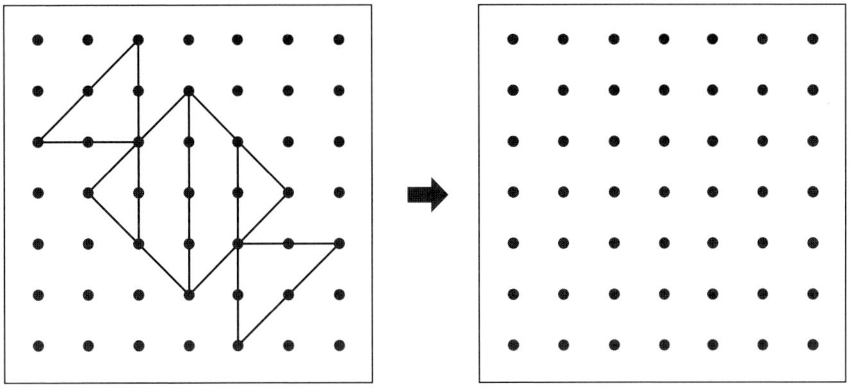

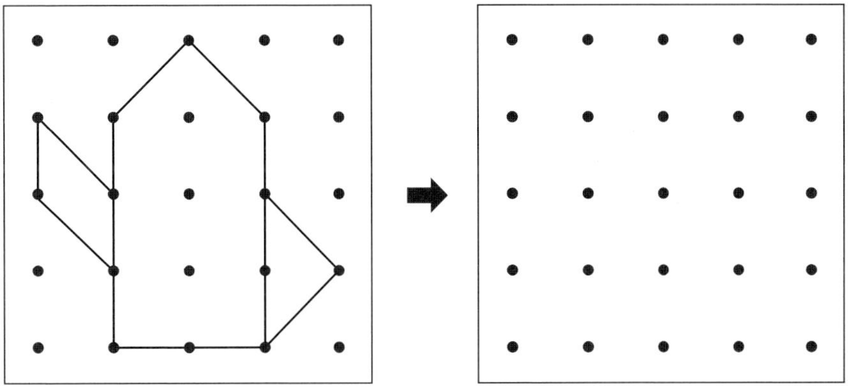

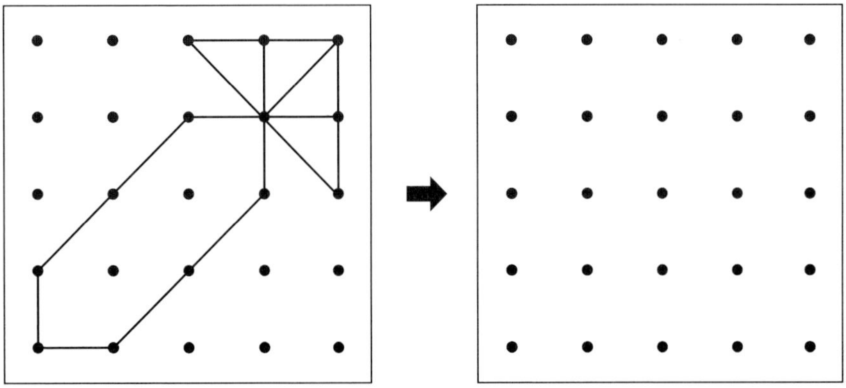

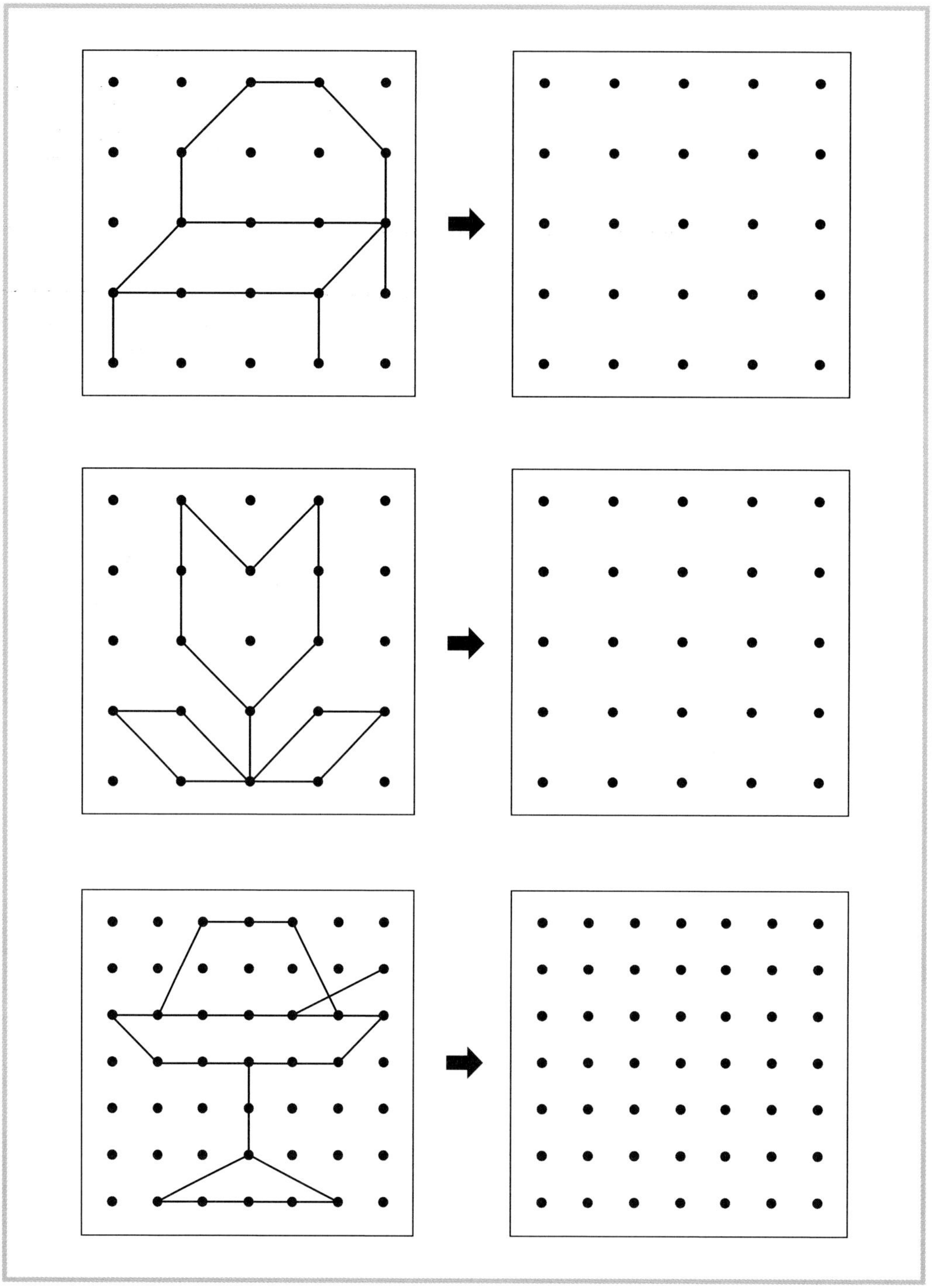

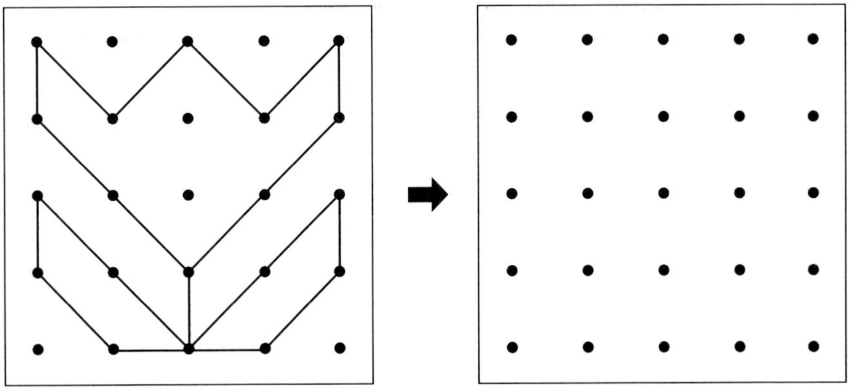

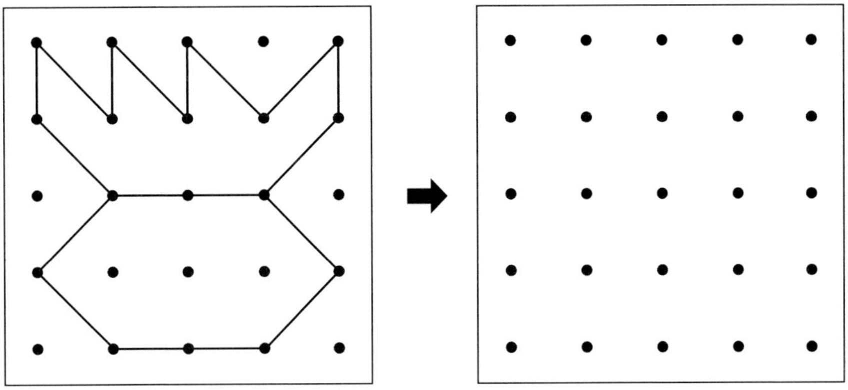

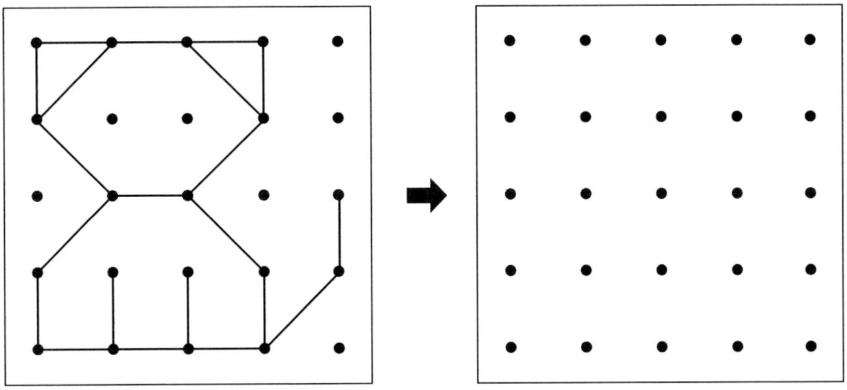

6~7
세

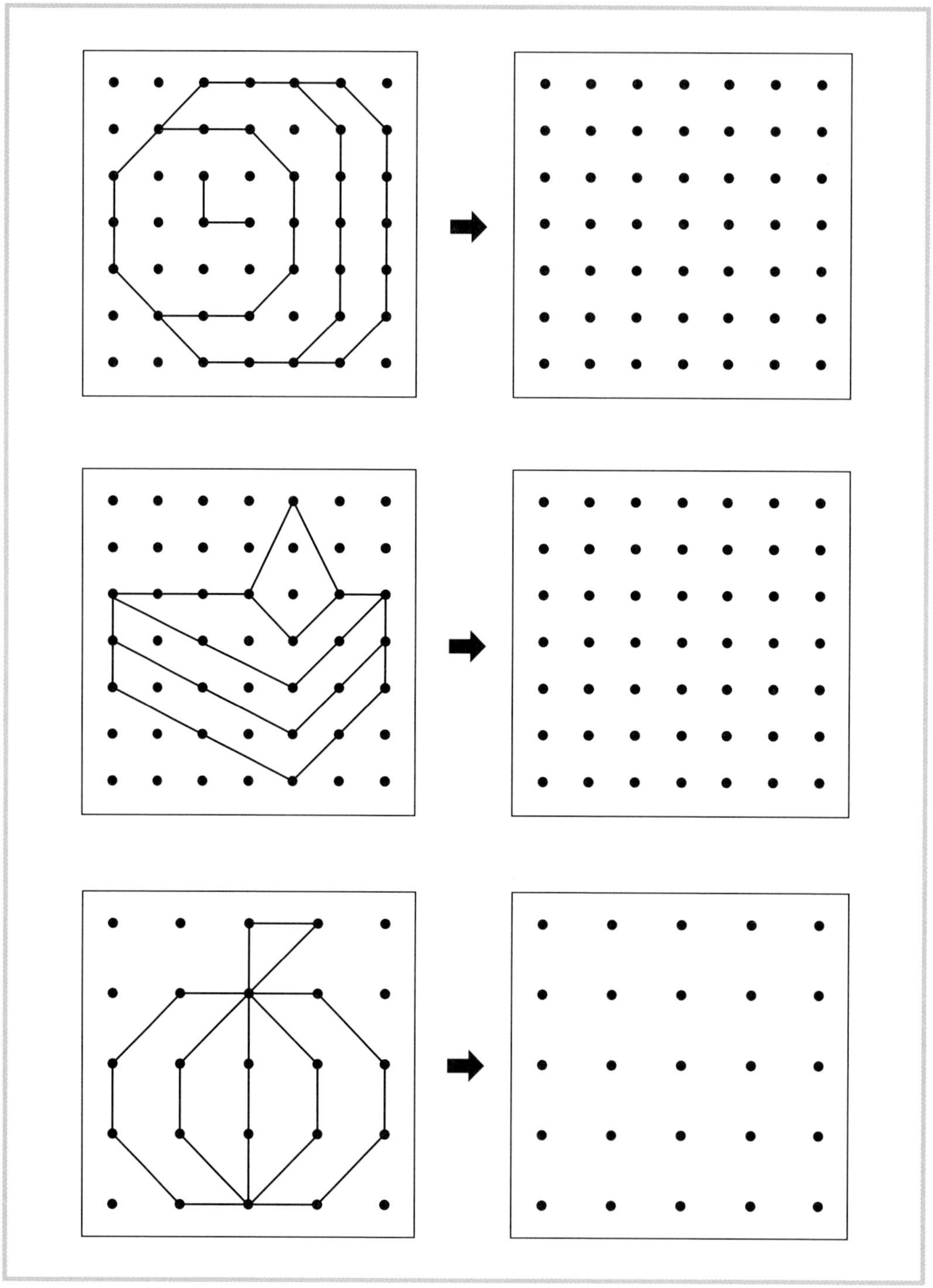

256 손그림자놀이 II

6~7세

목표 | 손그림자놀이를 할 수 있다.

자료 | 스탠드, 촛불, 스마트폰, 강화제

방법 ❶

- 교사가 유아 옆에 앉아 "그림자를 만들어 봐요 ♬ 만들어 봐요 ♬ 무슨 그림자 ♬ 일까요? ♬"라고 노래를 부르며 손그림자(그림 참조)를 만드는 시범을 보인다.
- 유아에게 교사를 모방하여 손그림자를 만들어 보라고 한다.
- 수행되면 유아 스스로 손그림자를 만들어 보라고 한다.
- 수행되면 유아의 특성에 맞는 적절한 강화제를 제공한다.

방법 ❷

- 교사가 유아 옆에 앉아 "그림자를 만들어 봐요 ♬ 만들어 봐요 ♬ 무슨 그림자 ♬ 일까요? ♬"라고 노래를 부르며, 예를 들어 새(그림 참조)를 만들기 위해 왼쪽 손을 손바닥이 보이도록 한 상태에서 네 손가락을 모은 후 엄지를 세우는 시범을 보인다.
- 유아에게 교사를 모방하여 왼쪽 손을 손바닥이 보이도록 한 상태에서 네 손가락을 모은 후 엄지를 세워 보라고 한다.
- 모방하지 못하면 교사가 유아의 왼쪽 손을 잡고 손바닥이 보이도록 한 상태에서 네 손가락을 모은 후 엄지를 세워 준다.
- 교사가 유아의 왼쪽 손을 잡고 손바닥이 보이도록 한 상태에서 네 손가락을 모은 후 유아에게 엄지를 세워 보라고 한다.
- 수행되면 교사가 유아의 왼손을 가리키며 왼쪽 손을 손바닥이 보이도록 한 상태에서 네 손가락을 모은 후 엄지를 세워 보라고 한다.

- 도움을 점차 줄여 간다.
- 수행되면 유아 스스로 왼쪽 손을 손바닥이 보이도록 한 상태에서 네 손가락을 모은 후 엄지를 세워 보라고 한다.
- 수행되면 교사가 오른쪽 손바닥을 안으로 펼친 상태에서 왼손의 세운 검지에 오른손의 검지를 고리 걸듯이 끼워 새 모양을 만드는 시범을 보인다.
- 유아에게 교사를 모방하여 오른쪽 손바닥을 안으로 펼친 상태에서 왼손의 세운 검지에 오른손의 검지를 고리 걸듯이 끼워 새 모양을 만들어 보라고 한다.
- 모방하지 못하면 교사가 유아의 오른쪽 손바닥을 안으로 펼친 상태에서 왼손의 세운 검지에 오른손의 검지를 고리 걸듯이 끼워 새 모양을 만들어 준다.
- 교사가 유아의 오른쪽 손바닥을 안으로 펼쳐 준 후 유아에게 왼손의 세운 검지에 오른손의 검지를 고리 걸듯이 끼워 새 모양을 만들어 보라고 한다.
- 만들지 못하면 교사가 유아의 손을 잡고 새 모양을 만들어 주는 동작을 반복해 준다.
- 도움을 점차 줄여 간다.
- 수행되면 유아 스스로 오른쪽 손바닥을 안으로 펼친 상태에서 왼손의 세운 검지에 오른손의 검지를 고리 걸듯이 끼워 새 모양을 만들어 보라고 한다.
- 수행되면 다른 손그림자들도 새를 지도한 것과 같은 방법으로 지도한다.
- 수행되면 유아의 특성에 맞는 적절한 강화제를 제공한다.

☞ 어두운 곳에서 벽 또는 창문 등에 스탠드, 촛불, 스마트폰, 플래시 등으로 빛을 비춘 후 손으로 다양한 모양을 만들어 그림자가 나타나게 하면 된다.

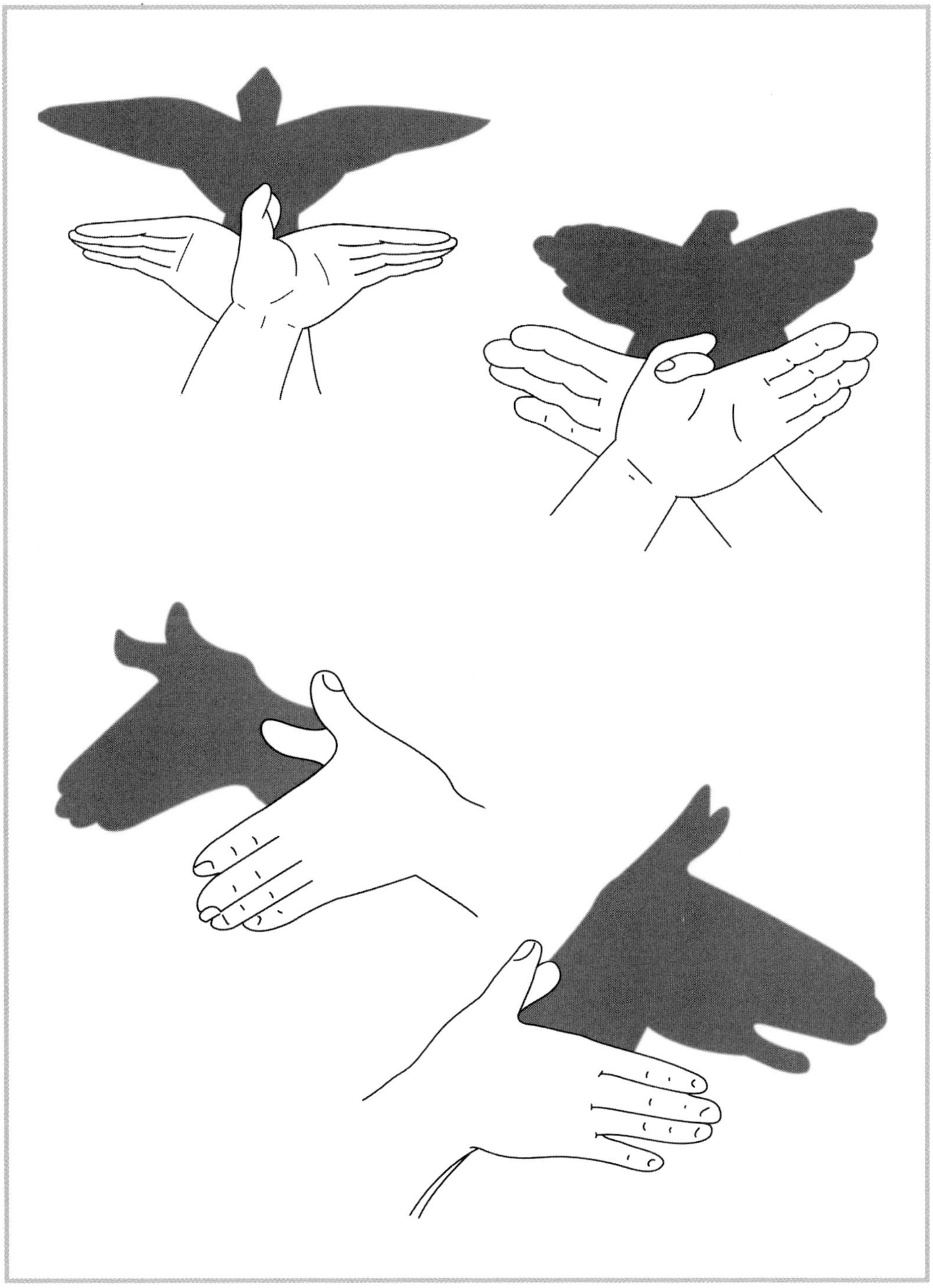

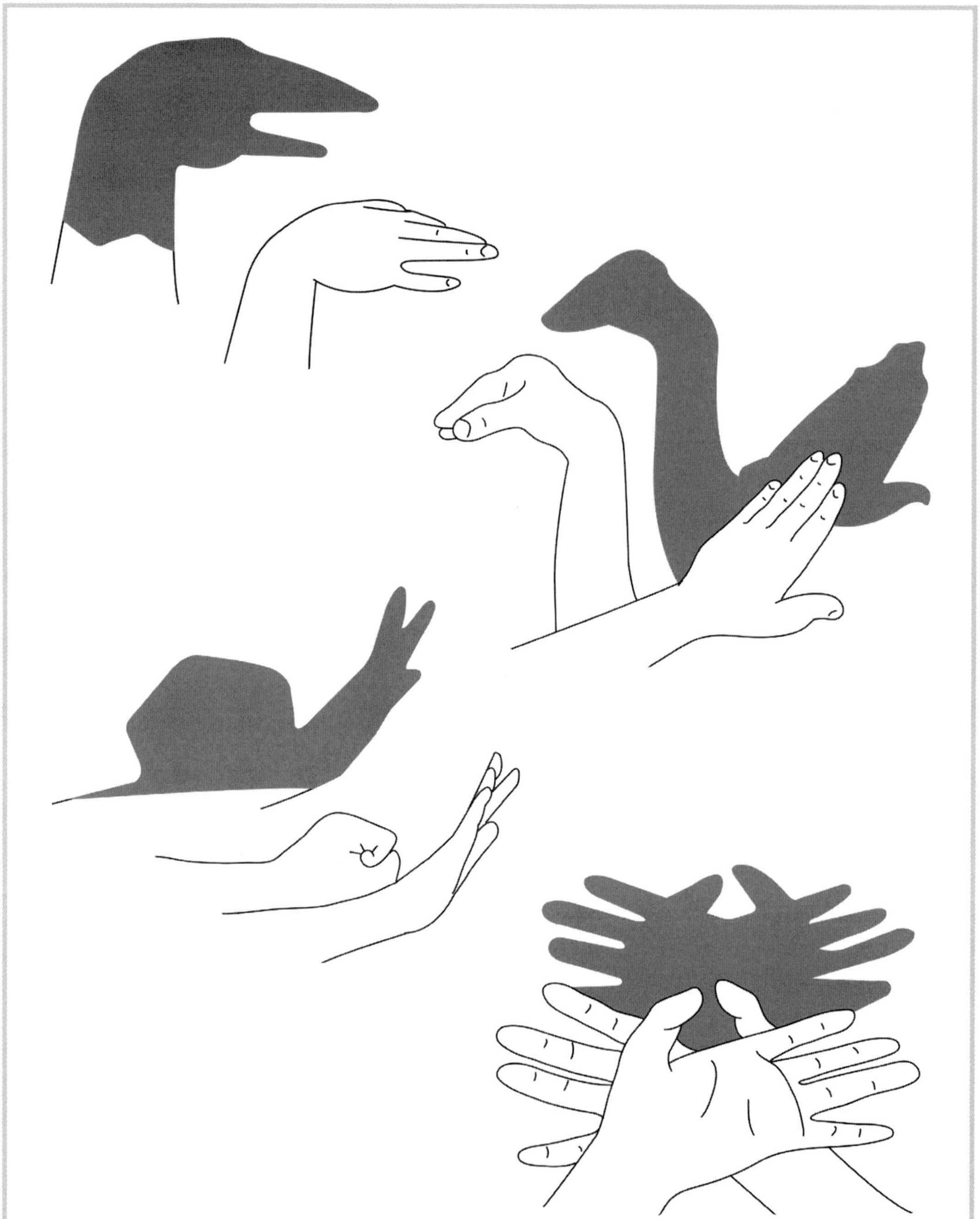

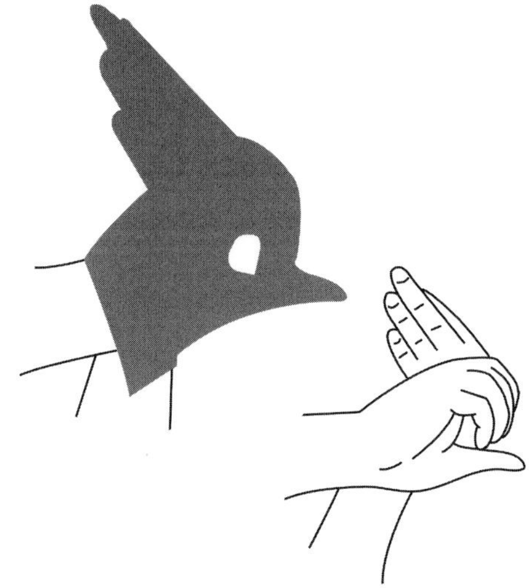

257 점 이어 동물 그리기

6~7세

목표 | 점을 이어 동물을 그릴 수 있다.

자료 | 그림자료, 연필(색연필), 강화제

방법 ❶

- 교사가 점을 이어 동물(예: 돼지, 그림 참조)을 그리는 시범을 보인다.
- 유아에게 교사를 모방하여 점을 이어 동물(예: 돼지)을 그려 보라고 한다.
- 수행되면 유아 스스로 점을 이어 동물을 그려 보라고 한다.
- 수행되면 유아의 특성에 맞는 적절한 강화제를 제공한다.

방법 ❷

- 교사가 예를 들어 점을 이어 돼지(그림 참조) 얼굴의 테두리를 그리는 시범을 보인다.
- 유아에게 교사를 모방하여 점을 이어 돼지 얼굴의 테두리를 그려 보라고 한다.
- 모방하지 못하면 교사가 유아의 손을 잡고 점을 이어 돼지 얼굴의 테두리를 그려 준다.
- 교사가 돼지 얼굴의 테두리를 점선으로 찍어 준 후 유아에게 돼지 얼굴의 테두리를 그려 보라고 한다.
- 수행되면 교사가 돼지 얼굴의 테두리를 다른 색 점으로 찍어 준 후 유아에게 돼지 얼굴의 테두리를 그려 보라고 한다.
- 도움을 점차 줄여 간다.
- 수행되면 유아 스스로 돼지 얼굴의 테두리를 그려 보라고 한다.
- 수행되면 교사가 점을 이어 돼지 코를 그리는 시범을 보인다.
- 유아에게 교사를 모방하여 점을 이어 돼지 코를 그려 보라고 한다.
- 모방하지 못하면 교사가 돼지 코를 점선으로 찍어 준 후 유아에게 돼지 코를 그려

보라고 한다.

- 수행되면 교사가 돼지 코를 다른 색 점으로 찍어 준 후 유아에게 돼지 코를 그려 보라고 한다.
- 도움을 점차 줄여 간다.
- 수행되면 유아 스스로 점을 이어 돼지 코를 그려 보라고 한다.
- 수행되면 교사가 점을 이어 돼지 귀와 눈을 그리는 시범을 보인다.
- 유아에게 교사를 모방하여 점을 이어 돼지 귀와 눈을 그려 보라고 한다.
- 모방하지 못하면 교사가 돼지 귀와 눈을 점선으로 찍어 준 후 유아에게 그려 보라고 한다.
- 수행되면 교사가 돼지 귀와 눈을 다른 색 점으로 찍어 준 후 유아에게 그려 보라고 한다.
- 도움을 점차 줄여 간다.
- 수행되면 유아 스스로 돼지 귀와 눈을 그려 보라고 한다.
- 수행되면 유아 스스로 점을 이어 돼지를 그려 보라고 한다.
- 수행되면 다른 동물을 그리는 것도 돼지와 같은 방법으로 지도한다.
- 수행되면 유아의 특성에 맞는 적절한 강화제를 제공한다.

☞ 점을 이어 그림을 완성한 후 색칠 놀이를 시켜도 효과적이다.

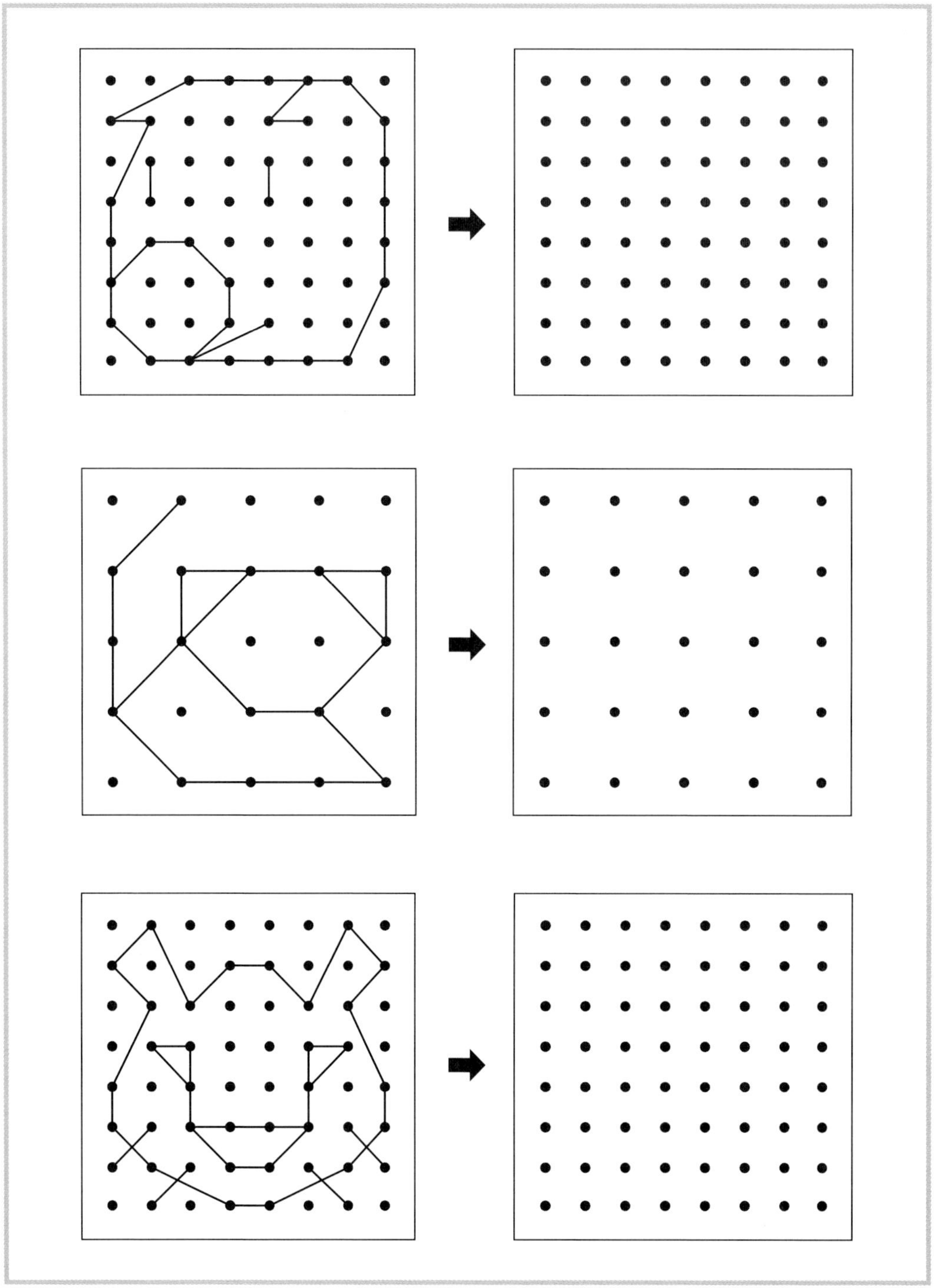

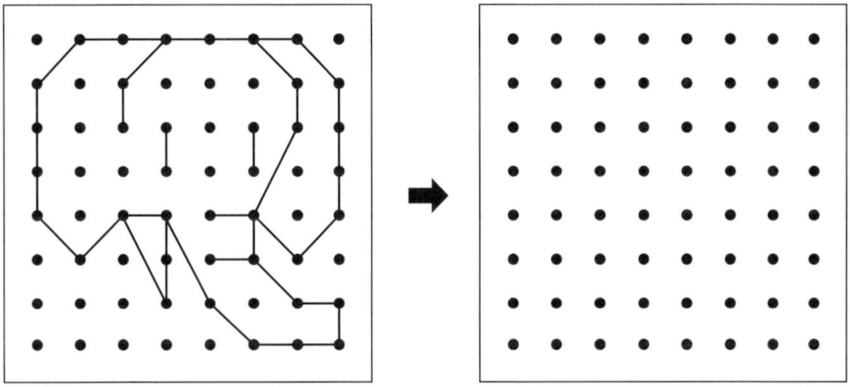

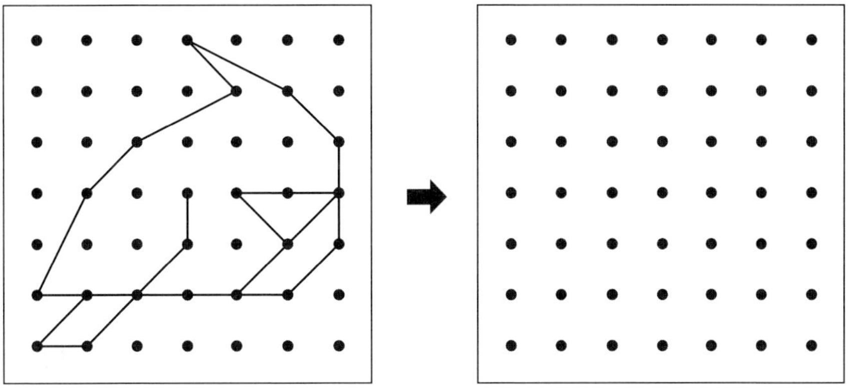

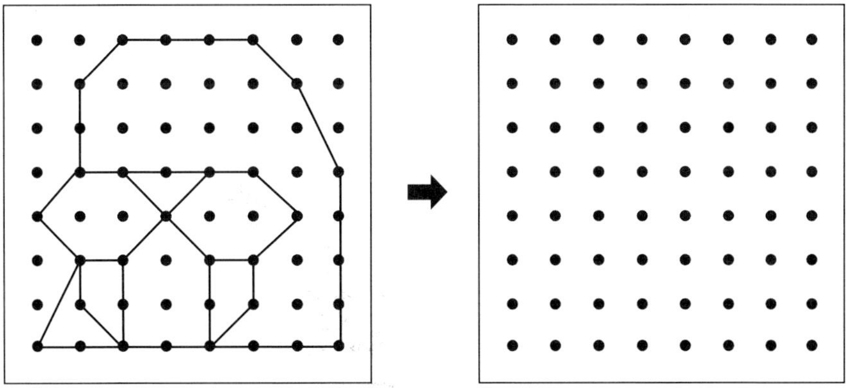

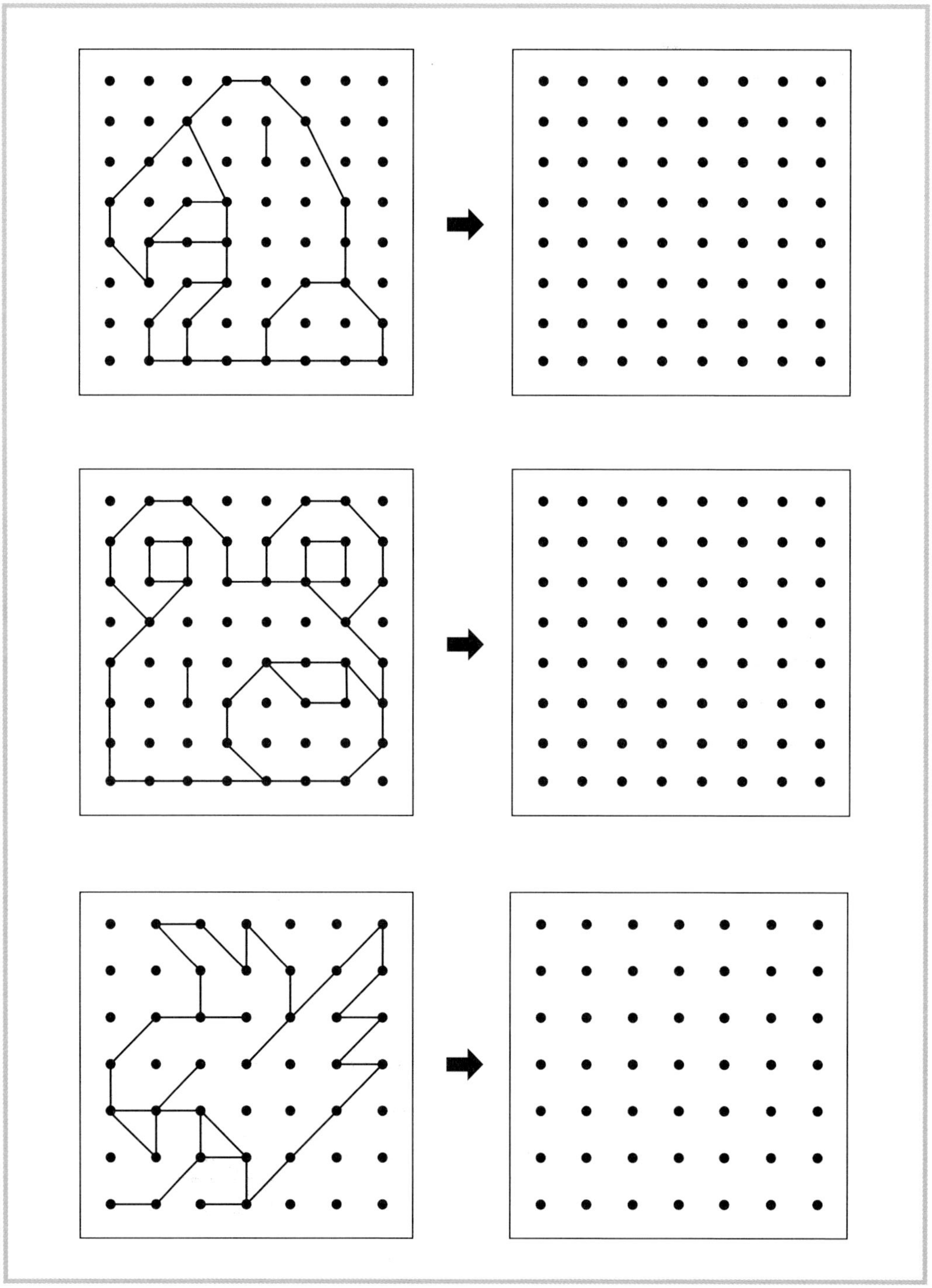

258 숫자 연결하여 그림 그리기 III

6~7세

목표 | 숫자를 연결하여 그림을 그릴 수 있다.

자료 | 그림자료, 연필(색연필), 강화제

방법 ❶

- 교사가 "1은 ♬ 어디 있나? ♬ 여기 ♬"라고 노래를 부르며 숫자를 연결하여 그림(예: 악어)을 그리는 시범을 보인다.
- 유아에게 교사를 모방하여 숫자를 연결하여 그림(예: 악어)을 그려 보라고 한다.
- 수행되면 유아 스스로 숫자를 연결하여 그림을 그려 보라고 한다.
- 수행되면 유아의 특성에 맞는 적절한 강화제를 제공한다.

방법 ❷

- 교사가 "1은 ♬ 어디 있나? ♬ 여기 ♬"라고 노래를 부르며, 예를 들어 숫자를 연결하여 악어를 그리는 시범을 보인다.
- 유아에게 교사를 모방하여 숫자를 연결하여 악어를 그려 보라고 한다.
- 모방하지 못하면 교사가 유아의 손을 잡고 숫자를 연결하여 악어를 그려 준다.
- 교사가 숫자를 순서대로 가리키며 유아에게 숫자를 연결하여 악어를 그려 보라고 한다.
- 교사가 악어의 3/4까지 숫자를 연결하여 준 후 유아에게 나머지를 연결하여 악어를 그려 보라고 한다.
- 수행되면 교사가 악어의 2/4까지 숫자를 연결하여 준 후 유아에게 나머지를 연결하여 악어를 그려 보라고 한다.
- 수행되면 교사가 악어의 1/4까지 숫자를 연결하여 준 후 유아에게 나머지를 연결하여 악어를 그려 보라고 한다.

- 도움을 점차 줄여 간다.
- 수행되면 유아 스스로 숫자를 연결하여 악어를 그려 보라고 한다.
- 수행되면 교사가 예를 들어 숫자를 연결하여 고양이 얼굴을 그리는 시범을 보인다.
- 유아에게 교사를 모방하여 숫자를 연결하여 고양이 얼굴을 그려 보라고 한다.
- 모방하지 못하면 숫자를 연결하여 악어를 그린 것과 같은 방법으로 지도한다.
- 수행되면 다른 그림들도 같은 방법으로 지도한다.
- 수행되면 유아의 특성에 맞는 적절한 강화제를 제공한다.

☞ 주목적이 소근육 지도이므로 숫자를 모르는 경우 순서대로 점을 연결하도록 하거나 숫자를 읽어 주면서 지도하도록 한다.

☞ 숫자를 연결하여 그림을 완성한 후 색칠 놀이를 시켜도 효과적이다.

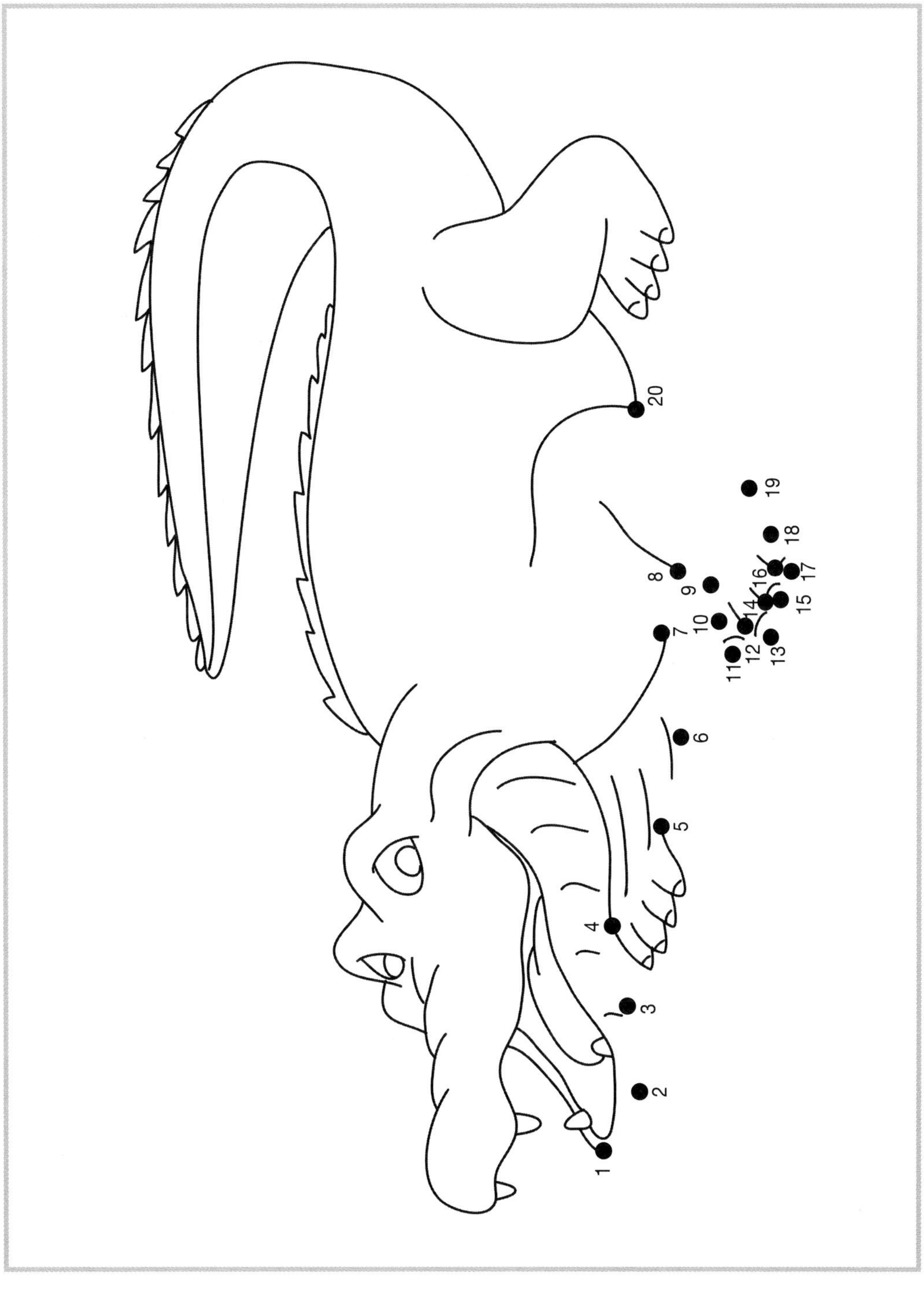

6~7
세

1
2
3
4
5
6
7
8
9
10
11
12
13
14
15
16
17
18
19
20

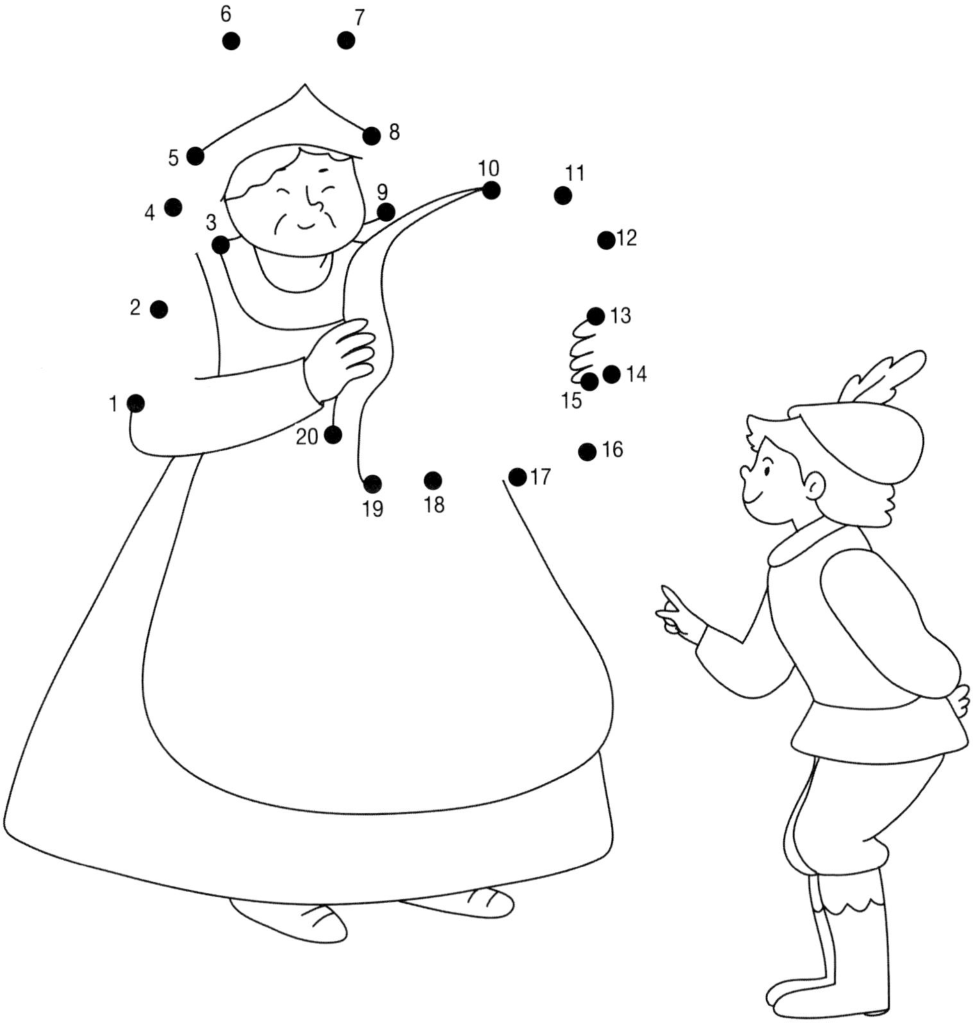
6
7
8
5
10
11
9
4
3
12
2
13
14
15
1
20
16
17
19
18

259 눈사람 만들기

6~7세

목표 | 스티로폼과 이쑤시개로 눈사람을 만들 수 있다.

자료 | 크기가 다른 스티로폼 두 개, 이쑤시개 여러 개, 모루, 눈알, 폼폼이, 양면테이프(글루건), 강화제

방법 ❶

- 교사가 "눈을 굴려서 ♬ 두~개로 두~개로 ♬ 눈사람을 만~들자 ♬ 눈을 붙여 ♬ 예쁜 눈사람이 ♬ 되었네 ♬"라고 노래를 부르며 크기가 다른 스티로폼 두 개를 이쑤시개로 연결하여 눈사람을 만든 후 눈과 코를 붙이고 이쑤시개에 폼폼이를 끼워 팔을 꽂는 시범을 보인다.
- 유아에게 교사를 모방하여 크기가 다른 스티로폼 두 개를 이쑤시개로 연결하여 눈사람을 만든 후 눈과 코를 붙이고 이쑤시개에 폼폼이를 끼워 팔을 꽂아 보라고 한다.
- 수행되면 유아 스스로 크기가 다른 스티로폼 두 개를 이쑤시개로 연결하여 눈사람을 만든 후 눈과 코를 붙이고 이쑤시개에 폼폼이를 끼워 팔을 꽂아 보라고 한다.
- 수행되면 교사가 모루를 구부려 목도리를 만든 후 눈사람의 목에 걸어 눈사람을 완성시키는 시범을 보인다.
- 유아에게 교사를 모방하여 모루를 구부려 목도리를 만든 후 눈사람의 목에 걸어 눈사람을 완성시켜 보라고 한다.
- 수행되면 유아 스스로 모루를 구부려 목도리를 만든 후 눈사람의 목에 걸어 눈사람을 완성시켜 보라고 한다.
- 수행되면 유아의 특성에 맞는 적절한 강화제를 제공한다.

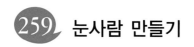

방법 ❷

- 교사가 "눈을 굴려서 ♬ 두~개로 두~개로 ♬ 눈사람을 만~들자 ♬ 눈을 붙여 ♬ 예쁜 눈사람이 ♬ 되었네 ♬"라고 노래를 부르며 교사가 작은 스티로폼에 이쑤시개를 꽂는(사진 2 참조) 시범을 보인다.
- 유아에게 교사를 모방하여 작은 스티로폼에 이쑤시개를 꽂아 보라고 한다.
- 모방하지 못하면 교사가 유아의 손을 잡고 작은 스티로폼을 쥔 후 이쑤시개를 꽂아 준다.
- 교사가 유아의 손에 작은 스티로폼을 쥐어 준 후 유아에게 이쑤시개를 꽂아 보라고 한다.
- 도움을 점차 줄여 간다.
- 수행되면 유아 스스로 한 손에 작은 스티로폼을 쥔 후 이쑤시개를 꽂아 보라고 한다.
- 수행되면 교사가 작은 스티로폼에 꽂혀져 있는 이쑤시개에 큰 스티로폼을 꽂아(사진 3 참조) 눈사람을 만드는 시범을 보인다.
- 유아에게 교사를 모방하여 작은 스티로폼에 꽂혀져 있는 이쑤시개에 큰 스티로폼을 꽂아 눈사람을 만들어 보라고 한다.
- 모방하지 못하면 교사가 유아의 손을 잡고 작은 스티로폼에 꽂혀져 있는 이쑤시개에 큰 스티로폼을 꽂아 눈사람을 만들어 준다.
- 교사가 유아의 손에 큰 스티로폼을 쥐어 준 후 유아에게 작은 스티로폼에 꽂혀져 있는 이쑤시개에 큰 스티로폼을 꽂아 눈사람을 만들어 보라고 한다.
- 교사가 작은 스티로폼에 꽂혀져 있는 이쑤시개를 가리키며 유아에게 큰 스티로폼을 꽂아 눈사람을 만들어 보라고 한다.
- 도움을 점차 줄여 간다.
- 수행되면 유아 스스로 작은 스티로폼에 꽂혀져 있는 이쑤시개에 큰 스티로폼을 꽂아 눈사람을 만들어 보라고 한다.
- 수행되면 교사가 눈사람의 얼굴에 양쪽으로 눈을 붙이는(사진 5 참조) 시범을 보인다.

- 유아에게 교사를 모방하여 눈사람의 얼굴에 양쪽으로 눈을 붙여 보라고 한다.
- 모방하지 못하면 교사가 유아의 손을 잡고 눈사람의 얼굴에 양쪽으로 눈을 붙여 준다.
- 교사가 눈사람의 얼굴에 눈을 붙일 위치를 가리키며 유아에게 양쪽으로 눈을 붙여 보라고 한다.
- 도움을 점차 줄여 간다.
- 수행되면 유아 스스로 눈사람의 얼굴에 양쪽으로 눈을 붙여 보라고 한다.
- 수행되면 교사가 눈사람의 얼굴에 폼폼이로 코를 붙이는(사진 6 참조) 시범을 보인다.
- 유아에게 교사를 모방하여 눈사람의 얼굴에 폼폼이로 코를 붙여 보라고 한다.
- 모방하지 못하면 교사가 유아의 손을 잡고 눈사람의 얼굴에 폼폼이로 코를 붙여 준다.
- 교사가 눈사람의 얼굴에 코를 붙일 위치를 가리키며 유아에게 폼폼이로 코를 붙여 보라고 한다.
- 도움을 점차 줄여 간다.
- 수행되면 유아 스스로 눈사람의 얼굴에 폼폼이로 코를 붙여 보라고 한다.
- 수행되면 교사가 모루를 잘라(사진 7 참조) 눈사람 목에 묶어 주는(사진 8 참조) 시범을 보인다.
- 유아에게 교사를 모방하여 모루를 잘라 눈사람 목에 묶어 보라고 한다.
- 모방하지 못하면 교사가 유아의 손을 잡고 모루를 잘라 눈사람 목에 묶어 준다.
- 교사가 눈사람 목을 가리키며 유아에게 모루를 구부려 눈사람 목에 묶어 보라고 한다.
- 묶지 못하면 교사가 유아의 손을 잡고 모루를 잘라 눈사람 목에 묶어 주는 동작을 반복해 준다.
- 도움을 점차 줄여 간다.
- 수행되면 유아 스스로 모루를 잘라 눈사람 목에 묶어 보라고 한다.
- 수행되면 교사가 이쑤시개에 폼폼이를 끼워 눈사람의 팔 위치에 꽂아(사진 9 참조)

눈사람을 완성(사진 10 참조)시키는 시범을 보인다.

- 유아에게 교사를 모방하여 이쑤시개에 폼폼이를 끼워 눈사람의 팔 위치에 꽂아 눈사람을 완성시켜 보라고 한다.
- 모방하지 못하면 교사가 유아의 손을 잡고 이쑤시개에 폼폼이를 끼워 눈사람의 팔 위치에 꽂아 눈사람을 완성시켜 준다.
- 교사가 눈사람의 팔 위치를 가리키며 유아에게 이쑤시개에 폼폼이를 끼워 눈사람의 팔 위치에 꽂아 눈사람을 완성시켜 보라고 한다.
- 도움을 점차 줄여 간다.
- 수행되면 유아 스스로 이쑤시개에 폼폼이를 끼워 눈사람의 팔 위치에 꽂아 눈사람을 완성시켜 보라고 한다.
- 수행되면 유아의 특성에 맞는 적절한 강화제를 제공한다.

6~7 세

☞ 이쑤시개 사용 시 안전을 위해 유의하도록 한다.

☞ 큰 스티로폼과 작은 스티로폼 연결 시 이쑤시개에 우드락 본드를 묻혀서 연결하거나 이쑤시개 두 개로 연결시키면 쉽게 고정시킬 수 있다.

☞ 눈알은 뒤에 접착제가 붙여져 있어 비닐을 떼고 붙이면 된다. 눈알 대신 매직이나 사인펜으로 눈을 그려 주어도 무방하다.

☞ 유아의 상태에 따라 다양한 방법으로 눈사람 만들기를 지도할 수 있다. 예를 들어, 목도리를 생략해도 되고, 이쑤시개로 만든 팔에 장갑을 붙여 손을 만들어 주어도 되며, 모루 대신 리본 끈으로 목도리를 만들어 주어도 되고, 모자를 씌워 주어도 된다.

☞ 눈사람을 완성한 후 종이컵에 담아 세워 두거나 몽글몽글 솜으로 눈사람 주변을 장식하게 해도 효과적이다.

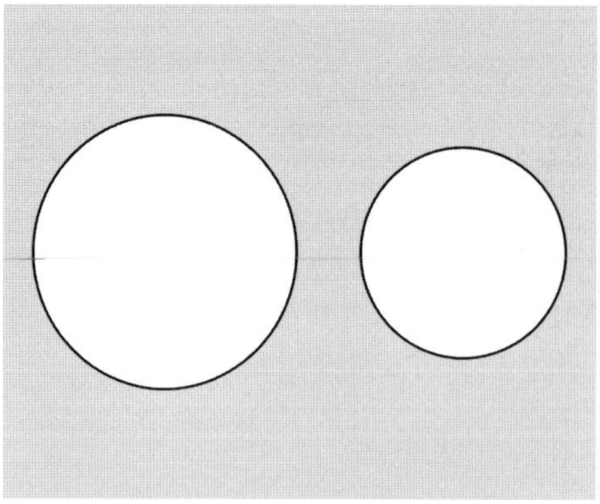

1. 큰 스티로폼과 작은 스티로폼 준비

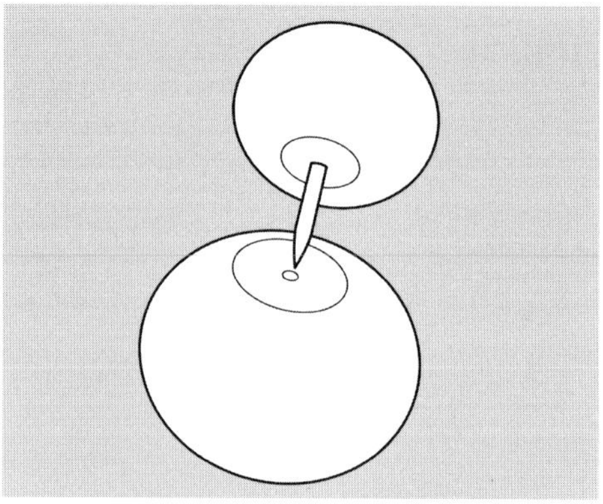

2. 작은 스티로폼에 이쑤시개 꽂기

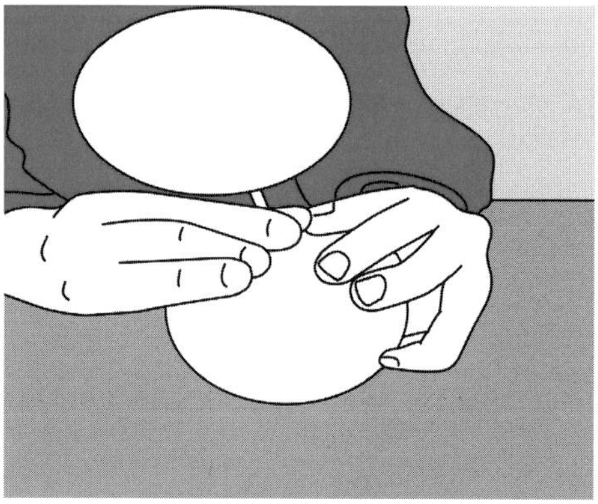

3. 이쑤시개로 큰 스티로폼과
작은 스티로폼 연결하기

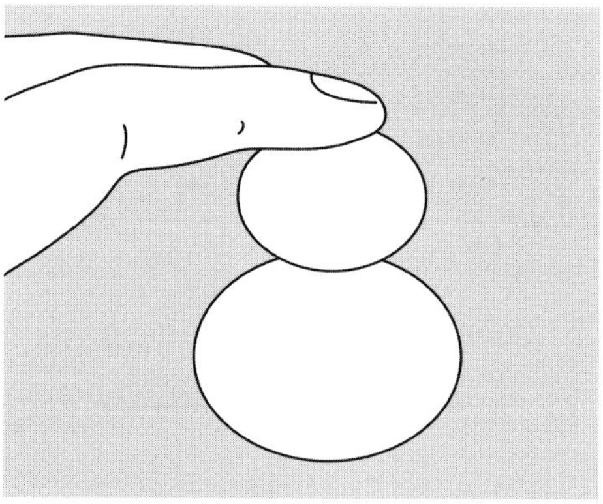

4. 연결된 스티로폼 손으로 눌러 주기

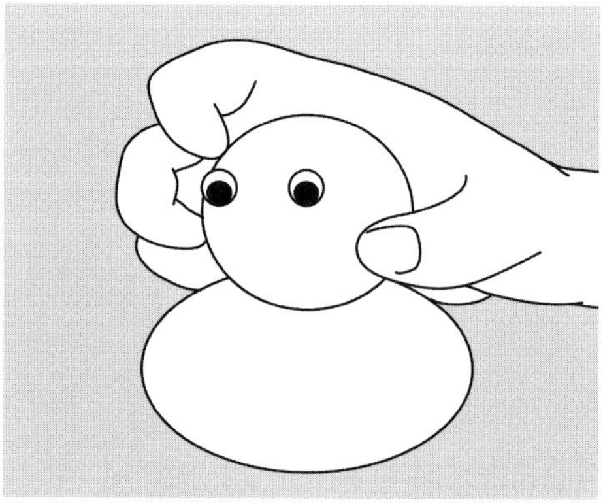

5. 눈사람 얼굴에 눈 붙이기

6. 코에 폼폼이 붙이기

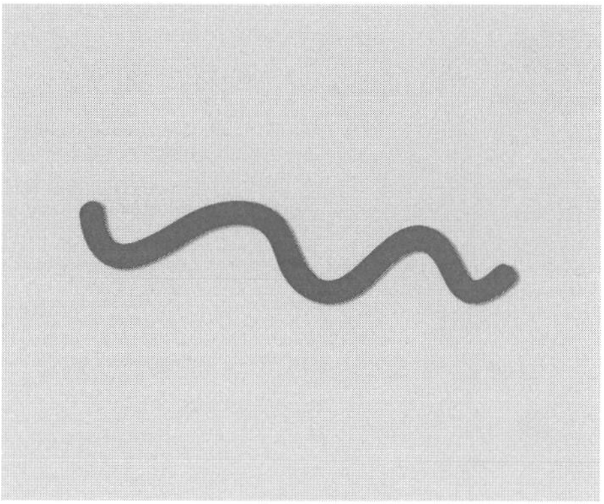

7. 모루 자르기

8. 모루로 눈사람 목에 묶어 주기

9. 폼폼이를 끼운 이쑤시개로 양쪽 팔 만들기

10. 눈사람 완성하기

260 색종이로 직조 짜기

6~7세

목표 | 색종이로 직조를 짤 수 있다.

자료 | 양면색종이 한 묶음, 다양한 색상의 펠트지, 연필, 쟁반, 가위, 풀, 강화제

방법 ❶

- 교사가 색종이를 반으로 접은 상태에서 위, 아래에 여분을 1cm 정도 남겨 놓고 자른 것과 색종이와 색깔별로 1.5cm 길이로 자른 색종이를 쟁반에 담아 제시한다.
- 교사가 유아의 옆에 앉아 위에 여분을 1cm 정도 남겨 놓은 색종이에 자른 색종이를 끼워 직조를 짜는(사진 1 참조) 시범을 보인다.
- 유아에게 교사를 모방하여 색종이로 직조를 짜 보라고 한다.
- 수행되면 유아 스스로 색종이로 직조를 짜 보라고 한다.
- 수행되면 유아의 특성에 맞는 적절한 강화제를 제공한다.

방법 ❷

- 교사가 예를 들어 공룡 모양으로 오린 펠트지를 반으로 접은 상태에서 위, 아래에 여분을 1cm 정도 남겨 놓고 자른 것과 색깔별로 1.5cm 길이로 자른 펠트지를 쟁반에 담아 제시한다.
- 교사가 유아의 옆에 앉아 공룡 모양의 펠트지에 1.5cm 길이로 자른 펠트지를 넣어 직조를 짜는(사진 2 참조) 시범을 보인다.
- 유아에게 교사를 모방하여 공룡 모양의 펠트지에 1.5cm 길이로 자른 펠트지를 넣어 직조를 짜 보라고 한다.
- 모방하지 못하면 교사가 자른 펠트지를 공룡 모양의 펠트지 뒷면에서 앞면으로 끼워 위로 빼낸 후 다시 뒤로 넣는 시범을 보인다.
- 유아에게 교사를 모방하여 자른 펠트지를 공룡 모양의 펠트지 뒷면에서 앞면으로

끼워 위로 빼낸 후 다시 뒤로 넣어 보라고 한다.

- 모방하지 못하면 교사가 유아의 손을 잡고 자른 펠트지를 공룡 모양의 펠트지 뒷면에서 앞면으로 끼워 위로 빼낸 후 다시 뒤로 넣어 준다.
- 교사가 자른 펠트지를 공룡 모양의 펠트지 뒷면에서 앞면으로 끼워 위로 빼낸 후 유아에게 뒤로 넣어 보라고 한다.
- 넣지 못하면 교사가 유아의 손을 잡고 자른 펠트지를 공룡 모양의 펠트지 뒷면에서 앞면으로 끼워 위로 빼낸 후 다시 뒤로 넣어 주는 동작을 반복해 준다.
- 수행되면 교사가 자른 펠트지를 공룡 모양의 펠트지 뒷면에서 앞면으로 끼워 준 후 유아에게 위로 빼낸 다음 뒤로 넣어 보라고 한다.
- 수행되면 교사가 자른 펠트지를 공룡 모양의 펠트지 뒷면에 대 준 후 유아에게 앞면으로 끼워 위로 빼낸 다음 뒤로 넣어 보라고 한다.
- 도움을 점차 줄여 간다.
- 수행되면 유아 스스로 자른 펠트지를 공룡 모양의 펠트지 뒷면에서 앞면으로 끼워 위로 빼낸 후 다시 뒤로 넣어 보라고 한다.
- 수행되면 교사가 공룡 모양의 펠트지에 자른 펠트지를 뒷면에서 앞면으로 끼워 위로 빼낸 후 다시 뒤로 넣는 동작을 반복하여 직조를 짜는 시범을 보인다.
- 유아에게 교사를 모방하여 공룡 모양의 펠트지에 자른 펠트지를 뒷면에서 앞면으로 끼워 위로 빼낸 후 다시 뒤로 넣는 동작을 반복하여 직조를 짜 보라고 한다.
- 수행되면 유아 스스로 공룡 모양의 펠트지에 자른 펠트지를 뒷면에서 앞면으로 끼워 위로 빼낸 후 다시 뒤로 넣는 동작을 반복하여 직조를 짜 보라고 한다.
- 수행되면 유아의 특성에 맞는 적절한 강화제를 제공한다.

☞ 밑바탕이 되는 색종이(펠트지)를 반으로 접은 상태에서 위, 아래에 여분을 1cm 정도 남겨 놓고 유아의 상태에 따라 선을 조절(굵게 혹은 촘촘하게)하여 자르면 된다. 경우에 따라서 위에만 1cm 정도 여분을 남기고 아랫부분은 전부 잘라도 된다.

6~7
세

☞ 밑바탕을 검은색 색종이(펠트지)로 하면 끼우는 색과 구분되어 좀 더 쉽게 수행할 수 있다.

☞ 유아들이 끼우면서 앞에 끼웠던 색종이(펠트지)가 빠질 수 있으니 교사가 중간중간 풀이나 테이프로 붙여 주도록 한다.

☞ 다음 그림처럼 색종이(펠트지)로 동물 모양이나 유아가 좋아하는 사물을 바탕지로 만들어 직조 짜기를 지도하면 유아들이 흥미를 가질 수 있어 효과적이다.

☞ 완성된 직조를 이용하여 도화지에 붙인 후 다양한 그림을 그려 작품을 만들도록 유도하면 유아가 높은 성취감을 가질 수 있다. 예를 들어, 공룡을 붙여 놓고 주변에 풀을 그려 주거나, 네모 색종이로 짠 직조를 붙여 놓고 지느러미를 그려 준 후 눈알을 붙여 물고기를 만들거나, 네모 색종이로 짠 직조를 붙여 놓고 세모 색종이를 오려 네모 위에 올려 집을 만드는 등 다양한 활동을 할 수 있다.

1. 기본 직조 짜기

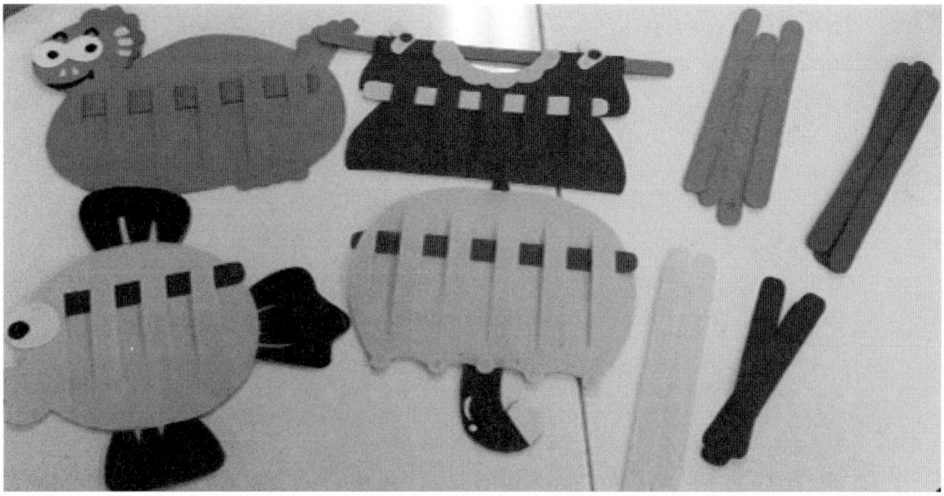

2. 다양한 모양 직조 짜기

6~7세

MEMO

부록

관찰표

소근육운동편 (II)

관찰표

소근육운동편 (II)

연령	번호	목표	시행일자	습득일자
4~5세	148	접시에 음식 담기		
	149	그림의 선 따라 스티커 붙이기		
	150	스탬프로 찍어 모양 만들기		
	151	스포이트로 끼적거리기		
	152	바나나 자르기		
	153	물감을 휴지로 찍어 그림 완성하기		
	154	스포이트로 소금에 마음대로 그림 그리기		
	155	도형에 덧그리기		
	156	초코파이 똥 만들기		
	157	손그림자놀이 I		
	158	휴지 심으로 포도 완성하기		
	159	카나페 만들기		
	160	나뭇잎 붙이기		
	161	숟가락으로 젤리 옮기기		
	162	나무 완성하기		
	163	귤껍질 벗기기		
	164	돼지 저금통에 동전 넣기		
	165	네모 그리기		
	166	수도꼭지 돌리기		
	167	크레파스 쥐기		
	168	밀가루 반죽하기		
	169	위치에 맞게 손도장 찍기		
	170	연필 쥐기		

〈계속〉

연령	번호	목표	시행일자	습득일자
4~5세	171	점 이어 모양 만들기 I		
	172	신문지 펀치 놀이		
	173	도형 색칠하기		
	174	사탕 껍질 벗기기		
	175	클레이 혼합하여 색 만들기		
	176	색깔 및 모양 맞추어 큰 구슬 꿰기		
	177	큰 원 안에 작은 원 그리기		
	178	세모 오리기		
	179	선물 포장 벗기기		
	180	작은 구슬 꿰기		
	181	블록으로 간단한 모양 만들기		
	182	VVV 긋기		
	183	다양한 곡선 그리기		
	184	계란 껍질 벗기기		
	185	그림 색칠하기 I		
	186	작은 공 굴리고 잡기		
	187	10~20조각 퍼즐 맞추기		
	188	네모 오리기		
	189	치약 뚜껑 열고 닫기		
	190	모루로 세모 만들기		
	191	세모와 네모로 집 그리기		
5~6세	192	동그라미 오리기		
	193	종이 색 테이프 붙이기		
	194	투명 종이에 색칠하기		
	195	나무 그리기		
	196	반찬 통 뚜껑 열기		
	197	소금 그림 완성하기		
	198	손 모양 본뜨기		
	199	색종이로 간단한 모양 접기 I		
	200	그림을 보고 공이나 사과 그리기		
	201	톱밥으로 그림 완성하기		
	202	단순한 형태 오려 풀로 붙이기		
	203	장난감 용구 사용하여 나사 풀기		
	204	글자나 숫자 덧쓰기		

〈계속〉

연령	번호	목표	시행일자	습득일자
5~6세	205	입체 도형 색칠하기		
	206	집게나 클립을 종이 윗면에 꽂기		
	207	주스나 우유를 흘리지 않고 따르기		
	208	자기 이름의 첫 글자 쓰기		
	209	비닐우산 그림 그리기		
	210	데칼코마니 II		
	211	플레이 콘으로 세모 만들기		
	212	라면으로 머리카락 꾸미기		
	213	잡지에서 단순한 형태 찢어 내기		
	214	마름모 그리기		
	215	칠교로 도형 만들기		
	216	장난감의 태엽 감기		
	217	패턴에 맞추어 구슬 꿰기		
	218	점 이어 모양 만들기 II		
	219	장난감 용구 사용하여 나사 조이기		
	220	모빌 만들기		
	221	글자 따라 쓰기		
	222	모루로 네모 만들기		
	223	색종이 목걸이 만들기		
	224	숫자 연결하여 그림 그리기 I		
	225	계란 껍질 그림 완성하기		
	226	휴지 심으로 문어 찍기		
	227	곡선 오리기		
	228	크레파스 색칠 위에 풀 그림 그리기		
	229	요술안경 만들기		
	230	수수깡으로 물고기 비닐 붙이기		
	231	동전 문질러 자동차 바퀴 만들기		
	232	가위로 육각형 모양 오리기		
	233	간단한 반쪽 그림 완성하기		

〈계속〉

연령	번호	목표	시행일자	습득일자
6~7세	234	과자로 다양한 모양 만들기		
	235	숟가락으로 콩 옮기기		
	236	커피 가루로 그림 완성하기		
	237	발 모양 본뜨기		
	238	연필깎이 사용하기		
	239	모루로 하트 만들기		
	240	가방 만들기		
	241	분무기 그림		
	242	숫자 연결하여 그림 그리기 Ⅱ		
	243	색종이로 간단한 모양 접기 Ⅱ		
	244	열쇠로 자물쇠 열기		
	245	그림 색칠하기 Ⅱ		
	246	잡지의 그림 오리기		
	247	젓가락으로 탑 쌓기		
	248	빨대로 목걸이 만들기		
	249	도형으로 다양한 모양 그리기		
	250	종이 반 접어 모양 오리기		
	251	20~30조각 퍼즐 완성하기		
	252	점토로 다양한 모양 만들기		
	253	칠교로 다양한 모양 만들기		
	254	가위바위보 놀이		
	255	점 이어 모양 만들기 Ⅲ		
	256	손그림자놀이 Ⅱ		
	257	점 이어 동물 그리기		
	258	숫자 연결하여 그림 그리기 Ⅲ		
	259	눈사람 만들기		
	260	색종이로 직조 짜기		

● 저자 소개 ●

임경옥(Lim Kyoungook)

강남대학교 특수교육과 특수교육 학사
경기대학교 교육대학원 유아교육 석사
강남대학교 교육대학원 유아특수교육 석사
단국대학교 대학원 유아특수교육 박사
전 무지개 특수아동교육원 원장
전 수원여자대학교 사회복지과 겸임교수 및 나사렛대학교, 수원과학대학교 등 외래교수
현 수원여자대학교 아동보육과 교수

〈저서 및 역서〉

장애영아발달영역별 지침서1~5권(공저, 학지사, 2010)
보육교사 일반직무교육(공저, 양성원, 2016)
원장 일반직무교육(공저, 양성원, 2016)
보육교사 심화직무교육(공저, 양성원, 2017)
원장 심화직무교육(공저, 양성원, 2017)
특수교육학개론(공저, 학지사, 2017)
발달지체 영유아 조기개입-인지편(학지사, 2017)
발달지체 영유아 조기개입-신변처리편(학지사, 2018)
발달지체 영유아 조기개입-수용언어편(학지사, 2018)
발달지체 영유아 조기개입-표현언어편 I (학지사, 2018)
발달지체 영유아 조기개입-표현언어편 II (학지사, 2018)
발달지체 영유아 조기개입-소근육운동편 I (학지사, 2018)
특수교구교재제작(공저, 학지사, 2018)
아동권리와 복지(공저, 공동체, 2018)
교사! 그 아름다운 이름(학지사, 2019)

〈주요논문〉

예비유아특수교사들의 관찰실습경험에 대한 질적 연구(한국특수아동학회, 2013)
장애 영유아 미술치료 연구 동향 분석-1997년부터 2012년까지 전문 학술지 중심으로(한국특수아동학회, 2013)
보육교사의 전문성 인식과 통합교육 신념에 관한 연구(사회복지실천연구, 2013)
예비보육교사들의 실습경험에 대한 이야기(한국콘텐츠학회, 2016)
아동복지전공 예비보육교사들이 보육실습에서 경험하는 딜레마에 대한 탐색(한국콘텐츠학회, 2016)

7

발달지체 영유아 조기개입 - 소근육운동편 (II) -

2019년 9월 10일 1판 1쇄 발행
2023년 9월 20일 1판 3쇄 발행

지은이 • 임경옥
펴낸이 • 김진환
펴낸곳 • (주) 학지사
04031 서울특별시 마포구 양화로 15길 20 마인드월드빌딩
대표전화 • 02)330-5114 팩스 • 02)324-2345
등록번호 • 제313-2006-000265호

홈페이지 • http://www.hakjisa.co.kr
인스타그램 • http://www.instagram.com/hakjisabook

ISBN 978-89-997-1742-0 93370

정가 17,000원

저자와의 협약으로 인지는 생략합니다.
파본은 구입처에서 교환해 드립니다.